즐기고 배우고 세상과 소통하는 내 아이의

방과후 3시간

즐기고 배우고 세상과 소통하는 내 아이의

방과 후 3시간

지은이 | 가와카미 케이지로 川上敬二郎
옮긴이 | 양은숙 · 한호정
펴낸이 | 김성실
기획편집 | 이소영 · 박성훈 · 김성은 · 김선미
마케팅 | 곽흥규 · 김남숙
인쇄 | 삼광프린팅
제본 | 바다제책

초판 1쇄 | 2013년 4월 15일 펴냄

펴낸곳 | 시대의창
출판등록 | 제10-1756호(1999. 5. 11.)
주소 | 121-816 서울시 마포구 연희로 19-1 4층
전화 | 편집부 (02) 335-6125, 영업부 (02) 335-6121
팩스 | (02) 325-5607
이메일 | sidaebooks@daum.net

ISBN 978-89-5940-257-1 (03300)

책값은 뒤표지에 있습니다.
잘못된 책은 바꾸어드립니다.

즐기고 배우고 세상과 소통하는 내 아이의

방과 후 3시간

가와카미 케이지로 지음 | 양은숙 · 한호정 옮김

시대의창

차례

차례

아이들의 방과 후가 위험하다

푸른 요괴

상쾌한 월요일 오후였다. 푸르고 청명한 하늘 밑, 나무마다 돋아난 어린 잎새들이 바람 따라 살랑거렸다.

2009년 5월, 나는 네 살짜리 딸애와 함께 도쿄의 제법 큰 공원을 산책하고 있었다. 아내가 어린 아들을 데리고 정기검진을 받으러 병원에 갈 때면, 딸애와 나는 즐겨 그곳을 찾곤 한다.

그런데 그날 본 기이한 광경은 지금도 잊을 수가 없다.

눈에 들어온 것은 멀찌감치 떨어진 벤치에 앉아 있는 파란 물체였다. 난생처음 보는 물체의 키는 어림잡아 150센티미터 정도. 그런데 품은 기이하게 넓다. 둘레가 3미터 정도 될까? 몸이 새파란 것이 흡사 푸른 요괴 같다.

요괴는 벤치에 앉아 있다기보다 벤치를 집어삼키려는 것처럼 보였다. 벤치 다리 네 개와 줄줄이 늘어진 살색 다리 여러 개가 눈에 들어왔다. 새파란 몸 윗부분에 낙타 혹 같은 요철(凹凸)이 세 개 있었는데, 움찔움찔 움직였다. 대체 저게 뭘까?

몇 번이나 눈을 깜빡이고 나서야 요괴의 정체를 알아볼 수 있었다. 부풀어 있는 것은 푸른 천이었다. 낙타 혹은 천 아래에 숨어 있는 사람의 머리로, 그리 크지 않았다. 천 아래에는 틀림없이 세 명의 어린이가 있을 터였다.

공원을 뛰어다니는 딸애를 곁눈질하면서, 잠시 푸른 요괴를 지켜보았다.

마침내 요괴가 소리를 질렀다.

"앗싸! 성공이다!"

뭘 성공했는지 알 수는 없지만, 목소리와 함께 푸른 천이 홱 젖혀졌다. 첫 번째 혹의 정체가 밝혀졌다. 어디서나 볼 수 있는 '보통 소년'이었다. 그 목소리에 이끌리듯 이번에는 천천히 푸른 천이 벗겨지면서 남은 두 개의 혹도 정체를 드러냈다.

초등학교 5, 6학년생으로 보이는 이 세 명은 푸른 천을 덮어쓰고 어둠 속에서 게임을 하고 있었다. 각자 한 대씩, 세 명 모두 휴대용 게임기의 작은 화면을 들여다보고 있었던 거였다. 낙타 혹처럼 움찔거린 것은 필사적으로 버튼을 누르던 아이들의 머리였다.

요괴가 아니라 다행이다. 아니, 이상한 번데가 천을 뒤집어쓰고 있던 게 아니라서 다행이다. 한데, 잠깐……

학교에서 집으로 돌아가 가방을 놔두고 저 아이들은 대체 어머니에게 무슨 말을 하며 집을 나왔을까? "엄마, 숙제 다했으니까 밖에서 친구들하고 놀다 올게요"라고 했을까? 아니면 "잠깐 학원 앞 공원에 갔다 올게요"라고 했을까?

그러면 "다녀와라" 하고 아이를 내보낸 어머니는 어떻게 생각했을까? "그래, 학원 코앞이고 공원에서 실컷 뛰어놀며 스트레스 발산하니 좋지. 바깥에서 친구들과 어울리는 것도 중요해"라는 생각으로, 과연 기분 좋게 아이를 내보냈을까?

아니, 어머니는 직장에 매어 애초에 대화조차 없었을지도 모른다.

그건 그렇다 쳐도, 저 아이들이 하교 뒤의 시간을 공원에서 일부러 햇빛을 가리고 어둠 속에서 게임에 몰두하며 보내는지 부모들은 알고 있을까?

아이 키우기 어려운 사회

1996년부터 나는 도쿄의 한 민간방송국에서 일해왔다. 라디오에서 3년을 보낸 뒤 TV 보도국으로 자리를 옮겼다. 저녁 뉴스의 데스크를 맡기도 했고 사회부 기자도 경험해봤다. 지금은 매주 토요일 저녁 뉴스 보도를 맡고 있다. 공원에서의 장면을 목격할 수 있었던 것은 방송 편성에 따라 월요일이 쉬는 날이기 때문이었다.

 TV로 옮겨간 다음에는 '찌르레기 대량 발생', '폭주 차량', '아버지의 잠깐 가출', '97세 대학생', '캠핑카에서 사는 부부', '까마귀 대책' 등 주류와는 동떨어진, 흔히 '비주류 기사'라고 일컫는 소재를 주로 취재해왔다.

 그럼에도 입사한 뒤 지금까지 일관되게 흥미를 가지는 테마가 있다. 바로 어린이와 청소년 문제다.

 라디오 방송기자였던 시절, 아직 무명인이던 요코하마 고등학교 교사인 '야경꾼 선생' 미즈타니 오사무(水谷修)* 선생님을 통해 청소년들의 약물 남용과 자해 현황을 취재한 경험도 크게 영향을 미쳤다.

 TV 기자로서도 '설 새벽의 폭주족(日の出暴走)'**, '20대 노숙자', '도쓰카(戸塚) 요트 스쿨***의 현재', '약물 의존', '니트(NEET) 족·프리터(Freeter) 문제'****를 비롯하여 2006년에는 현대의 아이들을 추적하는

---

* 아동복지 운동가, 교육 평론가. 비행 및 약물 관련 청소년을 5천 명 넘게 상담하고, 야간에 늘 번화가를 순찰하기 때문에 '야경꾼 선생'으로 불린다. 그의 일화가 TV 드라마로 소개되면서 유명해졌다.
** 1989년 무렵부터 2000년까지 일본 전역으로 퍼지며 극성했던 폭주족. 12월 말일 밤부터 1월 1일 새벽에 걸쳐 간토(關東) 지방에서 출발하여 야마나시(山梨) 현에 있는 후지고(富士五) 호수까지 일출을 보러 달린다. 완전무장한 경찰 경비력마저 무력화시키며 도로를 점령하고 톨게이트까지 부수고 달아나는 등 상당 기간 문제를 일으켰다.
*** 스파르타 식 교육으로 비행소년들을 교정(矯正)해 일류 요트 선수로 만들겠다는 뜻으로 설립한 요트 학교다(아이치愛知 현 소재). 그러나 훈련 중 학생들이 상해, 사망, 행방불명되는 등 일련의 '도쓰카 요트 스쿨 사건'이 발생했다. 이후 관련자 15명이 체포되어 오랜 재판 끝에 교장인 도쓰카는 6년 실형을 살고 출소하여 학교로 복귀했으나 2006년, 2009년, 2010년, 2012년에도 각각 학생들의 변사 및 추락사 사건 등이 끊이지 않고 있다.
**** 니트 족은 Not in Education, Employment or Training의 줄임 말로, 일하지 않고 일할 의지도 없는 청년 무직자를 뜻하는 신조어다. 프리터는 free와 arbeiter(독일어)를 합성해 만들어진 말로, 정규직을 갖지 않고 이런저런 시간제 일을 해서 살아가는 젊은이들을 말한다.

시리즈 기획물 취재 팀에 들어가 '학대와 아동보호 시설', '아동 비만', '통학 합숙',• '중학입시 최전선', '수업 능률 향상 작전', '공립 초중통합교', '산촌 유학', '경제 격차와 학력 격차', '발달장애아' 등을 취재했다.

방송에서 다룬 테마 제목만 늘어놓고 봐도, 오늘날 아이 키우기의 모진 환경이 전해지지 않는가? 개인적인 일이지만, 2004년 여름 첫딸이 태어났을 때 대부분의 동료들은 축복해주었으나 그중에 "이런 시절에 용케도 낳았구먼. 욕보겠네, 힘내!"라고 말하는 친구가 있어 놀라웠다. 말인즉슨 확실히 아이 키우는 데 희망을 거는 가정이 줄고 있었다.

이야기가 이쯤에 이르면 반드시 일부에서는 '예나 지금이나 별 차이 없다. 애들은 내버려둬도 저절로 큰다'는 반론이 나온다. 그러나 많은 사람들은 시대가 변한 것을 체감하고 있다.

〈요미우리 신문〉의 여론조사에 따르면, 일본은 '아이를 낳고 기르기 쉬운 사회가 아니다'라고 대답한 사람이 4명 중 3명으로 약 76%에 달한다(2003년 5월). 또한 내각부가 2009년에 실시한 조사에서도 아이 키우는 환경에 대한 불안감을 반영한 수치가 나왔다. '결혼해도 반드시 아이를 가질 필요는 없다'고 대답한 사람이 역대 최고치인 43%였다. 바로 전 조사인 2007년 8월에 비해 6% 증가한 수치다. 게다가 저출산 추세를 막을 열쇠를 쥔 20대 여성 가운데 '아이를 가질 필요가 없다'고 대답한 사람은 70%로 가장 많았다.

• 다양한 연령층의 아이들이 공공시설에서 함께 숙식하는 것으로, 자립심과 사회성을 길러주기 위해 고안되었다. 짧게 2일에서 길게 1주일간 집을 떠나 자신들끼리 생활하며 통학한다.

'3틈'이 사라졌다

방과 후 아이들에게 '3틈'이 사라졌다는 말이 생긴 지 오래다. 3틈이란 '시간의 틈', '공간의 틈', '친구들 틈'의 세 가지 '틈'을 말한다.

무엇보다 학원이나 사교육 등으로 '시간의 틈'이 없어졌다. 아이들이 바빠지면서 1990년대부터 수첩을 들고 다니는 아이들이 나타났다. 같이 놀 날짜를 정하는 데도 수첩을 꺼내든다. "월요일은 학원, 수요일은 수영, 토요일은 축구하러 가니까" 하며 일정을 조정한다.

물론 다른 '친구들 틈'도 모두 비슷하게 바쁘다.

2003년에 가나가와(神奈川) 현의 교육위원회에서 초등학교 2, 4, 6학년 학생과 학부모, 교직원을 대상으로 조사한 적이 있다. 아이들이 '밖에 나가 놀고 싶어도 못 노는 이유'는 '학원에 가거나 과외를 받아야 하기 때문'이거나(2학년 52%, 4학년 58%, 6학년 58%), '시간이 없어서'(2학년 38%, 4학년 42%, 6학년 51%)라는 대답이 나왔다(복수 답변 인정).

'공간의 틈'에 대해서는 어떤가? 같은 조사에서 하교 후나 휴일에 노는 장소를 아이들에게 물었더니, 가장 많은 답이 '집'(67%), 그다음이 '친구 집'(52%)이었다(복수 답변 인정). 바로 앞 세대인 부모나 교사 들이 '광장이나 공터'(68%)를 꼽았던 것에 비하면 변모된 모습을 알 수 있다.

노는 내용도 바뀌었다. 요즘은 부모 세대가 즐겨 하던 깡통 차기, 숨바꼭질, 자치기, 술래잡기, 비밀기지 만들기 같은 '바깥놀이'가 줄어들고 TV 게임이나 컴퓨터 게임, 카드놀이 같은 '집안놀이'가 대세다.

지바(千葉) 대학 교육학과의 아카시 요이치(明石要一) 교수는 '공간'에 관해 조사한 적이 있다. 초등학교 3학년 한 반을 골라 모두에게 즉석카메라를 나눠주고 마음에 드는 공간을 찍어오라는 숙제를 내주었다. 학교가 끝난 뒤 집에 가서 밤에 잠들 때까지, 아이들이 보는 공간 가운데 어디가 마음에 드는지를 알아보고자 했던 것이다.

아이들이 가져온 사진은 자기 방에 있는 인형, 만화책, 액세서리, 가족끼리 밥 먹는 사진 등 거의가 집 안 풍경이었다. 아카시 교수는 하교 뒤의 귓갓길이나 비밀기지, 구멍가게, 이웃집 개나 고양이 같은 사진을 기대했지만 보기 좋게 빗나간 셈이다. 요즘 아이들은 딴 길로 새는 법이 없다.

'시간'과 '공간'이 사라지면 '친구'도 자연히 사라지기 마련이다. 애초에 저출산 시대인 까닭에 같이 놀 아이들도 적다.

이 시간의 틈, 공간의 틈, 친구들 틈을 말하는 '3틈' 말고도 또 한 가지 사라진 것이 있다. '제3의 어른'이다. 아이들 입장에서 '제1의 어른'은 부모, '제2의 어른'은 학교나 학원의 선생님이다. 그런데 동네에서 짧은 대화라도 나눌 '제3의 어른'이 사라진 것이다.

10년 전에만 해도 골목길 같은 데서 아이들을 호되게 꾸짖던 '호랑이 아저씨'가 있었다. 그리고 학교가 파하면 공원에서 같이 놀아주는 '형'이나 '언니'가 있었다. 아이들을 이끌고 노는 과정을 통해 '형'이나 '언니' 들도 뭔가를 배우곤 했다.

3틈이 사라지고 제3의 어른이 사라지면서 아이들은 내성적으로 변했다. 아이들이 머무는 장소는 바깥이 아니라 집 안이 되어버렸다. 게

다가 자기 방이라는 닫힌 공간에만 집중하고 있다. 최근 아동범죄 가운데 가정 내 불화로 존속살해까지 일어난 사례도 있었다. 상담을 받거나 스트레스를 발산할 도피처, 잠시 심호흡을 할 수 있는 장소가 자꾸 사라지는 게 원인이 아닌가 싶다.

현 상황에서 육아환경에 대한 이런 식의 문제제기는 이미 질리도록 들었다는 사람도 있을지 모르겠다. 각각의 개별 문제는 어떻게든 대책을 세울 수 있지만, 상황은 그리 쉽게 변하지 않는다. 왜냐하면 누구도 시대를 거꾸로 되돌릴 수는 없기 때문이다. 시곗바늘을 되돌리려는 것이 아니다. 이제껏 없던 전혀 새로운 해결책이 필요하다.

막연히 그러한 생각을 품고 있을 때 하나의 키워드를 듣고, 마치 흐릿했던 눈에 초점이 맞춰지듯 또렷한 생각이 떠올랐다. 그것이 '방과 후 프로그램'이었다.

아이들을 둘러싼 문제를 하나하나 해결하려고 드는 게 아니라, '방과 후'라는 시간대에 초점을 맞춰 측면부터 파고들면 어떨까? 옛날과 똑같아지지는 않더라도 아이들이 풍요로운 방과 후 시간을 보낼 수 있다면 많은 문제들이 해결되지 않을까?

사실, 이런 사고방식은 미국에서는 이미 주류다.

가장 위험한 시간대

2003년 5월 12일, 〈뉴욕타임스〉에 다음과 같은 전면 광고가 나갔다. 커다란 글씨의 제목이었다. "자, 오후 3시입니다. 당신의 자녀는 지금 어디에 있습니까?" 그 뒤를 잇는 문구는 다음과 같다. "시대가 변했습니다. 약물중독에서 아이들을 지키기 위해, 아이들의 방과 후 시간에 각별한 신경을 써주십시오. 당신이 일터에서 돌아올 때까지 아이들이 무언가에 열중할 수 있도록 만들어주십시오. 동아리 활동이나 자원봉사처럼 아이들이 좋아하는 것이면 됩니다. 무엇이든 방과 후 프로그램에 참가하는 아이들은 약물에 쉽게 빠지지 않는다는 자료도 있습니다."

그 전면 광고는 약물중독을 막기 위해 한 시민단체가 게재한 것이었다. 10년 전쯤에는 '자, 밤 10시입니다. 당신의 자녀는 지금 어디에 있습니까?'라는 캠페인을 했었다. 그게 지금은 '오후 3시입니다'로 바뀐 것이다.

미국에서는 학교를 벗어난 '방과 후'가 아이들이 범죄를 저지르거나 범죄에 말려드는 시간대라는 인식이 널리 퍼져 있다. '오후 3시부터 오후 6시'가 가장 위험한 시간대라는 통계치도 있다.

사실 이러한 통계는 일본에도 있다. 경찰청의 통계를 보더라도 역시 방과 후 '오후 4시부터 6시'에 소년범죄가 가장 많이 일어난다. 다만 일본의 경우 이러한 방과 후에 대한 문제의식이 안일하고, 이런 통계가 대대적으로 부각되지도 않았다.

일본의 방과 후는 '빈곤'하다.

방과 후를 연구하는 학자도 극소수다. '방과 후'라는 키워드로 인터넷을 검색해봐도 이야기 제목으로 나오는 정도라서, 방과 후를 테마로 삼은 논문이나 저작물은 서구에 비해 매우 적다.

초등학교의 학동보육(學童保育)*에 들어가지 못해 마냥 기다리고 있는 '대기아동' 문제도 해결하지 못하고 있다.

대기아동이라고 하면, 제일 먼저 보육원에 들어가지 못하는 유아들 문제를 떠올리기 마련이다. 그러나 아이가 초등학교에 들어가면 어머니들은 그다음 난관에 봉착한다. 수업이 끝난 다음의 시간을 어떻게 보내게 할지 머리를 쥐어짠다.

전문가들은 이것을 '초등 1학년의 벽'이라고 부른다. 실제로 결혼한 여성들이 가장 많이 퇴직하는 시기가 '첫아이 출산' 때고, 그다음이 아이의 '초등학교 입학' 때다. 초등학교로 올라가 보살핌을 받는 '방과 후 아동 클럽'(법제 개편으로 학동보육과 혼용함 - 옮긴이)은 대부분 보육원과는 달리 밤늦게까지 아이들을 돌보는 연장 보육이 없다. 따라서 어머니들은 부득이하게 다니던 직장을 바꾸거나 퇴직마저 하게 된다.

1997년(시행은 98년)에 학동보육이 법제화된 뒤 10년 이상 흘렀다. 그 사이 학동보육을 받는 아동 수는 원래 33만 명이던 것이 80만 명으로 2.4배 증가했다. 근 10년 사이에 1만 곳이던 학동보육소는 1만 8천 곳

---

* 맞벌이 가정이나 결손가정의 10세 미만 아이들을 대상으로 한 일본의 보육제도. '아동복지법'에 따라 공영, 민영 등 여러 형태로 운영되며, 숙제와 놀이를 하고 간식을 준다. 일본 초등학교의 92%에서 학동보육을 운영하고 있다. 이 외에도 동네마다 '지도칸(兒童館, 아동관)'이 있지만 어디나 수용인원이 다 차서, 결원이 생길 때까지 마냥 입소를 기다리는 '대기아동'이 큰 문제가 되고 있다.

을 넘었다. 특히 최근 수년간의 증가 추세는 현저하다.

전국학동보육 연락협의회에 따르면, 가장 많이 이용하는 초등 1학년의 경우 최근 7년 사이에 11%가 증가했다. 2003년에 7명 중 1명(14%)이던 것이, 2010년에는 4명 중 1명(25%)으로 늘어난 것이다. 그 배경에는 맞벌이 가정이나 편부모 가정의 증가가 있다. 학동보육소에 들어가고 싶어도 들어가지 못하는 '대기아동'은 지자체가 파악하고 있는 수만 해도 전국에 6200명이 넘는다(2010년 5월 현재).

그러나 아예 처음부터 들어가길 포기하고 정식으로 '희망하지 않는' 경우도 있다는 걸 고려하면 6200명이라는 숫자는 '빙산의 일각'이라는 지적이 있다. 이 말 역시, 보육원을 마친 아이들이 48만 명(2010년 통계)인 데 비해 학동보육 쪽으로 연계하여 들어간 초등학교 1년생은 28만 명에 불과하기 때문에 나오는 것이다. 다시 말해 보육원을 졸업한 유아 중 60%만이 초등학교의 학동보육으로 연계되는 것이다. 나머지 20만 명에 달하는 초등 1학년의 방과 후가 걱정이다.

소득 격차가 학력 격차

말을 좀 보태자면, 단순히 방과 후에 '있을 곳이 있느냐 없느냐'의 문제가 아니다. 방과 후에 어떻게 시간을 보내느냐가 결국 아이들의 '학습 능력'이나 '살아가는 힘'까지 좌우한다.

아이들의 '학습능력'이 소득 격차에 따라 크게 차이난다는 건 주지의 사실이다. 취재하면서 가장 인상 깊었던 것이 바로 이 소득 격차의 문제였다.

후쿠오카(福岡) 현에 사는 A씨(41세)는 남편과 이혼하고 난 뒤 직장에서 아침 8시부터 저녁 8시까지 근무한다. 월급은 약 210만 원이며 월세 35만 원짜리 아파트에 살고 있다.

A씨에게는 세 명의 자녀가 있다. 고3인 장남, 중3인 장녀, 초등 4학년인 차녀. 장남과 장녀는 모두 수험생이다.

장남은 자전거로 40분 걸리는 사립고를 다니고 있다. 수업료 면제를 받는 특별 학급이다. 장남은 학원에 다니지 않는다. 그러나 규슈(九州) 대학 의대에 들어가 가족들을 좀 편히 살게 해주고 싶다는 꿈을 갖고 있다.

또 다른 수험생인 장녀는 학교 다닐 교통비가 마음에 걸려, 좀체 지망할 학교를 정하지 못하고 있다.

2009년 정부는 여태까지 나온 적 없는 '상대적 빈곤율'이라는 수치를 처음 발표했다. 상대적 빈곤율이란 국민을 소득수준별로 나누어 그 중간인 절반에 못 미치는 사람들의 비율을 말하는 것인데, 국민의 경제 격차를 가리키는 극명한 지표로 자리 잡고 있다.

일본의 상대적 빈곤율은 OECD(경제협력개발기구) 가맹국 중 멕시코, 터키, 미국에 이어 네 번째로 높다. 2007년 OECD 평균은 10.6%지만 일본의 상대적 빈곤율은 15.7%다. 이는 3년 전보다 0.8% 상승한 것으로 6명 내지 7명 중 1명은 '빈곤'하다는 소리다.

특히 심각한 것은 '편부모 가정'인데, OECD 가맹국 중 일본은 독보적으로 높은 수치인 54.3%를 기록하고 있다. 일본의 편부모 절반 이상이 '빈곤'에 해당한다는 말이다.

실제로 후생노동성에 따르면, 편부모 가정의 연간소득은 평균 3천만 원(2005년)인데, 이는 일반 가정 연간소득의 40% 수준에도 미치지 못한다. 편부모 가정은 2000년부터 2005년 동안 20%나 증가했다.

소득이 낮은 가정의 아이들은 학습능력이 낮다. 학원 같은 데다 돈을 낼 수 있느냐 없느냐에 따라 성적이 크게 좌우된다는 것을 오차노미즈(お茶の水) 여자대학의 미미즈카 히로아키(耳塚寬明) 교수 팀이 벌인 조사에서도 알 수 있다. 2003년부터 1년간 간토 지방의 초등학교 6년생을 대상으로 조사한 결과, 수학 점수를 좌우하는 최대 요인은 학원, 과외, 인터넷 강좌 같은 '학교 이외에 들어가는 교육비'에 얼마를 쓰느냐에 달려 있었다. 학교 밖 교육비가 '0원'인 아이들의 평균점수가 35.3점인 데 반해, 월 70만 원 이상을 쓰는 아이들의 평균점수는 78.4점이었다.

확실히 도쿄 대학 재학생 부모의 태반(53.4%)이 연평균소득 1억 3천만 원을 넘는 고소득자들이다(2008년 도쿄 대학 학생생활 실태조사). 도쿄 대학에 들어가는 아이들은 대부분 사립 중고통합학교 출신자가 많다. 사립학교는 입시를 치를 때도, 입학을 할 때도 고액의 비용이 든다.

저출산 사회는 다가오는데, 중학입시를 치를 아이들은 증가하고 있다. 이제는 수도권(도쿄·가나가와·지바·사이타마埼玉)에서 6명 중 1명이 국립이나 사립 중학교의 입학시험을 치른다. 공립인 중고통합교 지망생까지 합치면 5명 중 1명이라고도 한다.

수도권 대형 학원의 강사로 십수 년간 중학입시 업계에 몸담고 있는 야노 고헤이(矢野耕平)• 선생의 말에 따르면, 요 몇 년간은 '유례없는 중학입시 붐'이다. 저출산으로 외동아이들이 늘어나서 아이들 하나하나에 대한 교육열이 높아지고 있고 공교육에 대한 불안, 불신감이 입시 과열화를 부추기고 있다는 말이다.

내 아이에게 조금 더 좋은 교육환경을 갖춰주고 싶다는 부모가 있는 반면, 다들 하니까 나도 하자는 식으로 유행에 뒤질세라 아이를 입시로 떠미는 부모도 있다.

문부과학성의 조사에 따르면 부모들의 60%가 '학원 열풍이 너무 심한 것 같다'고 대답했다. 그러나 그 가운데 3명 중 2명은 '학교 공부만으론 불안'하다고 느낀다.

2007년 11월, 학원에 다니는 공립 초등학교 학생은 25.9%로 사상 최고치를 기록했다. 1993년에 조사한 것보다 2.3% 상승한 것이다. 학년별로 보면 초등 1학년이 15.9%, 2학년이 19.3%라서, 학원에 다니는 아이들의 나이가 점점 어려지는 것을 알 수 있다. 학원에 다니는 아이들의 비율은 학년이 올라갈수록 동반 상승하는데, 전체 중학생의 절반

• '스튜디오 캠퍼스' 대표. 대학 입학과 동시에 수도권의 대형 진학학원 국어교사로 근무. 입시에 관한 한 경이적인 실적을 올려 업계의 주목을 받았다. 《카리스마 강사가 말하다─중학입시 능력을 키우는 부모, 짓밟는 부모(カリスマ講師が語る 中寛受驗で子どもを伸ばす親・タメにする親)》(2008년)를 썼다.

이상이 학원을 다닌다. 중3은 65.2%다.

한 달 평균 사교육비는 약 30만 원으로, 1993년보다 약 8만 원 넘게 증가했다. 이로 인해 중3 부모의 30%가 가계의 압박을 느끼고 있다.

앞서 말한 야노 선생은 수도권 내에 있는 중학교에 들어가려고 입시를 치를 경우 돈이 더 많이 든다고 말한다. 초등 3학년을 기점으로 '학년이 오를 때마다 400만 원씩 곱절로 불어난다'는 것이다. 다시 말해서 초등 3학년은 400만 원, 4학년이라면 800만 원, 5학년이 되면 1200만 원, 6학년에 이르게 되면 대략 1600만 원 정도 들게 된다. 이렇게 중학입시까지 사교육비가 모두 4천만 원 내지 8천만 원이 든다는 계산이 나온다. 그래서 희망하는 사립 중학교에 합격하면 첫해에 1400만 원 정도가 들어가고, 사립 중고등학교를 내리 6년 다니면 7천만 원 정도를 학교에 갖다 바치게 된다. 그 밖에 차비, 교복값도 들어간다.

경제적 환경이 학습능력에 직결된다는 자료는 이 밖에도 많다.

'취학원조율(就學援助率)'이라는 게 있다. 이는 국가나 지자체로부터 급식비 및 학용품비, 수학여행비 등의 원조를 받는 비율을 말한다. 이 취학원조율과 도쿄의 초등 5학년의 학력 테스트 성적의 관련성은 유의미했다(도쿄 도, 2004년 조사). 가난한 집이 많아 취학원조율이 높은 지역은 성적도 나빴다. 취학원조율이 불과 6%였던 치요다(千代田) 구의 성적이 가장 높았던 반면, 취학원조율이 무려 40%를 넘는 아다치(足立) 구의 성적은 최저 수준이었다.

중학교 2학년의 학력 테스트 결과도 비슷하다. 도쿄 도내의 49개 시와 구 중에서 3년 연속 하위 10위권을 맴도는 6개 학교가 있는 지역의 취학원조율은 평균 30%인 반면, 3년 연속 상위 10위권을 고수하는 7개 학교가 있는 지역의 취학원조율은 그 절반을 밑돌았다.

2008년도에 실시한 '전국 학력 테스트'를 분석해봐도, 경제 사정이 어려운 집 아이들이 많이 다니는 학교는 성적도 낮은 경향이 있었다.

빈곤층의 몰락

주로 이런 빈곤층에서 '학습의욕'을 급격히 잃어가는 아이들이 나타나고 있다. 여러 의미에서의 '빈곤층'인 셈이다.

국제적인 테스트 같은 데서, 일본 아이들의 학력은 이미 '세계 상위권'이라고 말할 수 없는 수준이 되었다. 이 평균점수를 끌어내린 것은 바로 '빈곤층'이다.

OECD에서 한 PISA(학업성취도 국제비교연구) 결과를 보면 일본은 성적 하위권의 평균점수가 더욱 하락한 것을 알 수 있다(종합 독해력, 중3 대상). 예컨대 2000년 하위권의 평균은 PISA 평균점수보다 40점이나 높았지만, 2003년에는 평균 아래를 맴돌았다. 3년 만에 크게 떨어진 것이다. '뒤떨어진 층'이 더욱더 '못하게 된' 것이다(우라노 히로시浦野弘의 저서,《아키타 아이들은 학원을 안 다니는데 어째서 성적이 좋을까秋田の子供はなぜ塾に行かずに成績がいいのか》에서 발췌).

'하위권의 성적이 우수한 나라'였던 일본은 '하위권의 학력이 낮은 나라'로 급속하게 바뀌고 있는 중인지도 모른다. 국민의 경제 격차를 좁히고 제2차 세계대전 종전 이후의 고도 경제성장을 이룩한 동력원이었던 '학습능력의 근소한 차이'는 옛날이야기가 되고 만 것일까?

'자산 1억이면 중산층'이라는 믿음이 뿌리째 무너지고 있다. 앞으로도 계속 '빈곤층의 몰락'이 가속화될까봐 걱정이다.

이것을 극단적으로 보여주는 자료가 있다.

1989년과 2001년에, 오사카 지역의 십여 개 초등 및 중등학교에서 초등 5학년과 중학 2학년을 대상으로 거의 비슷한 내용의 시험을 치르게 했다. 그 결과 초등 5학년의 수학 점수는 12점, 국어는 8점이나 평균 점수가 하락했다. 중학 2학년의 평균점수도 수학이 6점, 국어는 4점 등 평균점수가 하락했다.

주목할 점은 1989년에 하나의 커다란 산 모양을 그리던 점수 분포도가 2001년에는 두 개의 봉우리 모양으로 쪼개진 점이다. 예컨대 중학 2학년 수학은 100점 만점을 기준으로 80점대를 정점으로 하는 큰 봉우리 모양과, 30점대를 정점으로 하는 작은 봉우리 모양의 그래프가 보인다. 점수 분포는 '쌍봉낙타' 꼴이 되었다. '따라잡는 층'과 '따라잡을 수 없는 층'의 학생이 양분화되어 학력 격차가 심화된 것이다(시미즈 고키치志水宏吉의 저서, 《학력을 키운다學力を育てる》에서 발췌).

쌍봉낙타의 혹 아래쪽에 있는 '따라잡을 수 없는 아이'들도 저출산에 힘입어, 일단 당사자나 부모가 원하면 고등학교에 진학할 수는 있다.

하지만 들어가고 나서 진도를 따라잡기에 역부족인 아이들이 많다.

문부과학성의 2009년도 통계에 따르면 고등학교를 중퇴한 학생이 약 5만 7천 명을 웃돈다. 중퇴보다 차라리 일반 고교로 전학을 택하는 아이들까지 포함하면 '중퇴자'는 매년 10만 명을 웃돌 것이라고 지적하는 전문가도 있다.

사이타마 현립 고등학교의 전직 교사인 아오토 야스시(青砥恭)* 선생은 고교 중퇴를 할 수밖에 없는 상황으로 내몰리는 아이들을 대상으로 설문조사를 여러 차례 해왔다.

아오토 선생은 고교 중퇴자의 상당수가 빈곤 가정의 아이들이 다니는 특정 '똥통 학교' 학생들이라고 말한다. 증가일로에 있는 고교 중퇴 비율 가운데 특히 '빈곤층'의 중퇴율은 7년 새에 10%나 늘었다. 중퇴생 청소년들에겐 일자리도 없으니, 사회 밑바닥에서 살게 되기 마련이다. 빈곤의 재생산이 반복되는 것이다.

아오토 선생은 고등학교를 중퇴하는 원인으로 낮은 성적, 학습의욕의 결여, 기본 생활습관의 결여, 인간관계의 미성숙 등을 꼽는다.

그는 예컨대 학습의욕에 관해 아이들에게 부모도, 교사도, 그 누구도 '삶은 배움의 연속'이라는 걸 가르쳐주지 않았다고 말한다. 부모나 교사를 대신해 그런 걸 가르쳐줄 지역봉사자 같은 사람을 만났다면 좋았겠지만, 고립된 생활을 하는 빈곤층은 그런 만남을 제공해줄 기관과

• 저서로 《다큐·고교 중퇴ドキュメント高校中退》(2009년), 《프로 교사들의 '학교 붕괴'를 베다プロ教師たちの'學校崩壊'を斬る》 등이 있다.

접촉하는 일부터가 힘들다. 아오토 선생은 지금 새로운 교육 지원 조직인 '개성 있는 나라 아이들 – 청소년 지원 네트워크'를 설립하기 위해 분주히 뛰어다니고 있다.

아오토 선생은 또한 중퇴한 청소년들이 가정에서 학습의욕을 키워줄 만한 체험이 '전혀 없었다'고 대답한 점도 지적한다.

중퇴한 학생들은 '열심히 하면 이만큼 근사한 일이 생긴다'는 체험 자체가 없다. "참 잘했구나"라는 격려의 말을 듣거나 칭찬을 들으면서 더 높은 목표를 누군가 세워주는 경우도 거의 가져본 적이 없다. 아오토 선생은 그런 유의 기쁨이나 감동을 맛보지 못한 청소년들에게 "끈기가 없다! 인생에 책임감을 가져라!" 하는 식으로 일방적으로 몰아붙이는 것은 잘못이라고 말한다.

사회적 체험에도 격차가

앞서 말했던 싱글맘 A씨는, 여름방학에 두 딸을 데리고 한 캠프에 참가할 기회가 생겼다. 모자가정을 대상으로 열린 '모자 캠프'였는데, 청소년 야외교육재단과 사단법인 일본 에스코피에Escoffier 협회• 등이 협력하여 매년 열리는 행사다. 참가비는 1박 2일에 어른 5만 6천 원, 아이

• 1971년 프랑스에서 요리장 25명이 창설한 요리협회. 프랑스 요리 강습은 물론, 프랑스 유학, 프랑스어 강좌, 요리 경연, 국제교류 등 다양한 사회활동을 한다.

4만 8천 원이다. 요리는 에스코피에와 걸맞게 일류 레스토랑의 주방장이 자원봉사로 참가하며, 모자가 함께 식사를 준비한다.

홀몸으로 아이들을 키우다 보면 시간도 돈도 없으니 요리를 대충 만들기 십상이다. 이날 밤은 평소에 맛볼 수 없던 식사를 했다. 부모와 자식 그리고 비슷한 처지의 사람끼리 고민을 털어놓으며 한때를 보냈다. 식사를 마친 다음에는 행사 진행요원들이 어둠이 내린 숲으로 아이들을 데리고 가 탐험을 했다. 아이들을 재우는 것도 이날 밤은 진행요원들이 맡았다. 그동안 엄마들은 전문가들을 가운데에 앉혀놓고 밤늦게까지 논의를 이어갔다.

A씨는 이렇게 토로한다.

"아이가 공부하고 싶다고 하지만 돈이 없으니 학원도 못 보내요. 돈을 들여야 좋은 대학에 보낼 수 있잖아요. 이런 사회구조를 바꿨으면 좋겠어요. 고등학교든 대학이든 돈이 너무 많이 드는 것 아닌가요?"

모자가정처럼 가구당 소득이 낮은 가정은, 학교가 끝난 뒤에 과연 아이를 어디에 맡겨야 한단 말인가? 학원이나 공부방을 보육시설로 쓸 수는 없다. 저학년 아이는 혼자 집에 놔둘 수도 없다. 학동보육에 맡겨야 하겠지만 이 역시 돈이 든다. 2007년 전국학동보육 연락협의회가 조사한 바에 따르면 학동보육 시설 이용 요금은 공립인 경우 월평균 7만 원 미만이지만, 부모회가 운영하는 시설은 14만 원 가까운 수준이다. 이러한 실정에도 불구하고 저소득 가정을 대상으로 비용감면 제도를 시행 중인 지자체는 절반 정도밖에 안 된다.

지바 대학 교육학과 아카시 요이치 교수는 말한다.

"경제 격차로 학력 격차가 생기는 것은 당연합니다. 전체 가구의 약 40%를 차지하는 연소득 5천만 원 이하 가정과 연소득 1억 원이 넘는 가정의 아이들은 방과 후 생활이 분명하게 차이 나기 때문입니다.

예를 들어 연소득 1억이 넘는 가정은 여름에는 바다로 겨울에는 스키장으로, 연말에는 고향집이나 온천으로 놀러갈 수도 있습니다. 평일에는 피아노나 수영 강좌, 학원 및 인터넷 강의도 받을 수 있지요. 반면에 연소득 5천만 원으로 내려가면, 아버지도 어머니도 바빠서 여행도 못 떠납니다. 아이는 제 방에 틀어박히기 십상이죠. 휴일에 동물원이나 식물원에 갈 수 있는 가정도 얼마 되지 않아요. 연극을 보러 가는 건 희망사항에 불과합니다."

베네세Benesse 교육연구개발 센터의 조사에 따르면, 학원이나 각종 강좌에 정기적으로 다니는 아이들은 전체의 40%로 월평균 10만 원을 지출했으나, 부모의 소득에 따라 큰 차이를 보였다. 연소득 1억 원이 넘는 집 아이들은 월 20만 원 정도를 지출했고, 연소득 5600만~1억 원 미만의 세대는 8만 원인 데 반해, 연소득 5천만 원 미만의 세대는 4만 원을 지출한 것으로 나타났다(2009년 3월).

스포츠 계열도 연소득 1억 원 이상인 가정은 한 달에 7만 원, 연소득 5천만 원 미만인 가정은 3만 원 정도를 지출했다. 예능 및 문화활동 계열도 연소득 1억 원 이상은 5만 원, 연소득 5천만 원 미만은 1만 5천 원이었다.

이러한 사회적 체험이 누적되어 나타나는 차이는 크다고 아카시 교수는 지적한다.

"눈에 보이지는 않지만 방과 후 아이가 자극을 받는 양의 차이가 학습의욕의 격차로 드러나고, 서서히 학습능력의 차이로까지 나타나게 되는 겁니다. 그러니까 방과 후 생활을 풍요롭게 하는 게 중요하죠. 학교수업에서는 별다른 차이가 생기지 않더라도 방과 후에 격차가 더 커지는 겁니다. 경제적 차이가 미치는 영향이 그대로 반영되는 거지요.

부모와 교사만 탓해서도 안 됩니다. 해당 지역의 교육능력을 보완하지 않으면 안 됩니다. 시장, 도지사, 국회의원들 가운데 아직 그 누구도 아이들의 방과 후를 책임지려 하지 않고 있습니다."

의욕을 잃어가는 아이들

학습의욕의 저하는 빈곤층만의 문제가 아니다.

가나가와 현 후지사와(藤沢) 시 교육문화 센터는 1965년부터 5년에 한 번씩 시립중학교 3년생을 대상으로 학습의욕을 조사해왔다. 그 결과, 과거 40년간에 걸친 의욕 저하가 고스란히 드러났다. "더 많이 공부하고 싶습니까?"라는 물음에 "더 공부하고 싶다"고 대답한 학생 비율은 1965년에 3명 중 2명꼴(65.1%)이었으나, 2005년에는 4명 가운데 1명(24.8%)으로 무려 40%나 감소했다.

2006년 OECD의 학습 성취도 조사결과, 과학을 공부하는 데 "흥미가 있다"고 답한 학생의 비율은 OECD 가맹국 평균이 63%였던 데 반해, 일본은 50%였다(고등학교 1년생).

이것은 도저히 돈을 들여 학원에 보내는 식으로 해결할 문제가 아니다. 일본 아이들의 학습의욕이 총체적으로 저하되고 있는 것이다.

후지사와 시의 조사결과를 분석한 담당자는 "공부를 '흥미롭거나 관심 있는 분야에 대해 배우는 것', 혹은 '장차 도움이 될 만한 지식이나 기술을 익히는 것'처럼 깊이 있게 이해하는 학생은 학습의욕이 높지만, '입시준비'나 '학교수업'이라는 식으로 좁게 이해하는 학생은 학습의욕이 낮다"며, "깊이 이해할 수 있도록 돕는다면 의욕 향상으로 이어질 수 있다"고 말했다.

도쿄 대학 대학원 교육학연구과의 교수이자 '지역의 배움터 추진기구'의 대표를 맡고 있는 이치카와 신이치(市川伸一, 교육심리학)도 입시만 목표로 눈앞에 내건 교육은 점차 효과가 사라져간다고 말한다. 그는 공부가 도대체 무엇을 위해 도움이 되는지와 같은 실용적인 측면이나, 함께 공부하는 즐거움을 맛보는 것에 초점을 맞출 필요가 있다고 지적한다.

지금껏 학교 교육에서는 학습 '동기'를 경시해왔다. 이 '동기'란 사실, 생활이나 일터에서 필요를 느끼고 공부하려는 '실용 지향'의 속성인데, 예컨대 '해외 홈페이지를 보고 싶어서 영어를 배운다'든가, '앞으로 엔지니어가 되고 싶어서 수학을 배운다'는 식이다.

앞으로 필요한 것은, 직업활동을 포함해 시민활동이나 문화활동을 하는 사회인과 아이들을 엮어 아이들에게 '지역 어른의 모습'을 보여주는 것이다. 지역인이 학교를 찾는 게 능사가 아니라, 아이들도 지역으로 나와 어른들과 관계를 맺게끔 기회를 만들어주는 것이다. 이것들이 바로 배움에 대한 의욕이나 의의를 갖게 할 수 있다. 동기부여나 학습의욕 향상에는 '지역'의 역할이 중요하다고 이치카와 교수가 다시 한 번 지적한다.

"예를 들어, 감동은 학습의욕을 향상시키는 데 빼놓을 수 없는 요소입니다. 학교수업에서의 학구적인 감동뿐 아니라 사회의 다양한 분야 사람들이 전문가로서 직업에 임하는 모습을 보는 것도 감동으로 이어집니다. 전문가로 일하는 사람은 이런 궁리를 하고, 이런 노력을 하고, 이런 보람을 느끼는구나, 하고 말이죠. 지금까지 교육에는 이런 면이 부족했습니다. 부모가 일하는 모습을 본 적도 없고, 무슨 일을 어떻게 하는지도 몰라요. 부모님 말고 아이들이 보는 어른이라고는 학교 교사, 병이 나면 만나는 의사, TV에 나오는 연예인…… 고작 그 수준입니다. 다시 말해서 시야가 굉장히 한정된 거죠."

그는 앞으로 다양한 어른들을 보고 '저렇게 되고 싶다'고 생각하거나, 그 어른과 자신의 생활방식을 연관 지어보고 스스로에게 동기를 부여하게끔 교육을 변환시켜야 한다고 말한다. 그렇게 되면 지역사회의 역할 비중이 더 커질 것이다. 이치카와 교수는 방과 후 활동에 다양한 교육 프로그램을 제공하고자 한다.

의외일지 모르겠지만, 방과 후 운동 부족도 '학습의욕의 저하'와 관계가 있다는 지적이 있다. 문부과학성에서 '체력 · 운동능력 조사'를 한 적이 있다. 2009년의 아이들과 30년 전(1979년)의 부모 세대를 비교해보니, 요즘 열한 살짜리 남자아이가 소프트볼을 던지면 가까스로 30미터를 넘기는 수준인데, 30년 전에 비하면 4.7미터나 줄어든 것이었다. 이는 방과 후에 운동을 하지 않는 아이들이 늘었기 때문이라고 한다.

도시의 아이들은 더욱 운동량이 줄어서, 옛날처럼 공 던지기나 나무타기를 능숙하게 할 수 없다. 일례로 도쿄에 사는 아이들의 체력은 1975~1985년 사이에 정점을 찍은 후 계속 저하되면서 지금은 전국 평균을 크게 밑돈다. 시골 아이들 역시 자동차 이용이 잦아져서 운동 부족이 되기 쉽다는 지적을 받았다.

비만 아동은 증가 추세다. 문부과학성에 따르면 여덟 살 난 남자아이의 비만 경향은 1970년에 2.3%였으나, 2004년에는 무려 3.5배나 증가한 8.1%가 되었다. 식사로 섭취하는 열량은 변함이 없으나 육류와 지방 섭취가 늘어나고, 바깥놀이를 안 하게 된 것이 주요한 원인이라 한다.

운동량이 줄고, 밤늦게까지 게임하며 노는 아이들이 늘면서 최근 20년 사이, 아이들의 취침 시간이 50분이나 늦어졌다. 수면 시간이 짧아져 잠이 부족한 탓에 아이들이 낮에는 내내 멍한 상태로 지낸다고 전문가들은 걱정한다.

밤에 잘 수 없으니 아침에도 좀체 깨기가 어렵고 아침밥을 먹을 수가 없다. 낮에는 졸립고, 피로는 가시질 않고, 효율은 올라가지 않고,

집중력과 기억력도 떨어진다. 진도를 따라잡을 수 없고, 의욕 자체가 감퇴한다……. 결국 악순환에 빠지게 되는 것이다.

학습의욕이 저하되는 것은 복합적인 원인이 작용하는 심각한 문제다. 그럼에도 불구하고 여기서 볼 수 있는 것은, 고독하고 비활동적인 방과 후 시간대가 아이들의 학습의욕을 갉아먹고 있는 풍경이다.

게임에 빠져드는 아이들

학습의욕이 저하되는 것보다 더 우려되는 것은 아이들 마음의 문제다.

홋카이도(北海道) 대학의 대학원 교수이자 아동정신과 의사인 덴다 겐조(傳田健三) 연구진은 지토세(千歲) 시의 초등 4학년부터 중학 1학년까지 약 800명의 학생을 대상으로 대규모 면접조사를 실시했다. 그 결과 초등 4년생의 0.5%, 초등 5년생의 0.7%, 초등 6년생의 1.4% 그리고 중학 1년생의 4.1%가 '우울증'으로 진단되었다. 중학교 1년생의 발병률은 성인과 맞먹는 수준이다.

또한 유니세프 이노첸티 연구소UNICEF-IRC•는 보고서 〈선진국 어린이의 행복〉에서 '고독하다고 느낀다'고 답한 아이들의 비율은 일본 전체의 약 30%로 선진국 가운데 눈에 띄게 높은 수준이며, 바로 아래

• 이탈리아 플로렌스Florence에 위치한 유니세프 산하 조사연구기관. 세계의 어린이에 관한 심도 있는 연구보고서를 다양한 시리즈로 발표하고 있다.

순위인 아이슬란드의 3배에 달한다고 밝혔다.

등교거부 학생도 많다. 전국의 초·중학생 가운데 12만 명이 넘는 아이들이 '등교거부 내지는 등교불가'를 이유로 등교하지 않고 있다. 또 고등학생 가운데 약 5만 2천 명이 등교거부 학생이다(문부과학성, 2009년도 조사).

학교폭력도 심각해지고 있다.

전국의 초·중등학교가 파악한 2009년도 아동 폭력 행위 실태는 전년도에 비해 1295건이나 증가한 6만 913건이었다. 4년 연속 증가 추세이며 사상 최다 건수다. 그중 초등학교에서 발생한 사건은 7115건으로 631건이나 증가하였으며, 중학교에서도 4만 3715건으로 961건이 증가했다. 고등학교에서는 감소했으나 초·중학생은 증가 추세니, 폭력 행위를 하는 연령대가 낮아지는 현상이 두드러진다.

조사를 벌인 문부과학성은 아이들의 "감정 조절이 잘 안 되고, 소통 능력이 떨어져간다"고 지적한다.

또한 경찰의 계도를 받거나 아동상담소가 대처한 아이들의 수도 2009년도에 사상 최다를 기록하는데, 약 5천 명이 넘는다.

집 안에 틀어박히지 않고 동아리 활동 같은 데 적극적으로 참가하더라도 걱정이 되는 경우가 있다. 중학교 2학년 아들을 둔 아버지에게 이런 이야기를 들은 적이 있다. 그는 간토 지방에 사는 40대 회사원이다.

공립 중학교에 다니는 아들이 테니스 부에 들었어요. 주중에는 저녁까지 부 활동을 하고, 주말에도 합니다. 평일에는 저녁 7시 넘어 집에 오는데, 목욕부터 하고 밥을 먹죠. 그러고 나서 8시부터 11시쯤까지 밀려드는 졸음도 쫓아가며 열과 성의를 다해 한다는 게, 고작 게임입니다. 그 탓에 아침에도 좀처럼 일어나지를 못해요.

테니스 하는 것 말고 시간만 나면 게임이다, 인터넷이다, 이메일이다 하며, 계속 컴퓨터 화면만 들여다보고 앉아 있습니다. 숙제나 공부는 팽개쳐두고, 먼저 모니터 앞에 앉는 거죠. 주말에 부 활동을 하러 가기 전에도 컴퓨터를 잡고 게임을 합니다. 대부분은 폭력적인 게임이에요.

"할 일 있잖니!" 하고 말해도, "알아요!" 대답만 하고 쇠귀에 경 읽기에요. 보다 못해 말리기라도 하면 "시끄러!", "짜증 나!" 하고 내뱉으니, 말 그대로 눈에 뵈는 게 없어지면서 싸움을 벌이게 됩니다.

초등학교 고학년 때 별 뜻 없이 그만 게임기를 사주고 말았습니다. 다들 가지고 있다기에, 왕따가 되면 큰일이다 싶어 사준 거죠. 친구들끼리 모여 게임을 한대요. 돌이켜보면 제가 너무 안이했던 겁니다. 처음부터 확실하게 게임 시간을 정해놓고 사줄 걸 그랬어요. 지금은 "규칙을 정하자"고 말해도 냉랭하기만 하니 말도 못 붙여요.

하지만 게임, 컴퓨터, 만든 건 다 우리 어른들 아닙니까? 어른들의 이득을 위해 만든 거라는 생각을 하면, 아이들도 피해자가 아닌가 싶은 생각이 들어요.

교토(京都) 의료소년원에서 고생하는 청소년들과 오랫동안 함께해온 정신과 의사 오카다 다카시(岡田尊司)* 선생은, 문제를 일으키는 청소년들의 연령대가 '해마다 갈수록 어려진다'고 지적하며 이렇게 말한다.

초등 1~2학년 때의 특징이 나이를 먹어도 성장하지 않고 그대로 있습니다. 예컨대, 현실과 공상에 대한 구별이 불분명해서 결과를 좀체 예측하지 못합니다. 상대의 입장에서 생각해보거나 상대의 마음을 헤아릴 줄 아는 공감능력이 부족합니다. 자기반성을 할 줄도 모르고 자기 관점에서만 사물을 보며, 매사를 단순히 이분법으로만 파악해버립니다. 주변 상황이나 기분에 쉽게 좌우됩니다. 다시 말해서 사회성social skill과 공감능력이 떨어지는 아이들이 늘어나는 겁니다.

공감능력이 낮은 아이들은 평소에는 스스로 억제할 수 있고 웬만해서는 탈선하려고 하지 않지만, 사소한 일로 하던 일이 꼬이거나 스트레스가 심하게 쌓이면 폭발합니다. 때로는 냉혹한 짓, 사람을 물건처럼 취급하는 일도 벌이고 말지요.

지금까지 아이들은 동아리 활동이나 방과 후의 다양한 체험을 통해 자연스럽게 사회성과 공감능력을 터득해왔습니다. 그런데 그게 안 되고 있습니다. 그 원인 중 하나는 게임과 인터넷에 지나치게 시간과 마음을 빼앗긴다는 겁니다. 그러니 아무래도 사회경험이 부족해지고, 공감능력을 기르기도 힘들어지는 거죠.

• 정신과 의사이자 작가 겸 저술가로 왕성히 활동 중으로, 부모 자식 간의 갈등 문제, 자기애적 사회에 주된 관심을 보여왔다. 미디어를 통해 널리 알려진 《뇌내 오염 탈출腦內汚染からの脱出》을 비롯해 30여 종의 책을 펴냈다.

게임이나 인터넷 의존증의 폐해에서 단지 아이들을 보호하는 데 그치는 것이 아니라, 적극적으로 아이들을 키울 대책이 필요합니다. 그중 하나가 맥이 끊긴 어린이들의 놀이문화 및 사회성을 키우는 방과 후 시간대의 활용입니다. '날것'의 생생한 사회체험 그리고 인간 대 인간의 체험이 필요합니다. 예컨대, 자기감정이나 주체성을 누군가 받아주는 경험, 자발적으로 뭔가 최선을 다해보는 경험을 더 늘리는 겁니다. 자기감정이 존중받으면 그만큼 공감능력도 자랍니다. 방과 후 풍요로운 체험은 아이들을 미디어 의존증에서 보호하고, 본래의 아이다운 생활과 체험을 기른다는 점에서도 유용합니다.

오카다 선생의 저서 《뇌내 오염 탈출》의 띠지에는 "악몽은 크리스마스 선물에서 비롯됐다"고 적혀 있다. 오카다 선생은 게임과 인터넷 의존증에서 아이들을 구해야 한다는 강한 문제의식을 갖고 있다.

2007년 후생노동성의 조사에 따르면, 다섯 살 난 아이의 절반이 넘는 50.6%가 게임을 한다. 2009년의 일본PTA전국협의회•가 펼친 '아이들과 미디어에 관한 의식조사'를 보면, 초등 5학년생 중 게임기가 '없다'고 답한 아이는 고작 4.5%였다. 그럼 중학 2학년생은 어떨까? 14.4%가 가정용 게임기, 휴대용 게임기, 휴대전화 게임을 전부 다 가지고 있

• 제2차 세계대전 패전 뒤 미군 점령 상태에서 미국의 권고로 설립된 일본의 학부모회(日本PTA, Parent-Teacher-Association). 흔히 '닛피(日P)'라고 줄여서 부른다.

다고 답했다.

　종래의 거치형 가정용 게임기가 '언제, 어디서나 할 수 있는' 휴대용 게임기가 되어 '아이들의 생활이 바뀌었다'는 소리마저 나오고 있다. 공원, 전철, 패스트푸드점에서만이 아니라 굳이 운동장에까지 게임기를 들고 나와 한데 어울려 게임하는 아이들이 많다. 이러다 보니 부모마저 왕따를 당할까봐, 아이가 얌전해지니까, 비 오는 날에 아이랑 같이 놀 게 없으니까 등등의 이유로 쉽게 게임기를 사주게 된다. 부모는 일부러 안 사주고 버티는데 할아버지, 할머니가 선물로 사주는 경우도 있다.

발달장애 아이들도

요즘은 경중 발달장애를 가진 아이들이 늘고 있다. 이런 아이들에게도 방과 후의 풍부한 경험이 필요하다고 전문가들은 지적한다.

　2004년 문부과학성의 조사에서 초등학생의 약 6%가 경중 발달장애 상태일 수 있다는 충격적인 결과가 나왔다. 과잉행동, 주의력 결핍, 충동성 등이 특징인 주의력결핍 과잉행동장애ADHD, 혹은 의사소통에 조금 장애가 있지만 지능은 떨어지지 않는 아스퍼거 장애Asperger syndrome 등을 중심으로 증가하고 있다는 것이다.

　발달장애란 뇌기능 발달에 문제가 있어 인지, 언어, 운동, 사회성 등을 터득하는 데 지장이 생기는 상태다. 선천적인 요인에 의한 장애라고 여겨진다.

학교 현장에도 '발달장애 아동이 늘고 있다'는 느낌이 확산되고 있다. 진단을 받은 아이들이 많아진 것도 하나의 원인이지만, 그것뿐만은 아니다.

약 10년 전에도 지금처럼 뇌에 장애가 있는 아이들이 일정한 비율로 있었다. 그러나 겉으로는 별다른 '증상'을 드러내지 않았던 면이 있다. 학교에서 지내는 시간이나 하교 이후의 시간을 통틀어 사람과 섞일 기회가 많았고, 그렇게 해서 얻은 사회적 경험들이 증상을 다스리는 데 도움이 되었을 것이다.

아스퍼거 장애 아동 가운데 20%는 어른이 되는 시점에서 병을 '졸업'한다는 보고서도 있다. 재활, 교육, 사회생활 같은 체험이 매일매일 누적되면서 사회성과 소통능력이 향상되는 건 극히 당연한 일이다.

앞서 언급했던 오카다 의사는 저서 《아스퍼거 장애》에서 다음과 같이 말한다.

"사회성과 소통능력이 건전하게 발달하려면 각 연령에 맞는 사회적 자극, 훈련, 공감능력에 관한 체험이 필요하다. 그것이 부족한 환경에서 자라면 유전적 요인이 그다지 불리하지 않더라도 정상적인 발달을 할 수 없게 된다. 요즘 들어 초·중등학교까지 순조롭게 크던 아이가 나이를 먹으면서 문제가 심각해지다가 아스퍼거 장애 진단을 받는 사례가 적잖다. 이러한 배경에는 아이들의 사회성과 공감능력을 키워줘야 할 환경이 변질된 탓도 있을 것이다."

'일본의 국력'이 붕괴한다?

결국 아이들을 둘러싼 이런 난감한 상황은 '각 가정이 스스로 해결해야 한다'는 사회적 분위기가 번져가고 저출산 경향도 여전하다. 형제자매가 없는 외동이 가정이 당연해지고 핵가족이 늘면서 아이들 주변에는 할아버지, 할머니, 친척이 없다. 지역사회가 붕괴되어 이웃과 어울릴 기회도 거의 사라졌다. 밖에서 놀게 내버려두자니 언제 수상한 사람이 나타날까 걱정이다. 이러한 걱정 탓에 엄마와 아이가 방 안에 틀어박히는 '모자 캡슐' 현상이 번지고 있다. 이렇듯 아이 키우는 환경은 악화일로를 걷고 있다.

역피라미드 형 인구구조 속에서 점점 '소수파'로 몰리는 젊은 층과 육아세대의 목소리는 정부에까지 전해지기 힘든 것 같다. 행정 민원 가운데 '육아와 어르신 간병 중이라도 직장에 계속 다닐 수 있도록 지원해달라'는 요청이 무려 63.3%다(내각부가 2009년 실시한 여론조사). 이는 2007년 조사보다 7.6% 증가한 것이다. 아이를 낳았다고 해서 직장을 그만둘 필요는 없다는 인식이 퍼지고 있는데도, 행정 지원은 이를 따라주지 못한다.

정부에서는 2008년 2월, 아동 보육의 질과 양을 확보할 대책을 발표했다. 이른바 '신 대기아동 제로Zero 작전'인데, 희망자 전원이 아이를 맡기고 근무할 수 있도록 보육원 및 학동보육의 대기아동을 제로로 만들겠다는 것이 목표이다.

2017년까지 학동보육의 등록 아동 수를 145만 명 더한 210만 명으로 잡고, 서비스가 필요한 전체 초등학교 구역에 설치하겠다는 목표를 내걸었다. 그러나 재원이 받쳐주지 못하고 있다.

선진국 중에서도 일본의 육아 관련 정부 지출은 최저 수준이다. OECD 보고서에 따르면 2007년 일본의 국내총생산GDP 가운데 공공교육 지출이 차지하는 비율은 3.4%로, 선진 28개국 중 최하위였다. 한편 괄목할 만한 것이 '자비 부담'의 비중이다. 교육비를 자비로 지출하는 비율은 33.3%로 자료가 존재하는 OECD 가맹국 중 네 번째로 높은 수준이다.

저출산 대책에 대해서도 같은 모양새다. 예컨대 2005년 OECD 기준에 따르면 가족 분야에 대한 사회지출의 GDP 비율은 평균치를 크게 밑도는 0.8%에 머물렀다. 이에 반해 저출산 추세에 제동을 건 프랑스는 3.02%이며, 고령화 추세를 완화시킨 영국이나 스웨덴도 3%를 웃돈다.

"아이 키우는 건 당연히 각 가정이 돈을 들여 알아서 책임지세요. 얼마나 키울지는 부모에게 달렸죠." 이런 식의 견해가 지금까지의 정책에 강하게 반영되어 있었다.

그러나 사회 정세가 급변하는 가운데 일본의 아이들은 이 지경에 이르도록 '의욕'을 잃어가고 있다. 이미 문제는 아이가 있느냐 없느냐, 부유하냐 아니냐 하는 사적인 차원을 넘어서고 있는 것이다. 일본의 국력, 그 자체가 붕괴할 만한 사태이다.

이러한 상황이 닥치자 일본 경제단체연합회는 2009년 2월에 저출산 대책에 대한 입장을 밝혔다. 이는 경제단체연합회의 위기감을 표명한 것으로, 이른바 단카이 세대(團塊世代)•의 자녀 세대가 30대 후반에 접어든 지금, 수년 안에 모종의 조치를 취해야 한다는 말이었다. 구체적으로는 보육원이나 학동보육 시설의 정비 등을 요구하며, 설치비용은 대략 14조 원, 운영비는 10조 원 정도가 필요하다고 했다.

또한 바라는 만큼 출산율이 증가하지 않는 배경으로 '교육비 등의 부담이 크다'는 점도 지적하고 있다. 그래서 초등학교를 졸업할 때까지 아이 한 명당 매달 약 27만 원씩 아동 수당을 지급하는 방안도 검토했다. 이때 필요한 약 27조 원의 추가 재원은 모두 국민이 부담한다는 관점에서 소비세를 인상하는 식으로 저출산 대책의 안정 재원을 확보해야 한다고 말했다.

민주당 정권은 "어린이는 나라의 보배, 사회 전체가 기르자"는 이념을 내걸었다. '어린이 수당'••이나 '고등학교 무상교육'은 그 상징적인 예시다. '어린이 수당'이 지금의 두 배인 36만 원까지 지급되면 일본도 OECD 평균 수준으로 될 것이다.

하지만 '사회 전체가 아이들을 기르자'는 말은 아름답지만, 현실적으

• 제2차 세계대전이 끝난 1947~1949년 사이에 태어난 일본의 베이비 붐 세대. 1970~1980년대 일본 고도성장의 견인차 역할을 했으며 콩나물 교실과 입시 지옥으로 상징되며 청바지, 자가용, 주택 붐을 일으켰다. 과로사와 이코노믹 애니멀의 주인공들이기도 하다.
•• 일본에는 원래 아동 수당(兒童手當)이 있었다(초등 6년생 자녀까지, 연소득 1억 원 이하인 가정에 한하여 월 7만 원씩 지급). 민주당 정부는 이를 확대시켜 2010년부터 어린이 수당을 지급했다(소득 제한 없이 0~15세 자녀를 둔 부모에게 아이의 연령 및 자녀 수에 따라 월 14만~20만 원씩 지급). 하지만 재원 확보에 애를 먹고 찬반 시비가 그치지 않던 끝에, 결국은 폐기하기로 결정했다(민주, 자민, 공명 3당 합의. 2011년 8월). 원래 있던 아동 수당으로 다시 회귀한다는 것이다. 저자는 그러한 어린이 수당 철폐가 결정되기 전에 이 책을 썼다.

로 누가 방과 후의 아이들을 돌볼 것인가? 논의는 항상 거기서 막힌다.

다음 장에서 자발적으로 이를 실천한 젊은이들의 활동을 좇고자 한다. 그들은 이 활동이 갖는 의의에 진심으로 동감하고 NPO(비영리단체, Non-Profit-Organization) 법인을 설립해, 암중모색하며 방과 후 아이들과 대면하고 있다. 이런 활동을 하게 된 계기에는 나 자신도 적잖이 관여되어 있고, 그들 중에는 일류기업을 그만두고 활동에 뛰어든 사람도 있다.

고군분투하는 그들의 모습을 통해 일본의 '썰렁한' 방과 후 현황과 더불어 개혁의 길을 모색해보고자 한다.

1

두 명의 핵심인물

'차라오'*에서 '아저씨'로

오리하타 겐(織畑研)은 1976년 5월 4일생, 서른네 살 된 독신이었다. 입시 경쟁을 뚫고 게이오(慶應義塾) 대학 부속중학교에 합격, 승승장구 진학하여 2000년 봄에 게이오 대학 상과를 졸업한 뒤 극심한 취업 빙하기였던 당시에 일류기업인 후지쓰(富士通)에 입사했다. 그러나 이젠 후지쓰에 다니지 않는다.

지금껏 남아 있는 동기들처럼 일했다면 연봉은 필시 1억 원 가까웠을 터이다. 그러나 오리하타는 그 길을 택하지 않았다. 4년 만에 후지

• チャラ男, 언동이 경박한 남자. 선탠, 머리 염색, 피어싱, 찰랑거리는 액세서리 등으로 상징되며, 애인을 두고도 바람을 피우는 유의 남자를 일컫는다.

쓰를 그만두고, 교육 관련 벤처기업으로 옮겼다가 거기도 3년 만에 그만두고 '양복을 벗었다'.

그 후 대학 선배인 히라이와 구니야스(平岩國泰)와 둘이서 '방과 후 NPO 애프터스쿨'을 설립해 현재까지 상근 스태프로 뛰고 있다. NPO 설립 전후의 2년간은 월급이 100만 원 남짓이었으나 부모의 지원조차 거의 받지 않았다.

오리하타는 신장 175센티미터로 그리 큰 편은 아니지만, 달걀형 얼굴에 다부진 콧날 그리고 반짝이는 눈빛 때문에 호기심 가득한 소년처럼 보인다. 짧은 머리카락이 빳빳하게 위로 곤두서 있는 그는 우렁우렁한 목소리로 곧잘 웃는다. 십 년 전이었다면 '게이오 보이(慶応ボーイ)'● 소리를 들었겠지 싶다.

게이오 중학 때 같은 반이었던 한 친구는 오리하타를 장난꾸러기였다고 한다. 또 여자애들한테 인기가 많았다기보다 '뛰는 유형'으로 인기가 많았다고 한다. 당시 거의 모든 학생들이 싫어하는 이과 선생님이 있었다. 어느 날 그 선생님의 수업이 시작되기 직전에 오리하타가 주도해서 교실 뒤쪽을 향해 전 학급이 책상을 반대로 돌리고 앉아 선생님을 기다렸다. 선생님이 들어왔으니 인사는 해야 하는데, 전부 등을 돌리고 있지 않은가. 장난이었다. 선생님은 침착했지만 틀림없이 놀랐을 것이다. 항상 장난만 치고 진지한 얘기는 한 적이 없다고 그의 친구는 말했다.

● 집안이 유복한 멋쟁이 혹은 명석한 게이오 대학생을 뜻한다. 여성에게 인기가 많다는 이미지도 있다. 그에 반해 와세다 대학생은 검박한 학구파 이미지가 강하다.

그는 대학시절에 잘 놀고, 여자들에게 인기도 많았다고 자부한다. 그 무렵에는 "(장신구가) 좀 찰랑거리네"라는 말도 듣고, '차라오' 소리도 들었다. 사람이 좀 '가볍다'는 뜻도 있었다. 하지만 최근 몇 년 사이에 오리하타의 머리카락에도 백발이 눈에 띈다. 그는 지금 '차라오'에서 '아저씨'로 변신 중이다.

그런 오리하타의 아파트를 찾아가보았다. 오리하타는 정든 도쿄를 떠나 약 4년 전부터 다마(多摩) 강을 건너 가나가와 현의 가와사키(川崎) 시에 살고 있다. 시내에서 도큐 도요코(東急東橫, 도쿄에서 시부야渋谷, 요코하마까지 운행) 선 열차를 타고, 도쿄 외곽의 다마 강을 건너자마자 가와사키의 신마루코(新丸子) 역에 당도한다. 시부야에서 타면 15분 만에 도착한다.

도쿄에서 다마가와 강을 건너가기만 해도 월세가 17만 원 정도 단숨에 떨어진다. 그것이 오리하타가 신마루코를 고른 이유다.

"상점가 전당포에 여자 손목시계를 맡겼더니 3만 원 주더군요. 가지고 있길 잘했죠. 방은 2층인데, 번호는 307호실이에요. 하하하……."

아파트 건물주는 근방에 아파트 3채 이상을 소유하고 있는 모양이다. 오리하타는 2층에 일제히 '제3○○동'으로 번호를 매긴 모퉁이 방을 월세 65만 원에 빌려 살고 있다. 부엌이 딸린 10제곱미터 크기의 원룸이다. 후지쓰에서 일하던 시절에는 똑같은 원룸이어도 15제곱미터 크기에서 살았다. 위치가 좋아서 도쿄 번화가인 나카메구로(中目黑) 역에서 도보로 몇 분 거리에 있었고, 월세는 140만 원 정도 하던 집이었다.

계단을 올라가 안으로 들어가니, 특유의 홀아비 냄새가 났다. 제대로 청소조차 하지 않았다. 두께가 30센티미터는 되어 보이는 커다란 매트리스가 깔려 있는데 소파 겸용이었다. 이불을 얹는 서랍장에는 양복 세 벌이 걸려 있었다.

낡은 아파트라 요즘 식 욕조시설이 아니다. 가로세로 80센티미터, 깊이 1미터 정도인 정사각형 욕조는 일본의 구식 욕조다. 비좁은 화장실에는 아이다 미쓰오(相田みつを)의 '인간이니까'• 달력을 걸어놓고, 그 옆에는 옛날 애인하고라도 갔던 곳인지, 남쪽 바다 섬이 찍힌 사진을 붙여놓았다. 참으로 묘한 구성이다.

현관 옆의 작은 책꽂이에는 교육 관련 서적과 문고판 소설이 여러 권 꽂혀 있다.

"얼마 전에 처음으로 부모님이 오셨는데 많이 놀라시더라고요. 일단 창문 좀 열까요?"

2층 모퉁이 방이어서 그런지 통풍은 잘된다. 그가 걸어둔 풍경(風磬)이 가을바람에 소리를 울린다. 나는 침대 옆에 턱을 괴고 앉아 오리하타를 마주보았다.

다시 한 번 왜 후지쓰를 그만뒀는지 물어보고 싶었다.

• 밀리언셀러 작가이자 시인이며 서예가인 아이다 미쓰오(1924~1991)를 대표하는 시집 제목. 은유와 잠언의 세계를 시로 승화한 작가인데 특유의 붓글씨 서체가 유명하다. "넘어진다 해도/ 괜찮지 않은가/ 인간이니까"라는 유명한 구절이 나오는 본문의 달력은, 그의 시를 발췌한 잠언 달력인 듯하다.

대기업을 그만둔 이유

"흠, 후지쓰를 그만둔 이유라……. 원래 그만둘 생각이었어요. 게이오 대학을 졸업하고 나서 바로 교육 관련 벤처기업에 취직하려고 했거든요. 거기가 제1지망이었어요. 그런데 아버지가 엄청나게 반대를 하셔서, 바로 그 자리에서 맞붙어 대판 싸움을 벌였죠. 이미 몇 군데 교육 관련 기업에서 러브콜이 왔었는데, 아버지가 대기업으로 가라며 거세게 반대를 하시는 거예요.

그때 서로 절충했던 조건이 '3년간은 대기업에 다니기'였습니다. 그렇게 결론은 났는데, 이미 기업들 대부분이 신입사원 모집을 마감한 상태였거든요. 그런데 대기업은 비교적 채용 시기가 늦은 편이잖아요. 그래서 아예 새로 대기업에 응시해서 합격한 게 후지쓰였던 겁니다. 면접에서는 물론 '장래에는 교육 분야에서 일하고 싶습니다!' 하고 말했죠."

2000년 봄, 후지쓰에 입사한 오리하타는 우주개발사업부로 들어갔다. 거기에서 그는 인공위성을 쏘아올리는 컴퓨터 시스템에 관한 영업을 담당했다. 예컨대 우주과학연구소(지금의 JAXA)가 몇 년에 한 번씩 대대적으로 교체하는 전송 시스템의 수주를 둘러싸고 경쟁사와 경합을 벌였다. 수주를 따내는 비결은 후지쓰만의 독자적인 기술을 과학자들에게 선전하고, '써보고 싶게' 만드는 것이다. 과학자들과 술사리를 같이하는 등 신뢰를 쌓으며, 140억 원 규모의 대형 계약을 오리하타가 중심이 되어 따낸 적도 있었다.

아버지와 약속했던 3년은 눈 깜짝할 사이에 지나갔다.

오리하타는 진행하던 업무도 있고 해서 당장은 후지쓰를 그만두지는 못했지만, 남들 몰래 전업(轉業) 준비를 시작했다. 사회 초년생이 품은 '3년만 다니고 그만둔다'는 생각 따위는 바쁜 업무에 치이다 보면 잊어버리거나 젊은 혈기 탓으로 치부하며 잊어버리기 십상이지만, 그는 그대로 실천했다.

인터넷의 이직 사이트에 '교육 관련 기업을 희망'한다고 등록했다. 그러자 게이오 대학 출신에다 후지쓰 근무 경력이 있어서인지, 오리하타 앞으로 수많은 기업에서 메일이 날아들었다. '우리 회사의 이직 시험을 받아보시겠습니까?'라고 권하는 메일들이었다. 그때 흥미를 가진 회사가 '모노리스(モノリス)'라는 교육 벤처기업이었다.

아이치 현에 본사를 둔 모노리스는 입시학원을 경영하면서 한편으로는 다른 입시학원의 광고도 해주는, 교육계의 틈새 사업을 운영하고 있었다. '여기라면 새로운 교육사업을 시작할 수 있을지 모른다'고 오리하타는 느꼈다. 2003년 가을, 그는 사장이 주최한 설명회에 참석했다.

도쿄에서 열린 설명회장에는 대략 50명 정도 되는 입사 지원자가 모여 있었다. 그날은 경력사원 지망자만 대상으로 한 모양인지 오리하타보다 나이 많은 사람들도 있었다. 당시 니혼 TV에서 하는 '돈의 호랑이(マネーの虎)'라는 인기 심야 프로가 있었는데, 젊은 상담자가 유명한 사

장들과 직접 상담하고 나서 창업의 꿈을 이루게 하는 프로였다. 모노리스 사장은 그 프로의 단골 출연자여서, 일부 젊은이들에게는 카리스마 넘치는 존재였다.

그래도 오리하타는 긴장하지 않았다. 전날 밤 친구와 마신 술로 숙취에서 깨지도 않은 채 설명회장에 간 그는 설명회가 끝난 뒤 혼자 남겨져 난데없이 사장과 면접을 하게 되었다.

"남겨진 게 나 혼자만이라서 '어? 이거 혹시 나를 좀 평가해주는 거 아닌가' 하는 생각이 들더라고요. 그 자리에서 연봉 얘기가 나오기에, 눈 딱 감고 '연봉 1억 4천만 원 주십시오!' 했죠. 그랬더니 '못 줘요!' 하고, 바로 딱지를 맞았지 뭡니까. '연봉은 6600만 원입니다' 이러더라고요. 그런데 뭐, 한 달에 550만 원 받을 수 있으면 괜찮겠다 싶어서, 바로 입사하기로 결정을 했죠. 후지쓰를 그만둘 때까지 5500만 원 정도 저금을 해뒀어요. 그래서 사실은 봉급을 얼마 받느냐 하는 건 관심이 없었어요. 1년에 1100만 원씩 저금을 했거든요. 저 착실하죠? 진짜로 독립할 생각이었으니까요."

아버지와의 갈등

아버지에게는 모든 것이 다 결정된 다음에야 직장을 옮긴 사실을 말했다. 또 반대하실 게 뻔했기 때문이다.

오리하타의 아버지인 모토카즈(基一)*도 직장을 옮긴 적이 있다. 1939년생인 모토카즈는 도쿄 대학 공대를 졸업하고 일류기업인 미쓰비시 상사(三菱商事)에 근무했으나, 서른네 살 때 주위의 반대를 뿌리치고 외국 투자기업인 컨설팅 회사로 전직했다. '보스턴컨설팅그룹BCG'이라고 하면 지금이야 누구나 알지만, 당시에는 이름이 나지 않았던 탓에 주위에서 거세게 반대했다.

모토카즈는 그 후 보스턴컨설팅그룹의 일본사무소 대표로 올라서고, 그 뒤로도 이직을 거듭했다. 지금까지 20년 넘게 컨설팅업계에 종사하면서 일본, 유럽, 미국의 온갖 업종의 대기업에 전략, 조직, 정보시스템에 대한 조언을 해왔다. 그 유명한 호리 고이치(堀紘一)**를 부하로 둔 적도 있었다.

모토카즈는 아들이 직장을 옮겼다는 얘기를 듣고는 더 이상 꾸짖지 않았다. 후지쓰에 계속 더 다니길 원했지만, 아들은 이미 직장을 옮긴 뒤였다. 그 뒤부터 모토카즈는 아들이 무슨 일을 하느냐고 주위 사람들이 물으면 "몰라. 잘 몰라"라는 말만 되풀이한다.

• 오리하타 모토카즈 : 도쿄 공대를 졸업한 뒤 버클리 대에서 MBA를, 도쿄 공대에서 박사학위를 받았다. 본문에 나오듯 미쓰비시를 거쳐 보스턴컨설팅그룹의 일본 지사장을 역임했다. 현재 코퍼레이트 이노베이션 대표이사로 있으면서 다마(多摩) 대학 사회인대학원 교수와 도쿄 대학 공학부 강사로도 일한다. 저서로《인간이 산다 조직이 산다(人間が生きる組織が生きる)》,《생명체에서 배우는 기업의 생존법칙(生体から学ぶ企業の生存法則)》외에 십여 권이 있다.

•• 1945년생. 이탈리아 대사를 역임한 부친 덕분에 부유층에서 성장했다. 메릴랜드 주립대학과 도쿄대 법대를 졸업한 뒤 요미우리신문의 경제부 기자를 거쳐 미쓰비시에서 근무했고 하버드 대학에서 MBA를 취득했다. 보스턴컨설팅그룹 입사 8년 만인 1989년 44세에 사장에 취임했으며, 현재 컨설팅벤처인 드림 인큐베이터의 CEO이다. 10여 권의 책을 썼다.

저명한 컨설턴트였던 모토카즈지만, 아들의 매니지먼트는 곤란의 연속이었다. 모토카즈는 1995년 출판한 《인생에 전략을 세워라》에서 '단카이 세대 2세들과 어떻게 교류해야 하는가'라는 단락에 이렇게 적고 있다.

"솔직히 말해서, 이 테마에 관해서는 자신이 없다. 나 스스로가 회사와 가정에서 애를 먹고 있는 문제이기 때문이다."

그리고 그는 단카이 2세들의 특징으로 "근성론이나 출세주의 같은 구세대의 가치관에 기초한 인센티브는 전혀 효과가 없다, 끈끈한 인간관계를 기대하는 건 금물이다, 구세대가 '중류'라고 보는 것을 단카이 2세들은 '상류'에 가깝다고 보고 있다고 거론한 후 "이제부터 단카이 2세대와 교류할 방법을 개척해 나아가지 않으면 안 된다"는 것을 꼽았다.

모토카즈는 아들이 이미 자신의 손을 떠났다고 생각한다.

다만 지금도 그가 강조하는 것은 '후지쓰에 4년 동안 다녔다'는 사실이 사회적으로 얼마나 큰 의미를 지녔는지에 대해서다. 앞으로 아무리 일본 사회가 변해도 이력서 맨 첫 줄에 적어야만 하는 항목, 다시 말해 졸업해서 처음 입사한 기업명은 언제까지나 중시될 것이라는 사실 말이다. 아들의 경우, 이력서 첫 줄의 항목을 보여주면 사람들은 '후지쓰라는 대기업에서 적어도 4년은 근무했구나' 하고 알아줄 것이다. 그는 그것만으로도 사회적으로 신뢰를 받을 것이라고 생각한다.

차절했던 중학입시

오리하타는 도대체 왜 그렇게 교육계를 고집하는 것일까. 아버지 모토 카즈도 마흔일곱 살 때 교육 분야로 독립하려던 적이 있었다. 그러나 번잡한 인허가 문제와 스폰서까지 없어지는 불운이 겹쳐 좌절하고 말 았다.

교육계로 진출하려는 건 아버지의 못다 한 꿈을 대신 이루기 위해서 인가. 아니다, 그런 낭만적인 얘기가 아니다. 사실은 본인의 처절했던 중학입시가 큰 영향을 미쳤다.

오리하타가 태어난 곳은 미국의 보스턴이다. 한 살 때 귀국해서 도 쿄의 지유가오카(自由が丘)에서 살았다. 공립 초등학교에 다녔지만, 초 등학교 4학년 무렵에 최고급 주택지인 덴엔초후(田園調布, 일본의 대표적 인 부촌)로 이사했다. 이유는 '중학입시'를 위해서였다. 어머니는 이렇 게 회고한다.

그 시절에는 입시 경쟁이 굉장히 치열했잖아요. 젠의 누나는 여섯 살 위 였는데, 그애는 초등학교부터 대학교까지 죽 이어서 사립을 다녔기 때 문에, 입시 걱정 따위는 전혀 할 필요가 없었죠. 그러니 겐켄(젠의 애칭) 만 걱정이 태산 같아서 불쌍하다는 생각이 들었어요. 그래서 거의 다 중 학입시를 치르는 덴엔초후 쪽 초등 학군으로 이사를 갔던 거예요. 그렇 게 되면 너도나도 한꺼번에 입시준비를 하게 되잖아요. 젠이 전학을 간학교의 경우, 중학입시가 몰리는 2월 1일쯤 되면 (다들 시험 치러 가서) 학급 애들이 네다섯 명밖에 안 남아 있을 정도였다니까요.

중학입시는 처절했다. 이미 20년도 더 된 옛날이야기지만, 오리하타는 지금도 "그때의 경험이 내 인생을 크게 바꾸었다"고까지 말한다.

오리하타는 동급생들이 많이 다니던 대형 입시학원에 들어갔다. 학원은 도쿄의 핫초보리(八丁堀)에 있는 커다란 빌딩이었다. 성적순으로 일등에서 꼴등까지 세세하게 반을 나누었으며, 온 빌딩에 아이들이 바글바글 가득 차 있었다.

초등 4학년 때 오리하타는 처음으로 학원의 분반시험을 봤다. 그러자 꼴찌에서 두 번째 반이라는 판정이 나왔다. 어머니는 충격을 받은 나머지 결과가 적힌 답안용지를 방바닥에 떨어뜨렸다고 한다. 도대체 어떻게 해야 게이오나 그보다 높은 수준의 학교에 들어갈 수 있을까? 그 후 필사적인 공부가 시작되었다.

어머니가 곁에 착 달라붙은 채, 매일 밤 11시까지 공부를 했다. 목욕조차 일주일에 한 번밖에 할 수 없었다. 학원은 분반시험을 매주 치르면서 경쟁의식을 부채질했다. 그동안 오리하타는 조금씩 윗반으로 올라갔다. 그러나 어머니와 아들은 모두 제정신이 아니었다.

솔직히 몇 번이나 어머니를 죽이고 싶었어요. 관용구나 사자성어를 외우려고 끊임없이 되풀이하는데, 그동안 어머니가 계속 옆에 있는 거에요. 미칠 것 같았어요. 그런 정신상태로 참 용케 버텼죠. 중학입시란 건요, 자기 의사는 필요 없어요. 게이오에 들어가고 싶다든지, "좋은 학교에 들어가서 좋은 회사에 들어가야지"라고 아무리 말씀하셔도, 그게 다 강제 아닌가요? 강제 노동자예요, 완전히. 웬만한 어린아이는 그 스트레스를 감당할 수가 없어요. 어머니도 한번은 거의 노이로제에 걸릴 뻔해서 외조부모님들이 걱정된다며 보러 오신 적도 있어요. 부모나 자식이나 똑같이 벼랑 끝까지 내몰려 있었어요.

엄마들이 자살한다든지 아이가 엄마를 찌른다든지, 뉴스에 나오는 이런저런 사건을 보고 있자면, 그때 그 상황이 떠오르면서 나도 참 아슬아슬했구나 싶어요. 저야 어떻게든 넘겼으니 다행이지만.

사실 입시에 별 뜻이 없는 아이한테 온갖 애를 다 써서 강제로 공부를 시키는 게 과연 옳은 일일까요?

결과적으로 오리하타는 중학입시의 '위너'가 되었다. 제1지망인 고마바토호(駒場東邦) 중학에도 합격하고, 게이오 중등부에도 합격했다. 오리하타는 자신이 경험한 중학입시를 전부 부정하지는 않는다. 게이오에 들어간 덕에 얻은 것도 많다. 단지 이 경험을 통해 느낀 숱한 의문은 사라지지 않고 오래도록 그를 괴롭히게 되었다.

'풍요로운 인생' 이란 뭐지?

수도권의 대형 입시학원에서 오랫동안 국어 강사를 지낸 야노 고헤이 선생은 반드시 중학입시의 득과 실을 곰곰이 따져봐야 한다고 지적한다.

문제해결 능력을 기를 수 있다, 자주성을 기를 수 있다, 노력의 가치를 깨닫게 된다, 부모와 함께 공부한다, 아이들 스스로 인생의 진로를 선택할 수 있다 등등의 긍정적인 측면을 야노 선생은 예로 든다.

반면에 승패에만 집착하는 그릇된 마음을 낳는다, 부모와 정신적으로 멀어질 위험이 있다, 중학입시만으로 '땡' 하고 종을 쳐버리는 아이들이 생긴다는 부정적인 측면 역시 고려해야 한다는 지적이다.

오늘날 많은 대학이 '대학 등교거부' 문제로 골머리를 썩이고 있다. 기껏 시험에 합격해 대학에 들어오고선, 1~2개월 만에 캠퍼스에 나오지 않는 대학생들이 줄을 잇는다. 그들은 단순히 '다른 활동을 하느라 바빠서 출석하지 못하는' 것이 아니라 '집에만 틀어박혀서 등교하지 않는' 유형이다. 원인이야 물론 복합적이지만, 중학입시 때부터 오로지 입시 합격에만 집착해서 생활해온 탓이 크다는 지적도 있다.

부모 마음대로 '치르게 하는' 중학입시로 생각하고, 설혹 제1지망 학교에 합격해도 '부모가 깔아놓은 레일 위를 달릴 뿐'이라고 생각한다. 그리고 장차 어떤 벽에 부딪혀 좌절하게 되면, 그 원인을 자신이 아닌 부모 탓으로 돌린다.

오리하타도 중학입시를 '부모가 시켜서 하는' 걸로 보고 있다. 그리고 제1지망 학교에 합격하고 나서도 마음속으로는 '부모님이 깔아준 레일 위를 달리고 있을 뿐이다'라고 생각했다. 그래서 사회인이 된 후 '이직'을 하고 나니, 그제야 '탈선'한 느낌이 들더라는 것이다.

오리하타는 당시 중학입시를 돌아보며 이렇게 말한다.

"일단 중학입시만 참고 이겨내면 여생이 편해진다고들 하지만, 진짜 그랬던가? 분명히 자신은 게이오라는 '괜찮은 학교'에 들어가서, 후지쓰라는 '괜찮은 회사'에 들어갈 수 있었다. 하지만 그때 그 '괜찮은 회사'가 과연 장래에도 진짜 '괜찮은 회사'일까?"

그런 의문을 더욱 강화시킨 사건이 일어난 것은, 정확히 대학 2학년 무렵 오리하타가 슬슬 취직에 대해 고민할 때였다. 돌연 금융업계에 연쇄 파산 사태가 일어난 것이다. 1997년 11월, 불과 3주 만에 산요증권, 홋카이도 척식은행, 야마이치증권, 토쿠요 시티은행 등이 파산했다. 토쿠요 시티은행이 파산했을 때에는 일본 전역에서 예금 해지를 요구하는 등 인출 소동이 일어났다. 대학 3학년이 된 1998년에는 일본 장기신용은행과 일본 채권신용은행도 국유화가 되는 등 일본 경제가 크게 흔들렸다. 이러한 은행이나 증권회사에는 게이오 출신 선배들이 많았는데, 이로 인해 오리하타는 많은 생각을 하게 되었다.

'괜찮은 회사'의 악전고투와 불상사를 직접 목도한 경험은 결코 쉽지 않은 기업경영의 어려움과 인생은 불투명하다는 진실을 오리하타에게 들이밀었다. 괜찮은 대학에 들어간다 해도 취직조차 제대로 되지 않을 수 있다. 취직을 한다고 해도 그 회사가 어떻게 될지 아무도 모른다.

또 취직을 할 때 기업 측에서 학생에게 요구하는 것은 어느 대학을 나왔느냐가 아니라 어떻게 대학생활을 보냈는지, 입사하면 어떻게 회사에 공헌할지 등 사람 됨됨이를 묻는 것으로 바뀌었다. 대학 이름만 대면 다 해결되던 세상은 이미 녹록치 않게 변했다.

그렇게 생각하고 나서 보니 정말 '괜찮은 학교', '괜찮은 회사'를 위해 입시공부를 할 필요가 있었던 걸까 하는 의문이 일었다.

초등학교 때 그 귀중한 소년시절을 입시공부에만 매달려 보낸 것이 정말 옳았을까? 다른 것을 배우거나 다른 경험을 하면서 다른 식으로 시간을 보냈더라면 좀 더 강한 '살아가는 힘'을 가질 수 있지 않았을까? 더 풍요로운 삶이 열리지는 않았을까?

금전적인 얘기는 아니에요. 풍요롭다는 게 뭐냐면, 다양한 선택 중에서 자기 인생을 스스로 선택할 수 있는 환경이었느냐 하는 것이죠. 초등학교부터 입시공부를 해서 사립학교에 간 누나랑 이야기를 나누는데, 누나가 "우리 남매는 인생에서 스스로 선택을 한 적이 없지? 부모님이 좋다는 쪽만 골랐잖아" 하고 말하더군요.

예를 들면, 게이오 고등학교의 경우 2학년 때 문과와 이과 중에서 한쪽을 선택해야 하거든요. 당시에는 어느 쪽을 골라야 좋을지 전혀 모르겠더라고요. 초등학교나 중학교 시절에 다양한 직업의 전문가들을 더 많이 보거나, 곁에서 일을 돕거나 하는 경험이 있었다면, 세상과 공부를 연관지어 장래의 진로에 대해 생각하면서 공부도 긍정적으로 할 수 있었을 거예요.

어렸을 적에 운동선수나 예술가, 만화가 같은 분들과 만나서 이야기를 듣거나 작업하는 모습을 보거나 했으면, 분위기만으로라도 뭔가 느끼지 않았을까 싶어요. 실제로 예술을 하면서 살아가는 건 힘들겠구나, 만화가는 재밌는 직업인 것 같다, 뭐 그런 거죠. 그런 정도로도 괜찮죠.

그런 경험이 쌓이다 보면 자연히, '그런데 왜 일하는 거더라?' 아니면 '세상에는 어떤 직업들이 있을까?' 하고 찾아보게 되겠죠.

생각해보세요. 어렸을 적에 일하는 어른들의 모습을 본 게 뭐 있었나요? 회사에 다니는 아버지가 양복을 입고 매일 아침 똑같은 시간에 집을 나가서 역으로 향하는 모습 정도 아닌가요? 좀 더 다른 사람들이 일하는 현장을 많이 봤더라면 좋았을걸 말이죠. 그래서 어렸을 적에 입시에만 매달릴 게 아니라 다양한 체험을 병행하면 좋겠다고 생각해요.

그의 발언은 어딘가 유치한 느낌이 있다. 그러나 오리하타의 유치함, 순진함, 순수함을 한 글자도 빠짐없이 그대로 적어놓고 보면 마치 아이들이 말하는 것 같다. 오늘날의 어린이들이 하고 싶은 말을 그가 대변하고 있는 것처럼 들리기도 한다.

학원을 바꾸고 싶다

2004년 4월, 모노리스로 직장을 옮긴 오리하타는 학원 컨설턴트를 맡고 싶다고 희망했다. 그러나 배정을 받은 건 입시학원의 광고 담당이었다. 즉 신문에 끼워넣는 광고지 등에 실을 내용을 오리하타와 학원 경영자가 함께 검토하는 일이다. 누구를 대상으로, 어떠한 내용을 전면에 내걸 것인가. 그것을 고민하기 위해서는 우선 학원의 경영 방침을 알아야 한다. 결과적으로는 희망하던 컨설턴트 직에 가까운 일이었다.

중학입시로 온갖 고생을 해본 오리하타가 도대체 학원 경영자에게 어떤 일을 제안하려고 한 것일까?

사실은 입시학원을 '학원답지 않은' 방향으로 이끄는 키잡이 노릇을 하려 했다고 한다. 한 예로, 영업상 수많은 학원을 방문하면서 "앞으로 학원들이 지향해야 할 것은 체험학습 형태의 콘텐츠입니다!"라고 말하고 다녔다.

사이타마 현에 있던 어느 학원이 오리하타의 제안을 받아들였다. 이과에 흥미를 갖게 하는 실험수업이나, 입시와는 직접 관련이 없을 법한 야외 캠프 활동을 과외수업으로 실시한다는 내용이었다. 저출산으로 원생 유치 경쟁이 점점 거세어지고 있는 가운데, 학원답지 않은 프로그램으로 신입생을 확보하려는 학원 측의 의도와 맞아떨어진 것이다.

이렇게 학원 컨설턴트 비슷한 일을 맡게 된 오리하타였으나, 모노리스에 계속 근무할 생각은 없었다. 기본적으로 '새로운 것을 좋아'하기 때문이다.

인생을 다시 한 번 바꿀 새로운 기회를 만난 것은 모노리스의 영업을 통해서였다. 요코하마에 본부를 둔 비영리단체인 '교육지원협회'의 대표이사 요시다 히로히코(吉田博彦)를 만난 것이다. 그는 원래 수도권에서 이름을 날리던 입시학원의 경영자였다. 그러나 학원을 폐쇄하고, 1997년에 '시민의 힘으로 21세기 교육을 만들자'는 취지로 NPO 법인을 세웠던 것이다.

그는 입시학원이 "주위 환경과 가정으로부터 아이들을 단절시켰다"고 비판하면서, 각 가정도 "안이하게 탁아소 대신 학원을 이용한다"며 반성을 촉구했다.

요시다 씨는 지금 요코하마를 중심으로 새로운 유형의 방과 후 거처를 기획하고 있다. '방과 후 영어', '재미있는 과학', '한자 암송' 등 모두 학원에 비해 훨씬 수강료가 싼 프로그램이다.

'재미있는 과학' 교실에서는 '카바곤' 선생이라는 별명으로 잘 알려진 소조(創造)교육 센터의 아베 스스무(阿部進)● 팀이 흥미로운 실험을 진행한다. 예를 들면 직경 60센티미터나 되는 커다란 비눗방울 만들기가 있는데, 숨 쉴 틈도 없이 전개되는 카바곤 선생의 실험에 아이들은 푹 빠져 집중한다.

이 외에도 성냥개비나 고무밴드 등 주변에서 쉽게 찾을 수 있는 도구를 사용하는 것이 '재미있는 과학'의 특징이다. 일상에서 흔히 찾을 수 있

● 1930년생. 초등학교 교사를 그만둔 뒤 1964년 소조교육센터를 설립하고 아동 관련 방송 활동에 몰두했다. 후지TV의 어린이 노래자랑 프로그램에서 방청객에게 자신의 별명을 지어달라고 했고, 하마를 닮았다는 말에 스스로를 '하마괴수(河馬, 카바カバ), 즉 '카바곤(カバゴン)' 선생이라 불렀다. 한때 100킬로그램이 넘어 비만과 극심한 당뇨병까지 앓았으나 모두 이겨내고 왕성한 활동을 하고 있다. 아동 및 청소년에 관한 저서가 40여 권 있다.

는 과학의 즐거움을 전하고 싶어 하는 카바곤 선생의 열의가 엿보인다.

"주위에 흔한 소재를 통해 번쩍 깨닫는 체험을 많이 만들어주고 싶다. 이제 정해진 장소에서 그저 구경만 하던 시대는 끝났다. 학교가 못 하는 것은 그 지역 어른들이 가르쳐줘야 한다"고 카바곤 선생은 말한다.

교육지원협회에서는 등교거부 아동들을 대상으로 지역의 교육사업을 비롯해 여름방학과 겨울방학 때 '자연체험 강좌'를 기획하여 체험학습 사업을 운영하기도 한다.

"종래의 방식대로 가르치는 입시학원의 시대는 끝났다"고 말하는 전직 학원 경영자인 요시다 씨의 말에 오리하타는 공감했다. 그는 모노리스 사 직원으로 교육지원협회의 광고지 작성에 관여하면서 '새로운 형태의 방과 후 활동에 대한 수요가 높아지고 있다'는 생각을 굳혀갔다.

다른 한편으로는 좀 더 참신한 방과 후 프로그램이 있지 않을까 인생을 걸고 한판 벌여볼 만한 뭔가 다른 일이 있지 않을까 하고 오리하타는 더욱 '새로운 것'을 찾고 있었다.

모노리스에 입사하고 석 달이 지난 2004년 6월 말, 오리하타에게 한 통의 전화가 걸려왔다. 대학시절 게이오 대학 부속중학교의 야구부 코치를 함께 맡았던 히라이와 구니야스에게서 온 전화였다. 히라이와는 오리하타보다 4년 선배였으나 각별히 친한 사이는 아니었다.

'무슨 일이지?'

휴대전화의 통화 버튼을 누르자 히라이와가 말했다.

"야, 오랜만이다. 오늘, 나 아빠 됐어! 너 요세 뭐하냐? 잠깐 시긴 좀 내줄 수 있어? 할 말이 있어서그래."

오리하타가 봉급생활자를 그만두겠다고 결심하게 만든 두 사람의 재회는 금세 실현되었다.

"이거다!"

미국에서 시작된 방과 후 혁명에 대한 이야기가 오리하타의 생각에 날개를 달아주었다.

사랑하는 딸에게 줄 선물

히라이와 구니야스는 1974년 2월 14일생이다. 사실 이 글을 쓰는 나와 히라이와는 게이오 대학 부속고등학교를 같이 다닌 동급생이다.

히라이와는 끝이 올라간 두툼하고 짙은 눈썹에, 사무라이처럼 생겼다. 어릴 적부터 주위에서 "애어른 같다"는 말을 들으며 자랐다고 한다. 침착하게 생겼다는 뜻이리라.

미나토(港) 구의 구립 초등학교에 다닐 때, 히라이와는 공부도 운동도 뛰어나게 잘하는 우등생 그룹에 속했다. 그런데 어째서인지 한 '왕따'와 친하게 되었다. 그 소년이 괴롭힘을 당하고 있으면 용서할 수 없다며 지켜준 적이 몇 번이나 있었다. 도무지 약자를 괴롭히는 건 용납이 안 됐다. 그 소년도 히라이와를 친하게 여겨 피아노 발표회에 히라이와 한 명만 초대했다고 한다.

히라이와가 좋아하는 수업은 미술이었다. 한번은 수업이 끝난 뒤 지점토가 묻어 더러워진 접시를 쓰기 전보다 더 반짝반짝하게 씻어서 집어넣었다고 선생님이 무척 칭찬해주셨다. 이유는 모르겠지만 이런 감각이 지금도 남아 있다. 그는 사람이든 물건이든 자신이 손을 대면 좀 더 나아지게 되길 바라는 서비스 정신이 어릴 적부터 왕성했다.

또 부탁받은 일을 곧이곧대로 처리하는 건 재미가 없단다. 히라이와는 반드시 그 이상 가는 뭔가를 덤으로 얹어서 상대에게 돌려주고 싶다고 생각하는 유형인 것이다.

히라이와는 '꿈의 놀이공원' 같은 그림을 그리는 걸 좋아했다. 그리고 모든 사람이 즐거워할 장소를 만드는 것이 꿈이었다. 어쩌면 그 꿈이 지금 그가 하고 있는 방과 후 프로그램의 출발점인지도 모르겠다.

히라이와도 오리하타처럼 초등학교 시절부터 학원에 다녔으며, 오리하타처럼 게이오 대학 부속중학교에 입학했다. 오리하타와는 달리 학원에 다니는 게 그다지 싫지는 않았다고 한다.

그런 히라이와와 내가 만난 것은 게이오 고등학교의 야구부에서였다. 첫인상은 두 사람 다 좋지 않았다. 처음 입단했을 때, 히라이와처럼 게이오 중학에서 올라온 내부 진학생 부류와, 나처럼 고입시험을 보고 들어온 외부 진학생 부류 사이에는 야구부 활동에 임하는 자세를 두고 묘한 거리감이 있었다. 진지하게 야구를 하고 싶어 하는 히라이와 같은 부류와 달리, 나와 같은 부류는 이제 막 고교입시를 통과한 해방감에 들떠서인지 그다지 긴장감이 없었다.

예를 들어 내가 1학년 때, 야구화를 벗고서 쉬고 있던 일 때문에 선배의 불호령이 떨어지고 '공동 책임'이 있다며 1학년 부원 전체가 '운동장 돌기' 체벌을 받은 적이 있다.

그때 우리는 전속력으로 운동장을 수없이 달려야 했다. 언제 끝날지도 알 수 없었다. 정신적·육체적으로 힘든 벌이었다. 선배 대하는 법에 익숙했던 내부 진학생 부류는 "스스로 자초한 일이다. 저 외부 진학생 녀석의 태도가 불량해서 그렇다"면서 몰아냈다. 그 선두에 섰던 사람이 히라이와이다.

히라이와는 내부 진학생 일부 그룹을 이끌고 '대장' 같은 존재감을 내비치고 있었다. 싸움이 일어날 뻔했던 적도 있다. 하지만 부 활동이 끝나고 귀가하는 길에 마작을 시작하면서부터 급속히 친해졌다. 스키 여행도 같이 가고 테니스도 치고, 여학교 문화제 같은 데도 같이 다녔다. 부 활동이 끝난 '방과 후'가 우리 둘 사이를 이어준 것이다. 그 후 우리는 같은 게이오 대학 경제학과에 나란히 진학했다. 사회인이 되고 나서도 히라이와는 나의 가장 친한 친구 중 한 명이다.

그런 히라이와가 왜 방과 후 개혁과 관련되었는가?

방과 후 프로젝트에 참가하기로 결정했을 때, 히라이와의 아내는 임신 중이었다. 이윽고 자신의 첫아기가, 그것도 딸이 태어날 예정이었다. 그 딸아이를 위해 뭔가 해줄 수 있는 일이 없을까? 여러 가지로 생각해볼 것이 많았다. 출산 예정일은 2004년 6월이었다. 그해 2월에는 히라이와가 서른 살이 되는 인생의 전기를 맞고 있었다.

마루이(丸井) 직원들은 보통 수요일과 일요일에 쉰다. 평일인 수요일에 쉬게 되면, 같은 업계의 친구 말고는 어울릴 사람이 없다. 히라이와는 직업과 가정 외에 하나 더, 평생토록 꾸준히 할 인생사업을 찾고 있었다.

재미난 일은 이미 게이오의 고교와 대학에서 일찍이 경험했다. 이제 사회인이 됐고, 떠들며 놀고픈 마음도 없었다. 그런 것보다는 딸의 탄생이 더 중요했다. 난생처음 아버지가 된다는 사실 때문만은 아니다. 태어나는 아기가 여자아이라고 진단을 받은 뒤로 걱정되는 일이 있었다. 그즈음 어린이 유괴사건 같은 걱정스러운 일이 많이 일어났다. 딸은 과연 괜찮을까? 안전하고 안심할 수 있는 사회에서 살아갈 수 있을까?

당시 마루이 백화점에서 근무하던 히라이와는 방과 후 소년범죄를 직접 겪기도 했다.

시부야점에서 판촉을 맡고 있던 어느 날, 소매치기 혐의로 한 소녀가 사무실에 끌려왔다. 경찰이 인계받으러 올 때까지 히라이와는 소녀와 단둘이서 사무실을 지키게 되었다. 암만 봐도 평범한 소녀였다. 도무지 소매치기를 할 인상이 아니었다. 두 사람 다 아무 말 없이 묵묵히 있는데, 소녀가 작은 목소리로 말했다.

"별로 갖고 싶어서 훔친 게 아니에요. 학교에서 짜증 나는 일이 있어서……."

이 아이를 경찰에 넘기면 히라이와 일은 끝난다. 하지만 그는 과연 그것만이 옳은 일인지, 애초에 이런 일이 일어나지 않도록 막을 수는 없었는지 스스로에게 되묻고 있었다.

오늘날의 학교생활은 아이들에게 커다란 스트레스다. 히라이와는 방과 후의 아이들을 범죄 피해로부터 보호하는 것뿐만 아니라, 소년범죄를 저지를 가능성이 있는 예비집단도 구해야 한다고 생각한다. 또 어른들이 아이들을 유괴하고 살해하는 사건들에 대해 굉장히 분개한다. 힘센 어른이 연약한 아이들을 해치는 세상이 되어서는 안 되는 것이다.

'안전하고 안심할 수 있는 육아환경을 만드는 데 부족하나마 힘을 보태자.' 딸의 탄생을 맞이해 히라이와는 스스로를 격려했다.

히라이와는 선물하길 좋아한다. 그건 아버지 쪽 '내림'이라고 한다. 누군가 기뻐하는 순간을 함께하는 게 좋아서, 그 기쁨을 위해 어떤 식으로든 궁리하고 힘든 일이 있어도 기꺼이 이겨낸다고 한다. 누군가에게 무엇을 줄까 하는 고민도 정성을 다해 머리를 짜내곤 한다. 친한 친구 중에 누군가 결혼하면, "내가 결혼선물을 골라 갈게. 선물 값은 나중에 서로 분담하자"고 제안한다. 내 결혼식 때 그가 준 선물은, 혼자 살던 당시의 낡고 더러운 아파트에 '청소대행업' 팀을 파견해준 거였다.

그는 누구보다 사랑하는 딸이 태어날 때 무슨 선물을 해줄까 생각했다. 그것이 '방과 후 안전과 안심 프로젝트'였다. 이것은 오직 딸 한 명에게만 주는 선물이 아니었다. 딸의 친구들, 지역 내의 같은 또래 아이들, 나아가 온 일본의 아이들에게 주고 싶은 선물이었다고 그는 말한다.

"나만 즐겁고, 나만 득을 보면 아무래도 나쁜 짓을 한 것 같은 기분이 든다. 물론 나도 즐거우면 좋지만, 아울러 주위 사람들도 기뻐해주는 게 가장 즐겁다"고 히라이와는 말한다. 딸아이에 대해서도 마찬가지

여서, "내 아이만 득을 보는 게 아니라, 딸아이가 태어남으로써 그 또래 전부가 득을 보게 됐으면 좋겠다"고 말한다. 이런 사고방식은 그의 어머니 쪽 '내림'이라고 한다.

히라이와의 어머니는 오랜 세월 자원봉사활동을 계속해왔다. "언젠가 딸에게 '아빠, 고마워'라는 말을 듣고 싶다". 그가 움직이는 동기의 원점은 대략 그런 점들에 있는 게 아닌가 싶다.

히라이와는 자신에게 엄격한 사내다. 자신이 하는 일에 대하여 좀체 만족하지 못한다. 마루이 그룹에 입사하고 나서 아무리 충실하게 업무를 수행해도 속으로는 '2% 부족하다'고 느끼는 또 다른 자아가 있었다. 또한 고작 회사 일에만 '온통 매달려서야 되겠냐'는 식의 오기도 있었다.

'부드러운 완고함'이 히라이와의 신조였다. 남들이 뭘 부탁하든지 "괜찮아요, 할 수 있습니다"라고 대답하며 일단 떠맡고 본다. 그리고 겉으로는 우아하게 해치우는 듯 보이지만 실은 필사적으로 매달린다. 그러니 성과도 따른다.

1년에 1천 명의 젊은이를 만나면서

히라이와는 마루이 그룹에 입사한 뒤, 오랫동안 인사(人事)를 맡아왔다. 대학 졸업자와 대졸 3년 이하의 경력자 채용을 담당한 적도 있고, 한 해 1천 명이 넘는 젊은이들을 면접했다. 회사에서 그는 '면접의 달인'으로 통했다.

히라이와가 면접관을 맡으면 희한하게도 마음을 열고 속내를 털어놓는 젊은이들이 많아지는 모양이다. 젊은이들에게 속내를 털어놓게 하여 면접 성과를 올리면서도 한편으론 한 가지 문제의식을 품게 되었다.

'자기 인생을 스스로 개척한다'는 의식이 젊은이들에게 결여되어 있었다. 히라이와는 면접을 진행하면서 "저는 뭘 하면 좋을까요?"와 같은 인생상담을 자주 받았다. 원래는 자신이 하고 싶은 일을 부각시키기 마련인 면접 장소에서 "실은, 뭘 하면 좋을지 모르겠다"고 털어놓는 것이다. 그런 젊은이들의 목소리를 접할 때마다 히라이와는 이렇게 말할 수밖에 없었다.

"지금 뭘 하고 싶은지 모르겠다, 그럴 수 있지. 하지만 그건 스스로 노력해서 찾아봐야겠지. 할 수 있으면 같이 찾아주고 싶지만, 그건 스스로 알아내야 할 문제야."

그런 식의 대화를 하면서 히라이와는 '저들은 도대체 어린 시절을 어떻게 보낸 걸까?' 하고 생각하게 되었다.

인사 담당으로 있으면서 고민했던 경우는 이뿐만이 아니었다.

어느 날, 입사한 지 두 달 된 여직원이 "점심 먹으러 다녀오겠습니다" 하면서 밖에 식사를 하러 나갔다. 그런데 그 말이 그녀의 퇴직을 알리는 말이 되었다는 것이다. 그녀는 그대로 직장에 돌아오지 않았다.

히라이와는 '사고라도 났나?' 하고 걱정했다. 주변을 찾아보고, 휴대전화에 전화도 해봤다. 혼자 산다던 그녀의 아파트에도 가봤다. 하지만 찾을 수 없었다. 하다못해 부모님 집에도 연락을 넣어봤다. 그러자 다음 날 그녀가 히라이와에게 전화를 걸어왔다.

"저, 퇴직할래요. 거기, 안 나가면 안 되나요?"

"말이 탁 막히더라고." 히라이와는 당시를 돌아보며 말했다. 그러나 그걸로 끝난 게 아니다. 그녀는 한 달도 지나지 않아 다시 한 번 다른 통로로 마루이에 들어왔다. 한 명품점의 판매원이 된 것이었다.

사정을 들어보니 마루이를 퇴사한 뒤 다른 곳에서 사무직 일을 해봤지만, 그 역시 맞지 않는 것 같아서 사표를 냈다고 한다.

히라이와는 자신의 사고방식이 낡은 것일지도 모른다고 생각하면서도, 너무나 가볍게 직종을 변경하는 그녀의 의식을 보며 딱한 기분이 들었다.

히라이와가 조사해보니, 대졸 신입사원 중 30%가 3년 안에 직장을 그만두었다. 그는 또 의욕도 없고 일도 하지 않는 '청년 무직자'인 니트족이나 '비정규 아르바이트'로 사는 프리터 층이 많아진 배경도 궁금했다. 불황이 배경인 탓도 있겠지만, 그걸 차치하고라도 젊은이들에게 '내가 좋아할 직업은 스스로 찾아내 경력을 쌓아가자. 이 일은 나만이 할 수 있다' 하는 직업의식이 결정적으로 부족한 게 아닐까, 히라이와는 그렇게 느끼고 있다.

2

미국의 방과 후 개혁

꿈만 같은 취재 이야기

모든 일의 발단은 한 통의 이메일이었다.

"보도 관계자 여러분께 다음과 같이 안내해드립니다."

한번 훑어보니 꿈만 같은 얘기였다. 두 달이나 미국을 자유 취재하고 와도 된다는 거였다. 비용 전액은 재단이 부담하고 장소도 자유, 이동도 자유, 취재 내용도 자유다. 논문과 면접에 의해 뽑는다는 단서가 달려 있었다.

'미일재단 미디어펠로'에서는 매년 미국과 일본의 언론인 몇 명씩을 뽑아 상호교환 파견을 하고 있었다. 1996년부터는 재단법인 '국제문화회관'과, 뉴욕의 '재팬소사이어티', '미일재단'이 공동으로 하고 있다. 지금까지 미국 쪽에서는 ABC TV '나이트라인'의 프로듀서, 〈이코노미스트〉나 〈뉴스위크〉, 〈LA타임스〉 기자 등을 일본에 파견했다. 일본 쪽에서도 〈아사히신문〉, 〈마이니치신문〉, NHK 등의 기자를 보내고 있다.

나는 마음을 비우고 응모해보기로 했다. 구체적인 테마를 찾기 시작한 것도 사실은 그러고 나서였다. 막연히 머릿속에 있던 것은 청소년 문제였다.

입사하고 장기간 맡았던 것이 평일 저녁 뉴스 담당이었던 탓에, 자사 방송만이 아니라 다른 방송에서 어떻게 보도하고 있는지를 자주 확인했다. 그중에도 자꾸만 위화감이 느껴지던 표현이 있었다. 바로 '평범한 소년에 의한 범행'이라는 문구였다.

특히 10년 전쯤, 소년범죄에 대한 보도가 무성하던 때였다. 담당 기자는 한 가해 소년의 주변 환경을 취재하면서, 온갖 고생 끝에 간신히 옛날 동급생을 만나게 되었다. 그리고 듣게 된 말이 "평범한 소년이었어요. 공부를 못하지도 않았는데, 깜짝 놀랐죠" 하는 말이었다. 그 시절, 소년범죄가 일어날 때마다 '평범한 소년이었다'는 동급생의 말을 각 방송사에서 몇 번씩 되풀이해 보도했던 걸 기억하는 사람도 많을 것이다.

그러나 그 '평범한 소년'과 카메라 앞에서 말하던 동급생은 정말 서로를 이해하고 있었을까? 가해 소년을 더 깊이 알고 있는 다른 동급생은 없는 것일까? 은근히 따돌림을 당하고 있었던 건 아닐까? '평범한 소년'이 어떻게 잔인한 범죄를 저질렀을까? 대체 무엇이 소년을 충동질했을까? 누구도 사건을 막을 수 없었던 걸까? 무엇이 부족했기에 이런 사건이 일어난 걸까? 잘못을 저지른 건 소년뿐이었을까?

이런저런 생각을 하다 보니, 점점 소년의 '방과 후 일상'이 궁금해졌다.

이유인즉 소년은 여러 요인에 의해 극단적으로 폭발했을 터인데, 방과 후 소년이 다른 식으로 시간을 보냈다면 이런 비극은 막을 수 있지 않았을까? '평범한 소년'은 학교가 끝난 뒤에 어떻게 지냈을까? 친구는 있었을까? 부모나 동네 사람들과는 어떻게 지냈을까? 왜 바람직한 방과 후 시간을 보낼 수 없었던 걸까?

그런데 방과 후의 바람직한 시간이란 대체 또 무언가?

방과 후 NPO의 발견

그런 막연한 테마는 있었지만, "이것을 보고 싶다!"고 딱 꼬집어서 미일재단 미디어펠로 쪽에 파견 요청을 할 만한 구체적인 소재가 그때 당시에는 떠오르지 않았다. 그래도 인터넷으로 관심 가는 키워드를 입력하며 검색을 거듭하다 보니 눈에 띄는 게 있었다.

미국에서는 방과 후 시간대를 주제로 혁명적인 움직임이 시작되고 있다는 거였다. 원래 스포츠 강좌나 YMCA 같은 전통적인 클럽 활동밖에 없었으나, 1990년대 후반부터 조직적인 방과 후 프로그램이 폭발적으로 증가하고 있다는 것이다.

미국의 여러 주(州)에서는, 보호자가 감독을 책임진다는 관점에서 열두 살 미만의 어린이를 혼자 내버려두는 것을 법률로 금하고 있다. 그러나 맞벌이 부모가 증가하면서 아이를 돌봐줄 사람이 없어지게 되었다. 그러자 도시에는 비행소년이 급증했다. 도시 외곽에서도 고독감으로 인해 정신적인 문제를 겪거나 학습 면에서 도태되는 아이들이 급증했다. 이렇게 되자 정부와 지자체 그리고 민간재단과 기업들이 아이들의 방과 후 개혁을 위해 적극적으로 자금을 투자하기 시작했다는 것이다. 개혁의 원동력이 된 것은 방과 후 활동을 특화시킨 NPO, 다시 말해 '방과 후 NPO'였다. 그러한 NPO가 1990년대 후반부터 미국 전역에 줄지어 설립되고 있다고 한다.

예컨대 1995년에 생긴 보스턴의 방과 후 NPO인 '시티즌 스쿨즈citizen schools'는 무려 500가지가 넘는 방과 후 강좌를 개발하고, 어린이들에게 폭넓은 선택의 기회를 제공한다는 것이다. 도대체 '500종류의 방과 후 강좌'라니 이게 무슨 말인가? 처음에는 그 의미조차 알 수 없었다.

다만 직감적으로 느낀 것은, 그 정도로 선택의 폭이 다양하다면 이제껏 방과 후 활동에 만족하지 못했던 아이들도 푹 빠져들 만한 강좌를 만날 수 있겠구나 싶은 점이었다.

학교 진도를 못 따라잡고, 왕따에 시달리면서 불만을 토로할 곳도 찾지 못한 채 결국은 범죄라는 형태로 폭발하고야 마는 청소년들도 이 정도로 방과 후 생활의 선택 폭이 넓다면 뭔가 기회를 만들어볼 수 있겠다는 생각이 들었다.

이것을 보고 싶다! 나는 응모 논문에 다음과 같이 적었다.

미국의 방과 후를 바꿔나가는 NPO

오늘날 미국에서 주목받고 있는 '방과 후'의 새로운 시도를 조사하고 연구할 것이다. 아직 일본에 거의 소개되지 않은 시도들을 취재하여 교육을 개혁하는 하나의 선택지(選擇肢)로 소개하고 싶다. (중략)

우리는 지금까지 '교육은 학교에서' 한다고, 너무 학교에만 의존해왔다. 그러나 학교에는 한계가 있다. 왜냐하면 아이들은 아침에 일어나 하루를 보내는 시간 중 20%만 학교에서 보내기 때문이다. '방과 후에 대한 지역의 역할'을 차분히 검토해, 지금 바로 실천해야만 한다. (중략)

파견까지는 아직 6개월의 시간이 남아 있다. 일본 내의 사정도 되도록 사전 취재를 하려고 한다. 현재 일본 역시 맞벌이 부부가 증가하고 있으며, '나 홀로 집에' 있는 아이들이 늘고 있다. 그저 TV만 보며 하루하루를 지내는 아이들이 있는 한편, 학원이나 동아리 활동, 강좌 수강 등으로 바쁘게 지내는 아이들도 많다. 그 아이들은 각자 유의미한 방과 후를 지내고 있는가? 선택의 폭이 너무 좁은 것은 아닐까? 그렇다면 어떤 '새로운 선택지'를 원하고 있을까?

영어로 진행되는 면접을 기적적으로 통과하고, 선발위원회는 나를 펠로로 뽑았다. 이로써 2003년 4월부터 6월까지 미국을 방문하게 된 것이다.

앞서 얘기한 오리하타가 아직 후지쓰 사원으로 있을 때였다.

나는 보스턴, 뉴욕, 워싱턴DC, 시카고, 테네시 주의 녹스빌, 로스앤젤레스 등지를 돌며 안전하고 안심할 수 있는 알찬 방과 후 거처를 만들고 있는 약 40개 단체를 둘러보았다. 대부분은 방과 후에만 초점을 맞춰 특화시킨 '방과 후 NPO'였다.

방과 후 개혁의 최첨단 현장을 가보니, 그들이 하는 일은 상상을 뛰어넘는 까마득한 것이었다.

보스턴의
시티즌 스쿨즈

범죄의 그늘에 빈곤이 있다

보스턴은 하버드 대학이나 매사추세츠 공대MIT 등 미국을 대표하는 대학들이 위치한 고풍스럽고 아름다운 도시라는 이미지가 있다. 분명 하버드 대학의 캠퍼스를 걷다 보면 푸른 잔디가 푹신거리고, 그것만으로도 '옛것이 좋은oldies but goodies' 미국을 만끽할 수 있다. 그러나 보스턴은 또 하나의 얼굴을 갖고 있다. 미국 도시들이 가진 전형적인 문제인 '범죄'와 '빈곤'으로 골머리를 앓는 얼굴이다.

대학가를 떠나 지하철이나 버스로 5분 정도 달리다 보면, 척 봐도 빈민층이 많아 보이는 구역에 진입하게 된다. 방과 후 개혁의 중심은 이러한 구역에 있는 공립 초·중등학교다. 손에 지도를 쥔 채 나는 이런 구역을 하루 종일 혼자서 돌아다녔다.

반드시 그렇다 해도 무방할 만큼 미국은 도시마다 빈민가가 있고, 그곳에는 범죄를 저지르거나 범죄에 말려들 위험에 노출된 아이들이 있다. 보스턴도 마찬가지다. 3주 동안 내가 투숙한 호텔 주변에서도 한밤중까지 청소년들의 고함소리가 빌딩 틈바구니로 울려 퍼지곤 했다.

빈민가 아이들은 교육을 충분히 못 받아 뒤처지게 되고, 학교를 중퇴하고 나면 취업난에 부딪치기 십상이다. 그리고 그런 것들이 범죄와 직결되기도 한다.

1994년, 보스턴 아이들의 '범죄'와 '빈곤' 문제를 해결하기 위해 떨쳐나선 두 명의 젊은이가 있었다. 그들은 방과 후 아이들이 있는 곳을 안전하게 해주고, '살아가는 힘'을 주고, 빈곤에서 벗어날 기회를 주겠다는 뜻을 세웠다.

한 명은 지방신문의 기자 및 칼럼니스트였던 에릭 슈워츠Eric Schwartz이다. 그의 기사는 언론인 최대의 영예인 퓰리처상 후보에 오른 적도 있다.

에릭은 그해 가을, 집 가까이에 있던 공립 초등학교로 가서 교장을 만나 직접 담판을 벌였다.

"저는 신문기자입니다만, 일주일에 한 번씩 자원봉사로 아이들에게 신문 만들기를 가르쳐주고 싶습니다. 어떻겠습니까?"

"알았소. 잘 부탁하오." 교장의 허가는 바로 떨어졌다.

에릭은 초등학교 5학년 아이들 20명에게 '기삿거리 찾는 법', '인터뷰 방법', '기사 쓰는 법' 등을 가르쳤다. 마지막 수업에서는 '지역신문'을 만들어 인쇄했다.

자신의 전문 분야에서 갈고닦은 '기술'을 아이들에게 가르치는 '시민 교사'의 탄생이었다. 그것은 방과 후 NPO인 '시티즌 스쿨즈'의 눈부신 발전을 위한 첫걸음이 되었다.

다른 한 명의 청년인 네드 라이머Ned Rimer 역시 비슷한 시기에 첫 강좌를 열었다. 다쳤을 때를 대비해 응급처치법을 배우는 것이었는데, 네드는 응급처치 요원으로 일한 경험이 있었다.

이런 형태로, 버몬트 대학 기숙사 룸메이트이던 에릭과 네드의 노력이 본격화되었다. 아이들의 반응은 상당히 좋았다. 그다음 해에는 정식으로 NPO 신청을 해서 평일의 방과 후와 토요일 그리고 여름방학 때 '시민교사'가 가르치는 '도제 강좌Master's program'를 여는 시티즌 스쿨즈가 탄생했다.

시티즌 스쿨즈는 급속히 확대되어 세운 지 5년이 지난 2000년에는 보스턴에 있는 11곳의 초등학교에서 강좌를 열게 되었다. 그 결과 연간 1천 명 넘는 아이들이 강좌를 듣고, 20명이 넘는 상근 요원들과 수백 명의 자원봉사자들이 운영을 돕게 되었다.

지금은 보스턴뿐만 아니라 뉴욕, 휴스턴, 캘리포니아의 산호세 등 21개 도시의 약 40개 학교에서 강좌를 열고 있다. 연평균 약 4천 명의 학생들이 참가하며, 그와 맞먹는 수의 자원봉사자들이 힘을 보탠다.

취재 당시에는 2012년까지 75개 학교에서 8천 명의 아이들에게 프로그램을 제공하는 것이 목표였다.

디버 초등학교 방문

'보스턴 차 사건'을 기념하는 거대한 목선이 떠 있고, 관광객들은 사진을 찍는다.

이 보스턴 항구에 면한 '어린이 박물관' 건물 안에 시티즌 스쿨즈의 본부가 2000년부터 자리를 잡고 있다. 어린이 박물관은 일본으로 말하면 도쿄와 시부야에 있는 '어린이의 성' 같은 대형 아동시설이다. 박물관에는 마술, 과학 실험실, 운동기구를 포함해 다양한 놀이기구가 가득하다.

꿈이 가득한 박물관 5층에 NPO 본부가 있었다. 사무실에 들어서면서 나는 우선 젊은이들이 많다는 것에 놀랐다. 알록달록하게 새로 단장한 사무실에는 수많은 컴퓨터가 줄지어 놓여 있고, 스태프들은 생기 있게 이야기를 나누고 있었다. 청년 대상 잡지사 편집부를 방문한 것 같은 밝은 분위기였다.

그중 몇 명과 명함을 교환했는데, 담당 업무가 얼마나 다양한지 알게 되었다. 광고, 캠퍼스 확대 담당, 연수, 커리큘럼 작성, 재무, 파트너 개척, 조사 및 평가, 자원봉사 모집, 여름방학 프로그램 등 본부 스태프만 50명이 넘었다.

스태프들은 제법 자주 바뀐다. 일류대 출신도 많다.

참고로 '창업자'인 두 사람도 고학력자다. 네드는 시티즌 스쿨즈의 원형을 만든 1994년에 보스턴 대학에서 경영관리학 석사MBA 학위를 취득했다. 4년 후 하버드 대학에서 교육학 석사도 땄다. 에릭도 마찬가지로 1997년에 하버드 대학에서 교육학 석사 학위를 취득했다.

시티즌 스쿨즈의 연간 총수입은 약 250억 원이다. 간부 스태프의 연봉은 1억 4천만 원 이상이라고 한다.

상근 스태프들이 이곳 본부에서 일하는 이유는 '심오한 의의에 공감해서', '재밌으니까', '경험 삼아' 등등 실로 다양하다. 이러한 사회적 기업인 NPO에 취업을 희망하는 젊은이들이 최근 들어 미국에서도 증가하고 있다고 한다. 우수한 인재들이 모여 조직을 더욱 발전시켜갈 것이다.

에릭이 처음에 신문기사 쓰는 법을 가르쳤다는 보스턴 외곽의 디버 초등학교Dever Elementary School를 방문했다.

오후 2시가 좀 지났는데 아직 학생들은 수업을 받고 있었다. 그런데 이미 NPO 스태프들은 학교에 모여 있었다.

장소는 교내에 있는 10제곱미터쯤 되는 작은 방이었다. 언제라도 사용할 수 있는 시티즌 스쿨즈 스태프 전용 방이다. 스태프 네 명이 오늘의 방과 후 프로그램을 어떻게 진행할지에 관해 서로 얘기를 나누고 있었다.

둘러앉은 한가운데에 '캠퍼스 감독'으로 부르는 학교 담당 책임자가 있었다. 아직 20대 초반의 스태프다.

서른 살이 다 되어 보이는 덩치 큰 남자가 그의 지시를 열심히 듣고 있었다. 테드 초독Ted Chodock이다. 하버드 대학원을 졸업한 그는 장차 고등학교 교사가 되고 싶다고 했다. 2년 정도 일본 교토에 머물면서 일본 아이들을 가르친 적도 있었다. 그는 일본 아이들에게 가장 부족한 점은 '문장력과 표현력'이라고 했다.

"시티즌 스쿨즈의 다양한 방과 후 프로그램은 일본 아이들에게도 유효할 거라고 생각합니다."

그렇게 설명하는 테드를 보고 나도 함께 행동하기로 마음을 먹었다.

테드는 자원봉사자지만 '팀 리더'라고 불린다. 팀 리더는 최전선에 서서 아이들과 접촉하는 스태프를 말하는데, 그들의 목표나 바람직한 방향에 대한 조언자 역할을 하는 응원단이 되어야만 한다. 테드가 여기서 스태프 일을 하는 이유는 아이들과 관계 맺는 법을 배우기 위해서다.

테드는 오전에는 모교의 도서관에서 아르바이트를 한다. 똑똑해 보이면서도 여유 있고 얌전한 성격으로 교사직에 적합한 성격이 아닌가 한다. 자신도 그 점을 확인하기 위해 이런 현장에서 실제 훈련을 하고자 나선 것일 터였다.

오후 3시에 테드 일행이 스태프 방을 나서서 체육관으로 향했다. 강좌가 시작되기 전에 참가자 수만큼 의자와 과자 등을 준비하기 위해서다.

오후 3시 20분, 아이들이 제각각 교실에서 나와 모여들었다. 오늘은 45명이다. 이제 막 수업을 끝낸 탓인지 피곤해 보이는 아이도 있었다.

취재 당시인 2003년에 시티즌 스쿨즈는 대상 연령을 아홉 살에서 열네 살까지로 제한했다. 초등 3학년 이상이 안 되면 도제 강좌를 따라오지 못해 진도를 나가기 힘들어질 수 있기 때문이었다.

"자, 잘 왔어요, 시티즌 스쿨즈에!"

우렁찬 캠퍼스 디렉터의 목소리가 온 체육관 안에 울려 퍼졌다. 우선은 '간식' 시간이다. 수업도 끝났으니 출출할 것이다. 언니, 오빠나 누나, 형 같은 젊은 스태프들이 과자를 나눠준다. 과자를 먹는 아이들의 표정에 다시 생기가 돌기 시작한다. 스태프들은 아이들과 대화를 나누면서 그날의 표정을 읽어가며 출석을 부른다.

나눠주는 과자는 시티즌 스쿨즈를 지원하는 협력업체에서 제공한다. 한편 과자회사는 아이들에게 신상품을 선전하거나 반응을 살피는 경우도 있다.

민간기업이 초등학교 급식과 관련된 마케팅 조사를 하는 것은 불가능하다. 그래서 NPO가 중간에 개입하는 형태로, 방과 후에 유사한 시도를 행할 수 있는 것이다. 물론 순수한 사회공헌 차원으로 선을 긋고 과자를 제공하는 기업도 많다. 어느 쪽이건 간식 시간은 NPO, 기업, 아이들 모두에게 고마운 시간이다.

시티즌 스쿨즈는 운영을 위한 기부금이나 자원봉사자 그리고 '필요한 물품'도 함께 홈페이지를 통해 지원받고 있다. 이름 하여 '위시 리스트wish list'인데 상당히 구체적이다. 우선 '본부'에서 원하는 것은 컬러프린터, 디지털카메라, 비디오카메라, 스캐너, 컴퓨터, 소형 난방기구 등이다. 그리고 현장인 '학교'에서 필요한 것은 쉽게 상하지 않는 과자와 음료수, 그림물감, 수납선반, CD 플레이어, 장난감 등을 제시하고 있다.

도제 강좌

3시 40분, 아이들이 간식을 다 먹으면 대략 10명씩 그룹을 짠 후 각각 스태프를 따라간다. 향하는 곳은 학교 측에서 사용을 허락한 몇몇 교실 중 하나다. 테드를 따라가는 아이들은 8명이다. 속깨나 썩일 듯한 아이도 있다.

이제부터는 '숙제 시간'이다. 각 학급에서 내준 숙제를 아이들이 제각각 꺼낸다. 수학과 영어, 사회……. 테드는 아이들을 지켜보다가 숙제를 못하고 있는 아이에게 말을 건네고 질문에 답해준다. 부모가 영어를 잘하지 못해서 아이들의 숙제를 도와줄 수 없는 가정도 많다. 그런 부모를 대신하여 테드 같은 사람들이 친절하게 가르쳐주는 것이다.

4시 15분, 숙제를 마친 아이들은 시티즌 스쿨즈의 근간이 되는 '도제 강좌' 시간으로 넘어간다.

도제 강좌는 시민교사들의 사소한 아이디어에서 비롯되었다. 그래서 내용도 내 취미를 가르쳐보고 싶다, 이런 의미 있는 걸 알려주고 싶다, 요즘 아이들에게 필요한 이런 경험을 해보게 하고 싶다, 아이들과 이런 걸 함께할 수 있으면 재밌을 텐데, 하는 것들이다.

취미라면 요리나 댄스, 태권도, 작사, 작곡, 노래, 연극, 사진 같은 것들이 있겠다. 기술자, 변호사, 예술가, 기업가, 회계사, 컨설턴트 등 어른들이 경험해온 수많은 직업들도 '도제 강좌'로 만들어 아이들에게 전수해준다.

설립자인 에릭처럼 신문기자라는 직업을 살려서 '신문 만들기' 강좌를 만들고, 책 편집자는 '그림책 만들기'를 도와주고, 디자이너는 '티셔츠 만들기' 또는 '홈페이지' 만드는 법을 가르쳐준다.

그 밖에도 기술자는 '로봇 만들기'나 '태양열 자동차 만들기' 강좌를 만들고, 도시계획 기사는 아이들과 함께 '도시계획'과 '새로운 공원 디자인'을 그려본다. 사업가와 함께라면 '주식 사는 요령'이나 '창업 요령'을 배워보는 식으로 강좌 메뉴는 무궁무진하다. 이 정도는 되어야 다양한 방과 후 선택 메뉴다.

세상의 모든 취미와 직업의 수만큼 '도제 강좌'를 만들 수 있다는 말이다. 스태프들도 그렇게 생각하기는 마찬가지고, '시민교사'들의 지원이 점점 더 많아지길 기대한다. 현재 시티즌 스쿨즈는 시민교사들과 더불어 수백 종류에 달하는 방과 후 프로그램을 개발하여 아이들에게 제공하고 있다.

중요한 세 가지 요소

시티즌 스쿨즈가 아이들에게 '도제 강좌'를 제공할 때, 항상 중요하게 여기는 세 가지 요소가 있다. '지속형', '체험(실천)형' 그리고 '최종 발표회'다.

우선 "지속적인 체험 프로그램으로 만들겠다"는 말에 대해 알아보자.

최근 일본에서도 총합학습(總合學習)* 시간이 생겨서 기업 경영자가 나와 경험담을 얘기하는 경우가 있다. 그러나 대부분 일회성에 그친다. 교단 위에 서서 아이들을 내려다보며, 그것도 두 시간씩 거창한 자기 생각을 얘기하고 끝내는 식이다. 아예 안 하는 것보다야 낫지만 아무래도 '내려다보는 시선'에 지나지 않는다.

시티즌 스쿨즈는 일회성 강연으로 끝내는 프로그램을 하지 않는다.

기본적으로 강좌 하나는 최소한 10주 걸린다. 1년에 두 번, 봄학기(3~5월)와 가을학기(10~12월) 내내 열린다. '즐겁게 배울 수 있는 강좌'를 목표로 한다. 아이들은 7~8명 정도로 팀을 짜서 시민교사의 제자로 입문하며, 체험형 프로그램인 도제 강좌에 참여한다. 그리고 이 도제 강좌는 시민교사와 스태프들이 합심하여 무언가를 만들어내는 '프로젝트 형식'으로 진행한다.

시티즌 스쿨즈의 스태프들이 자주 하는 말이 있다. '핸즈 온hands-on'이다. 이는 '실천적인' 혹은 '손으로 직접 조작하는'이라는 뜻이다. 무언

• 우리나라의 재량 학습 시간에 해당하는 특별 교과. 교과목의 벽을 초월하여 주제를 설정하고 아이들의 총합적 능력을 개발하고자 2000년부터 단계적으로 실시 중이다.

가를 배우고 익히든지 터득하기 위해서는 몸을 움직여 재밌게 배우는 것이 가장 빠른 지름길이라는 얘기다.

이들은 '먼저 이야기를 듣는다→기술을 눈으로 본다→이야기를 함께 나눈다→실제로 직접 해본다→남에게 기술을 가르쳐줄 수 있게 된다'는 과정이 바람직하다고 본다. 최종적으로는 '남들에게 보여줄 수 있을 만큼 숙련한다'는 것이 목표다. 이런 일련의 과정을 거치다 보면 '기술'만 익히는 게 아니라 창조력, 팀워크, 리더십, 소통능력 같은 '살아가는 힘'이 자연스레 몸에 밴다.

또 하나 그들이 중시하는 것은 마지막에 부모들을 깜짝 놀라게 만들 '최종 발표회'를 여는 것이다.

모든 도제 강좌는 마지막에, 그러니까 시작한 지 석 달이 될 때 발표의 장을 만든다. 아이들이 뭘 배우고 뭘 공부했는지 알 턱이 없는 부모와 지역 주민 들을 깜짝 놀라게 한다는 뜻으로 발표회를 "WOW!"라고 부른다. '와우!'는 놀람의 장(場)이다.

무엇보다 아이들이 자존감을 높일 수 있는 것은 부모에게 듣는 "대단하구나!"라는 칭찬이다. 'WOW!'는 그런 기회를 만들어준다.

시티즌 스쿨즈의 연간 계획표를 보면 봄학기와 가을학기, 모든 강좌가 끝나는 5월과 12월 주말 무렵에는 주민회관의 강당 등에서 열리는 'WOW!'의 스케줄로 꽉 차 있다.

댄스 발표, 연극 발표, 부모를 초대하여 요리를 펼치는 특설 레스토랑, 아이들이 만든 예술 작품을 한데 모은 직은 미술관, 커다란 스크린

앞에서 또랑또랑하게 진행하는 마을 환경개선에 대한 프레젠테이션 그리고 아이들의 봉제 인형극이 열리는 어린이병원 건물……..

참관수업에서는 볼 수 없는 아이들의 성장한 모습을 보며, 부모들은 때로 탄성을 지르고 때로는 눈물을 흘리면서 고개를 끄덕인다.

무사히 발표가 끝나고 발표회장이 박수소리로 파묻히면, 부모들은 아이들을 껴안고 "잘했다 잘했어, 엄마도 깜짝 놀랐단다. 그런 걸 다 할 수 있게 됐구나!"라며 기뻐한다. 평소의 엄한 표정은 눈 녹듯 사라지고 이 순간만큼은 부처님 얼굴이 된다.

테드의 방과 후

일주일에 한두 번, 그것도 오후 3시부터 5시까지 두 시간씩 10주 동안이나 계속해서 출석해줄 시민교사를 모으는 일은 쉽지 않다. 그래서 때로는 시민교사 대신에 '팀 리더'인 테드 같은 NPO 스태프들이 강좌를 지도하기도 한다.

앞서 얘기했던 디버 초등학교의 방과 후로 돌아가보자.

이날 테드는 그 지역 시인의 '시 낭송' 강좌를 직접 지도하고 있었다. 2주 뒤에 열릴 'WOW!' 발표회를 연습하는 중이었다.

학교수업으로 선생님이 "시를 낭독하자!"고 하더라도, 인원이 많다 보니 고작해야 한 명당 한 번씩만 읽으면 그만일 것이다. 게다가 대대적인 '발표의 장'은 딱히 시험 치는 것일 리도 없다. 당연히 대충 읽게 되기 십상이다.

감정을 실어 잘 읽기 위해서는 많은 연습이 필요하다. 테드는 아이들에게 세심하게 신경 쓰면서 때로는 직접 낭송도 하고, 몇 번이고 거듭해 아이들을 가르치며 함께 낭송했다.

도중에 남자아이 한 명이 싫증을 냈다. 그러자 테드는 그 아이에게 시간을 들여 끈기 있게 대화를 나누어 겨우 낭송 연습을 재개할 수 있었다. 인원수가 한 조당 7~8명이라서 가능한 세심한 대응이다.

오후 5시 20분, 테드도 한숨 돌릴 수 있는 시간이 다가왔다. '노는 시간'이다. 테드가 인솔하는 8명의 아이들은 뿔뿔이 흩어져 체육관으로 돌아가거나 운동장으로 뛰쳐나갔다. 노는 데에도 스태프는 아이들과 함께한다. 체육관에서는 춤 잘 추는 대학생 리더가 힙합 리듬에 맞춰 아이들과 같이 춤을 추고 있다. 운동장에서는 축구가 한창이다.

테드는 무엇을 하고 있는가 하면, 다른 교실에서 아이들 몇 명과 어울려 보드게임을 즐기고 있었다. 테드도 웃음을 되찾았다. 그 모습만 봐도 아이들과 어울리는 걸 좋아한다는 사실을 알 수 있다.

노는 시간은 30분 만에 끝났다.

5시 50분에는 모두 체육관에 모였다. 반성회를 하고 나서 6시가 되자 부모들이 아이들을 데리러 왔다. 스태프는 부모에게 아이를 인도하며 한 명씩 명단에 체크한다. 이때 스태프는 부모들과 짧은 대화를 나눈다. 아이가 오늘 어떻게 지냈는지를 얘기하고, 가끔은 부모의 상담도 듣는다.

부모들은 뭔가 고민이 생기면 학교 교사들과 상담하기 전에, 직감적으로 우선 가볍게 NPO 스태프들과 얘기를 나누고 싶어 한다. 시티즌 스쿨즈의 스태프들이 학교와 가정 사이를 잇는 가교 역할도 하는 셈이다.

　　오후 6시 반, 거의 모든 아이들이 학교를 떠났지만, 테드와 다른 스태프들은 아직 학교에 남아 있다. 커다란 덩치로 아이들의 작은 의자를 차례차례 원래 자리로 돌려놓는다. 아이들에게 뒷정리와 청소를 시키지 않는 것은 미국 대부분의 강좌에서 공통적이다. 뒷정리와 청소 같은 것도 아이들에게 '살아가는 힘'을 주는 데 중요하지 않을까 싶어서 한 스태프에게 물어보았다. "미국에서는 학교 청소가 빈민층의 일자리라는 인식이 있기 때문에 아이들에게 안 가르쳐도 된다고 생각한다. 그들의 일자리를 빼앗을 수는 없는 노릇 아닌가"라는 대답이 돌아왔다. 하지만 다른 이유도 있을 것 같다.

　　스태프들이 특히 신경 쓰는 것은 원래대로 해놓는 일이다. 교실을 깨끗하게 청소하고, 조금이라도 제자리에서 이동한 것이 있으면 원래대로 해놓는다. 예컨대 강좌 중에도 칠판은 쓰지 않는다. 중요한 연락 사항이 적혀 있을지도 모르기 때문이다. 한창 강좌를 진행하고 있는데, 꼭 적으며 설명해야 할 사항은 옆의 빈 공간에 커다란 종이를 붙이고 거기에 적으면서 진행한다.

　　혹시라도 교사가 교장을 통해 NPO에 대한 불평을 표출하면 두 번 다시 사용할 수 없게 될 위험이 있다. 그러므로 스태프는 반드시 꼼꼼하게 뒷정리를 해야만 한다.

뒷정리가 끝나면 반성회를 가진다. 캠퍼스 리더와 테드를 포함한 세 명의 팀 리더, 게다가 이날은 본부에서 일부러 온 상근 스태프까지 참석한 채로 진행했다.

주의를 요하는 아이는 있는가, 그 아이의 부모는 어떠했는가, 시민 교사들의 강좌는 진행 상태가 어떠했는가, 강좌의 방침전환은 필요하지 않은가, 학교 측에서 특별히 들은 말은 없는가 등등 아이들 앞에서 나눌 수 없던 논의를 한다.

잇달아 생기는 프로그램

시민교사는 10주 동안의 강좌를 어떻게 계획하는가? 예를 들어, 어떤 흑인 남성이 다음과 같은 자원봉사 신청서를 냈다고 치자.

"제 취미는 아프리카 큰북을 치는 겁니다. 얼마 전에 근처 주민회관에서 공연을 해서 시민들에게 좋은 반응을 얻었습니다. 북 치는 기법을 지역의 아이들에게도 가르쳐주고 싶습니다. 회사에 다녀서 토요일 오후를 희망하는데, 가능할까요?"

이런 이메일을 받으면 우선 설명회부터 와주십사 하는 NPO 스태프의 답장이 간다. NPO는 공유할 가치관과 기본적인 정보, 아이들과의 수업 방법 등을 지도한다. 그런 다음에야 강좌를 기획한다.

이 남성의 경우, 우선 스태프는 '왜 북 치는 기법을 아이들에게 전수하고 싶은지'에 대해 상세하게 묻는다. 이 흑인 남성은 자신의 뿌리인 아프리카의 현재 상황을 아이들에게 좀 더 알려주고 싶다고 대답한다. 알고 보니 단지 기법만 가르치려는 게 아니었다. 음악의 내면에 있는 문화와 역사, 메시지를 전하고 싶다는 것이다.

그런 대화를 거듭 쌓으며, 시민교사와 NPO 스태프는 다음과 같은 강좌를 고안한다.

강좌명은 '마음에 울려라, 아프리카 큰북!'

1. 우선 아이들에게 연주를 들려준다.
2. 아이들이 보고 들은 것을 흉내 내어 연주하게 한다.
3. 함께 북을 두드리며 지도한다.
4. 주위의 흔한 사물에서 악기가 될 재료를 찾는다.
5. 함께 악기를 만들어 연주해본다.
6. 아프리카 큰북의 기원을 다 함께 조사한다.
7. 현 상황을 물으러 아프리카에서 온 유학생을 찾아간다.
8. 부모와 주민 들을 초대하는 'WOW!'에서 '아프리카 축제'를 기획한다.
9. 'WOW!' 때의 공연 연습과 프레젠테이션을 준비한다.
10. 음악과 춤과 프레젠테이션이 한데 어우러진 'WOW!'를 개최한다.

자세히 정하지는 않고 도제 강좌 도중에 그때그때 아이들의 반응을 보면서 방향을 전환하기도 한다. 아이들의 자주성을 중시하기 때문이다.

원칙적으로 매주 이틀간 열리는 도제 강좌는, 이렇게 스태프들과 함께 10주간에 걸친 강좌의 방향성을 정하는 것에서부터 시작된다. 만약 시민교사가 도중에 '과연 내가 할 수 있을까?' 하고 불안에 빠지면, 스태프가 '함께 극복해서 근사한 체험으로 만들자'고 격려해준다.

　"괜찮아요. 지금까지 벌써 몇천 명이나 되는 시민교사가 탄생했잖아요. 이미 비슷한 강좌가 몇 개나 열렸지만 다 성공했어요. 사진과 비디오로도 남아 있고요. 보세요. 마지막에 열리는 'WOW!' 발표회에서 느끼게 될 감동은 아이와 부모뿐 아니라 시민교사에게도 길이 남을 평생의 보물이 될 겁니다.

　이런 체험형 도제 강좌가 아이들에게 얼마나 긍정적인 효과를 주는지를 보여주는 자료도 있어요. 일단 함께 방과 후 프로그램 현장을 보러 갑시다. 아, 그리고 보니 다음 주 주말에 두 군데에서 'WOW!'가 열릴 거예요. 같이 보러 가실래요?"

　만약에 누군가 '아이들에게 이런 걸 가르쳐주고 싶다'는 생각을 해도 학생 모집, 장소 섭외 등 모든 일을 백지상태에서 시작해야 한다면 상당한 시간과 노력과 비용이 들 것이다. 하지만 방과 후 NPO가 개입하면 시민교사의 부담은 가벼워지고, '나도 할 수 있을지 모른다'는 자신감까지 얻게 된다. 지역사회와 아이들을 잇는 코디네이터로서 시티즌 스쿨즈가 도맡는 역할은 크다.

판사도 시민교사로

대단히 바쁜 변호사나 판사도 매년 시민교사가 되고 있다. 어떤 법률사무소는 시티즌 스쿨즈에 전적인 협력을 약속하고 '모의재판' 강좌를 열었다. 1997년부터 시작한 이 강좌는 줄곧 시티즌 스쿨즈의 '간판' 강좌 가운데 하나가 되었으며, 보스턴 시내의 많은 초·중등학교에서 열리고 있다.

하루하루가 바쁜 변호사나 판사가 평일 방과 후 프로그램에 모습을 드러내는 일은 드물다. 그러나 이미 수년간 열고 있는 강좌이기 때문에 NPO 스태프와의 신뢰도 두텁고, 강좌를 어떤 내용으로 구성해서 어떻게 진행할지에 대한 상세한 협의도 다 마련되어 있다. 따라서 시민교사가 오지 않아도 테드 같은 '팀 리더'들만으로도 진행이 가능하다. 또 아이들이 모르는 것이 있으면 직접 변호사에게 이메일로 물어보고, 곧바로 답장을 받을 수 있는 시스템을 갖추고 있다.

시민교사를 맡은 변호사는 우선 주제를 정한다. 예를 들자면 'A라는 장난감회사가 똑같은 제품을 파는 B회사를 고소한다'는 식의 내용이다.

석 달 뒤에는 'WOW! 모의재판'으로 선보인다.

주제가 정해지면 10주 동안 아이들은 재판의 기본적인 흐름을 이해하고, 주제에 관련된 것들을 조사한다. 그리고 A사 팀과 B사 팀으로 나뉘어 모의재판에서 발표할 내용을 연습한다. A와 B로 나뉜 만큼 각 팀의 발표 내용은 비밀이다. 'WOW!'에서 모두를 깜짝 놀라게 하기 위해 구체적인 내용은 부모에게도 비밀이다.

이렇게 맞이하게 된 'WOW!' 당일, 나도 '모의재판'이 열리는 곳에 참석했다. 도착한 곳은 보스턴 시내에 있는 진짜 재판소다. 평소에는 고민거리를 안고 침통한 표정으로 사람들이 드나드는 곳이지만, 이날만큼은 전혀 분위기가 다르다. 정장을 차려입고 활짝 웃고 있는 아이들, 함께 따라온 부모들, 초대받은 지역주민들, 검은 법복을 차려입은 진짜 판사들도 온화한 표정이다.

재판소에 있는 법정 몇 군데에서 두 시간 동안 각각 뜨거운 논의를 전개한다. 주제는 법정마다 다르다. 묵중한 문을 열고 '장난감 재판'이 열리는 법정에 들어갔다. 잡담 엄금. 모두 다 진지하다.

단상 중앙에 검은 법복 차림의 재판관 역할을 맡은 아이가 앉아 있다. 재판관에게서 약간 떨어진 곳에는 배심원 역할을 맡은 아이들이 쪼르륵 앉아 있다. 법정 안은 진짜 재판처럼 조용하고 무거운 공기마저 흐른다.

그 와중에 아이들은 '위조품'인 괴수 장난감을 손에 들고 "이 꼬리 부분입니다. 잘 보아주십시오!" 하며 열변을 토하고 있다.

초등학교 고학년이라곤 하지만 모두가 다 유창할 수는 없다. 재판 도중에 말문이 막히는 아이도 있다. 그럴 경우엔 진짜 재판관이 곧바로 작은 소리로 조언을 해준다. 보기만 해도 위축되는 검은 법복 사이로 상냥한 시민교사의 얼굴이 드러나는 순간이다.

그리고 마침내 재판관이 판결을 내린다.

"(땅! 땅!) 소송을 기각합니다."

판사봉을 내려치는 소리가 울리자, 한쪽에 있는 아이들이 함성을 지른다. 옆에 있는 아이의 손을 잡고 팔짝팔짝 뛰면서 기뻐한다. 다른 한쪽의 아이들은 낙담한 표정이다.

고개를 수그리고 부모들에게 돌아가니, "괜찮아. 근사했다. 엄마도 놀랐단다"라고 말하며 팔을 벌려 안아준다. 아이들은 다시 미소를 되찾는다.

강좌의 폐회식 때 판사들은 승소한 팀과 패소한 팀을 가르지 않고 모든 아이들에게 준비한 작은 선물을 건네준다. 이어서 아이들도 재판관들에게 감사의 마음을 담아 적은 알록달록한 편지를 전한다.

대부분의 도제 강좌는 이렇듯 'WOW!'가 끝난 뒤, 아이들이 시민교사에게 편지와 선물을 건넨다. 시티즌 스쿨즈가 중요하게 여기는 의식(儀式) 가운데 하나다. 이를 위해 NPO 스태프는 아이들과 함께 상의한 뒤 몰래 선물을 준비하곤 한다. 이 선물이야말로 시민교사가 '다음 기회에 또 해보자'고 마음먹게 하는 계기가 된다.

모의재판이 끝난 뒤 한 재판관에게 강좌에 협력하는 이유를 물어봤다.

"시티즌 스쿨즈에 참가하는 아이들 가운데는 방과 후에 갈 곳 없는 아이들이 많았어요. 그런 아이들은, 이렇게 말하고 싶지는 않지만, 미래의 범죄 예비군이나 다름없는 존재잖아요? 어쩌면 자라서 유죄판결을 받으러 재판정에 올 우려도 있지요.

그런 아이들이 이렇게 즐겁게 놀 수 있는 방과 후 거처를 찾아서 모의재판 강좌에도 참가해준다면, 범죄 예비군은커녕 미래의 변호사나 판사가 될지도 모를 노릇 아니겠어요? 이런 일은 반드시 응원을 해줘야죠."

많은 초·중등학생 및 부모, 변호사 들이 참가하여 시내 재판소에서 대대적으로 열리는 '모의재판 WOW!'는 시티즌 스쿨즈의 중요한 홍보 전략의 장(場)이다.

해마다 언론사에 보도자료를 보내고, 지방신문이나 지역 TV, 잡지 사에서 취재를 하러 온다. 때때로 전국망을 가진 매체들도 보도를 하러 온다. 창설자의 한 사람인 네드 라이머도 모의재판 당일의 폐회식에 참석해 판사와 참가자들에게 감사의 마음을 표했다.

네드에게 일본에서 취재하러 왔다고 전하니, 이런 말을 남겼다.

"우리 같은 NPO가 있다는 사실을 일본에도 꼭 소개해주길 바란다. 일부 부유층 아이들만이 아니라 누구나 꿈을 이룰 수 있다는 것을, 재능을 키울 기회가 있다는 것을 알려주길 바란다."

시티즌 스쿨즈의 현재

취재를 한 지 7년이 지났다. 네드는 새로운 사회적 기업활동을 하기 위해 시티즌 스쿨즈를 떠났으나, 에릭은 여전히 남아 있다. 2007년부터 새로 대표직에 오른 사람은 에밀리 맥캔Emily McCann이라는 여성이다. 하버드 비즈니스 스쿨을 졸업하고, 거대 금융업체인 JP모건과 월트 디즈니 사 같은 데서 일한 경력이 있다.

이제는 보스턴에 있는 공립 중학교의 절반 정도가 시티즌 스쿨즈의 방과 후 프로그램을 채택하고 있다.

2008년부터는 뉴욕에서도 강좌가 열리고 있다. 2009년 6월호 '뉴스 레터'를 보면, 할렘에 있는 중학교에서 열리는 '뉴스 쇼를 만들자!'라는 방과 후 프로그램에 대한 설명이 상세하게 나온다.

전직 CNN 기자와 5명의 〈뉴욕타임스〉 기자들이 하는 강좌로서 캠코더 조작법, 촬영 기법, 인터뷰 기법 등을 익힌 뒤 카메라를 들고 거리로 나가서 닥치는 대로 거리 인터뷰를 벌인 기사가 실려 있다.

"어느 날 거리 인터뷰에 나선 도제(강좌 수강생)들은 아주 이름난 래퍼와 맞닥뜨리게 되었다. 처음에는 너무 유명한 사람이라 주춤주춤 겁먹었는데, 뜻을 굳히고 그를 향해 달려들어 말을 붙였다. 보란 듯이 단독 인터뷰를 따낸 거였다! 아이들은 감격했다.

이 경험은 중요한 사실을 아이들에게 가르쳐주었다. 주변에서 일어나는 일들을 주의 깊게 살피는 중요함 그리고 뉴스 취재에 임하는 것은 예기치 못한 일에 임하는 것임을 몸으로 깨달았다."

시티즌 스쿨즈는 지금도 '도제 강좌'를 주축으로 삼고 있다. 그러나 좀 변한 것도 있다. 원래 시티즌 스쿨즈는, 앞에서도 언급했지만 '아홉 살부터 열네 살'까지의 아이들을 대상으로 했다. 그러나 지금은 '6학년, 7학년, 8학년'에 해당하는 중등부 학생들을 대상으로 하고 있다.

기본적인 이념이나 짜임새는 동일하지만 초등학교에서 열리던 강좌는 없어졌다. 시민교사가 주도하는 여러 프로그램의 수준이 높아서 초등학생보다는 중학생이 즐기기에 더 적합하기 때문이라고 한다. 그러고 보니 확실히 시티즌 스쿨즈는 이제까지 계속 중학교와 고등학교 사이의 교량 역할을 하는 데에 힘을 쏟고 있다.

시티즌 스쿨즈는 중학 3년간은 인생의 진로를 찾는 아주 중요한 시기라고 규정하고 있다. 또 고교 입학 뒤 1년간이 학습 면에서 아이들이 가장 고생하는 시기라는 연구결과를 중시하고 있다. 그래서 '대학에 가보자!' 같은 캠퍼스 투어 강좌를 통해 아이들이 근처의 대학을 방문하고 대학생들과 교류하면서 대학에 대한 이미지를 키워나간다.

방과 후 강좌의 주간 시간표도 큰 변화는 없다. 다만 중학생 대상이어서인지, 숙제하기 같은 학습시간이 디버 초등학교에서 본 것보다 길었다. 일본의 학원만큼은 아니지만 학습 면에 더욱 신경을 쓰고 있는 것 같았다.

월요일

오후 3시 : 개회식(간식&분위기 살리기 기획)

오후 3시 15분 : 숙제 및 학습시간

오후 4시 반 : 도제 강좌

오후 6시 : 해산

화요일

오후 3시 : 개회식

오후 3시 15분: 숙제 및 학습시간

오후 4시 반: 진학 상담

오후 5시 반: 조별 활동, 팀 빌딩team building

오후 6시: 해산

수요일

오후 3시: 개회식

오후 3시 15분: 숙제 및 학습시간

오후 4시 반: 도제 강좌

오후 6시: 해산

목요일

오후 3시: 개회식

오후 3시 15분: 숙제 및 학습시간

오후 4시 반: 탐험을 하자!

오후 6시 반: 해산

 화요일의 '진학 상담'은 젊은 스태프들이 맡는다. '조별 활동'은 아이들 간의 신뢰와 협동심을 다지기 위해 몸을 쓰는 게임을 하며 즐긴다. 그리고 목요일의 '탐험을 하자!'가 앞서 언급한 대학 캠퍼스 방문이나 박물관, 미술관 같은 데로 소풍 가는 시간이다.

이 모든 강좌의 비용은 학부모의 수입을 고려한 슬라이드 요금제 sliding-scale tariff system•로 책정된다. 1년 동안 불과 몇만 원 선으로 수강료를 내도 유지되는 까닭은 바로 NPO가 운영하기 때문이다. 수입의 많고 적음에 관계없이 모든 수강생에게 동일한 수강료를 받는다. 사설업체가 '영업'으로 하는 일본의 입시학원과는 근본부터 다르다.

빈곤층과 낙오자 층을 없애고 싶다는 '바람'을 출발점으로 한 미국의 방과 후 NPO 탄생 및 활동의 이면에는 사회와 지자체의 협력을 빼놓을 수 없다.

보스턴 시의 협력

시티즌 스쿨즈 같은 방과 후 NPO가 보스턴에서 탄생하고 성장한 배경에는 보스턴 시 당국의 이해와 협조도 큰 영향을 미쳤다.

시티즌 스쿨즈가 NPO로서 탄생한 3년 뒤인 1998년, 방과 후 개혁의 방향타를 잡은 것은 보스턴 시의 시장인 메니노Thomas M. Menino였다. 그는 시 행정에 '보스턴 방과 후 대책'이라는 새로운 부서를 신설하고, 우선적으로 시민들에게 방과 후에 관한 대대적인 설문조사를 벌였다.

그 결과 '시내 1만 6천 명의 초·중등학생이 모종의 방과 후 프로그

• 운영 주체가 되는 기업의 수익에 따라 요금을 비례적으로 증감하는 방법. 대표적인 예로 태양열 전기요금이 있다.

램에 참여하고는 있지만, 참여자 수와 맞먹거나 그보다 많은 수의 아이들이 참여하고 싶어도 참여할 수 없는 상황'이라고 판명되었다.

방과 후의 '대기아동' 숫자에 다시 한 번 놀란 시장은, 유능한 기업경영자이자 교육 분야에서 사회적 공헌을 한 인물을 방과 후 프로젝트의 책임자로 발탁했다. 나아가 2001년에는 '보스턴 방과 후 파트너십' 계획을 세우고, 방과 후 강좌에 지속적으로 자금을 지원하겠다고 했다. 자금은 시 당국과 학교, 기업, NPO 등이 상호 협력하여 5년 동안 300억 원을 확보하겠다는 내용이었다. 이는 시 당국이 기업과 함께 펼치는 사상 최대의 공동사업이었다.

시 당국의 주도하에 방과 후 프로젝트는 확대일로를 걷게 되었다. 대강의 얼개는 다음과 같다.

우선은 방과 후 프로그램을 실시할 주 무대로 학교를 설정한다. 왜냐하면 학교는 수상한 사람의 접근을 쉽게 차단할 수 있고, 아이들에게도 익숙한 장소이기 때문이다. 학교가 끝난 뒤 아이들이 이동할 경우의 위험성을 줄이고 이동 시간도 줄인다는 면 역시 고려했다.

이렇게 개방된 학교에서 진행되는 방과 후 프로그램은 시티즌 스쿨즈 같은 NPO가 중심이 된다. 지금은 보스턴 시내에 있는 거의 모든 초·중등학교에 이러한 NPO가 있으며, 안전하고 안심할 수 있는 방과 후 거처를 아이들에게 제공하고 있다.

한 학교에 여러 방과 후 NPO가 들어가는 경우도 있다. 어느 방과 후 NPO나 하나같이 젊은 스태프들이 중심이지만, 내용은 제각각이다. 아이들의 긴장을 풀어주고 쉬게 하는 걸 중요시하여, 대부분의 시간 동안 만화책을 읽거나 놀기만 하는 강좌도 있다. 선택의 폭이 넓다고 할 수도 있지만, 부모는 강좌의 질과 수준을 잘 알아보고 판단해야 한다.

보스턴 시에는 어느 학교에서 어떤 NPO가 활동하고 있는지, 어떤 방과 후 강좌를 열고 있는지, 비용은 얼마나 드는지 한눈에 알아볼 수 있는 가이드북까지 있다.

바람직한 프로그램이란?

그러면 과연 아이들에게 '바람직한 방과 후 강좌'란 어떤 내용으로 이루어져 있을까? 사실은 이에 대하여 하버드 대학에서 연구를 진행 중이다.

연구의 선두에 선 것은 《방과 후 교육*Afterschool Education*》이라는 책을 쓴 하버드 대학 대학원(교육학)의 길 노암Gil G. Noam 부교수로, 하버드 의대 부속 맥클린 병원McLean Hospital에서 임상심리사로도 일하고 있다. 보글보글한 머리에 북슬북슬한 수염이 어우러져 '상냥한 사자' 같은 인상을 주는 인물이다. 실험적인 방과 후 프로그램 '랠리*'를 본인이 직접 계획하고, 연구실의 학생을 스태프 삼아 운영하면서 연이은 성과를 발표하고 있다.

• Rally Prevention Program. 문제 청소년에 관한 조기 예방 프로그램. 중학생 때부터 의료적으로 접근하여 신체와 정신 건강 모두를 돌본다.

그의 대학원 수업에는 매번 30명 정도의 다양한 학생들이 모인다. 학부를 졸업하고 바로 대학원에 올라온 수강생은 거의 없다. 시티즌 스쿨즈 같은 방과 후 NPO의 간부도 상당수다. 새로운 NPO를 만들려는 젊은이도 있다. 문제 청소년들을 위한 단체를 세운 사람도 있다. 그들은 현장에서 생긴 고민을 안고 있거나, 다음 단계를 모색하다가 다시 한 번 노암 교수에게 지도를 받으러 온 사람들이다.

노암 교수는 방과 후 프로그램에 꼭 필요한 세 가지 요소를 제창했다. 노암 교수 팀이 정리한 소책자를 보면 '기부 프로젝트'를 예로, 그 세 가지 요소가 드러나 있다. 그 내용을 요약해 소개하면 다음과 같다.

'기부 프로젝트'란 바바라와 마리아가 초등 3학년을 대상으로 개발한 방과 후 강좌입니다.

두 사람은 우선 아이들에게 정말 재미와 흥미를 유도할 만한 프로그램이 과연 무엇일까에 대해 생각해보았습니다. 맨 처음에 떠오른 것은 '상품 판매'였습니다. 재료를 사들이는 것부터 판매까지 아이들이 직접 하는 겁니다.

이익을 얻고, 어딘가에 기부를 해서 사회에 도움을 주는 것이 목표입니다. 두 사람은 방과 후 아이들이 즐거운 시간을 보내기를 바라지만, 또한 그 과정에서 뭔가 얻기를 바랐습니다. 예컨대 누군가에게 무엇을 기부한다는 행위의 의미를 생각해보았으면 좋겠다고 본 겁니다.

또한 모두가 다 함께 협력하는 게 소중하다는 것도 배우길 바랐습니다.

그리고 무언가를 사들이고, 만들고, 가격을 매기고, 판매하는 것을 배우기 바랐습니다.

강좌는 일주일에 두 번, 10주에 걸쳐 실시합니다. 매회 45분 진행합니다. 두 사람은 일곱 가지 단계를 설정했습니다.

1단계: 최종 목표가 무엇인지를 안다.

2단계: 기부할 곳을 정한다.

아이들과 얘기를 나눠보니 홈리스나 환경 NGO 등 다양한 제안이 나왔지만, 결국은 항암투병 어린이들에게 기부하기로 결정했습니다.

3단계: 무엇을 만들지 정한다.

마리아는 '크기가 작은 편이 좋겠다'고 조언했고, 그 밖의 것은 아이들 스스로가 생각했습니다. '보석을 만들자' 또는 '연필꽂이를 만들자' 등 의견이 분분해서, 결국은 몇 종류로 나누어 만들기로 했습니다.

4단계: 상품을 만든다.

손재주가 좋은 바바라는 상품을 만들 때 어렵거나 섬세한 부분만 도움을 줬습니다.

5단계: 상품에 값을 매긴다.

값이 너무 비싸면 팔리지 않을 테고, 너무 싸면 이득이 남지 않을 것입니다. 얼마 정도로 값을 매겨야 가장 적당할지 의논한 뒤 가격을 정했습니다.

6단계: 상품을 판다.

바바라와 마리아는 교장 선생님에게 부탁해서 학교 현관을 판매 장소로 쓰도록 허락받았습니다. 학교가 끝나면 아이들을 데리러 오는 부모들 대부분이 찾는 장소입니다. 아이들은 적극적으로 부모들에게 말을 걸고 상품에 대해 이야기하며, 판매를 합니다. 거스름돈을 계산하고 내주는 것도 아이들이 직접 합니다.

7단계: 기부한다.

항암투병 어린이가 많은 병원에 이익금을 기부했습니다.

자, 이 방과 후 강좌는 과연 아이들에게 뭔가 변화를 줄 수 있었을까요? 강좌가 끝난 후 바바라와 마리아가 아이들에게 물어보니, 기부를 한 기쁨과 '자신도 뭔가를 해냈다'는 기쁨을 느꼈다고 합니다. 또한 자기가 만든 상품을 수많은 어른에게 보여주는 기쁨, 칭찬받는 기쁨도 느꼈다고 합니다. 프로젝트는 대성공이었습니다.

방과 후 강좌에서 '즐겁다'는 감정은 극히 중요한 요소입니다. 대부분의 아이들은 연이은 수업 때문에 피곤에 찌든 채로 방과 후 강좌에 참여합니다. 그 아이들에게 즐겁고 안락한 환경을 만들어주어야 마땅합니다.

하지만 '즐겁다'는 것으로만 끝나면 안 됩니다.

'즐기는 가운데 뭔가를 배운다.'

이 점이야말로 가장 중요한 요소입니다. 이 습관이 몸에 배면 일생의 보물이 될 것입니다.

나아가 좋은 프로그램으로 만들기 위해서는 또 하나의 요소를 참고해줬으면 합니다. 다름 아니라 '주위 어른이나 사회에 영향을 미친다'는 점입니다. 다른 사람과 세상을 위해 자신이 영향을 미칠 수 있다는 사실을 체감하는 건 아주 근사한 경험입니다.

노암 교수 팀이 제창한 '바람직한 방과 후 프로그램'의 세 가지 요소를 한 문장으로 정리하면, "즐기고 배우면서, 세상에 영향을 미치는 기쁨을 깨닫는다"는 말이 된다. 확실히 어렸을 적부터 '즐겁게 배우는' 습관을 들이고, '아주 조금이라도 세상을 변화시켰다!'는 기쁨을 맛보는 것은 '배움에 대한 의욕'으로도 이어질 것이다.

많은 사람들 앞에서 발표를 하거나, 뭘 건네거나, 작품을 내보여 감동시키는 일도 결국 넓은 의미에서 '세상에 영향을 미치는' 행위라고 노암 교수는 말한다.

오늘날 일본에서도 민주당 정권이 '새로운 공공(公共)'이라는 슬로건을 외치고 있지만, 세금공제 같은 제도적 문제, 기독교 문화권이 아니라는 종교적 배경이 장애가 된다는 말도 나오고 있다.

그러나 그보다 우선적으로 아이들에게 '기부'의 의미나 의의에 대해 가르치지 않으면 하루아침에 '기부문화'가 뿌리를 내릴 리는 없을 것이다. 이런 기부 프로젝트 같은 걸 만들면 가르칠 계기가 될지도 모른다. 자잘한 기부금으로도 세상을 조금쯤은 바꿀 수 있구나 하고 실감할 기회다.

이 프로그램으로 인해 기부를 함으로써 눈앞의 암환자 아이들이 병과 싸울 수 있게 된다. 그리고 바로 앞에서 환자 아이들이 기뻐하는 모습을 통해 아이들은 조금이지만 '나도 사회에 영향을 줄 수 있구나' 하는 걸 실감하게 된다. 이러한 체험의 축적이 기부문화를 만들어가는 것이라고 생각한다.

시카고의
애프터스쿨 매터즈

갤러리-37

오바마 대통령의 출신지로 널리 알려진 미국 중부 시카고는 일본을 떠나기 전까지만 해도 방문할 예정이 없었다. 그러나 하버드 대학원의 노암 교수와 다음 취재 방향에 관해 상담하던 도중, 평소와 달리 단호한 어조로 그가 말했다.

"미국의 방과 후 개혁을 취재하러 왔다면 반드시 시카고에 가봐야 합니다. 잊히지 않는 재미난 프로그램을 하는 NPO가 있습니다."

보스턴, 뉴욕, 워싱턴을 돌며 예정대로 방과 후 NPO를 취재하는 동안, 재팬소사이어티의 베티 보텐Betty Borden에게 연락하여 시카고의 방과 후 NPO인 '애프터스쿨 매터즈after school matters'의 시찰 소속을 밟아달라고 부탁했다.

베티는 정해진 교류기금 예산 내에서 어떤 호텔에 머물 것인지, 어떤 교통편을 이용할 것인지 그리고 누구와 몇 시에 약속을 잡을 것인지에 대하여 세세하게 검토를 하고, 내가 취재에 집중할 수 있게끔 뉴욕에서 강력히 후방지원을 해주었다.

그러나 모든 일이 순조로웠던 건 아니다.

9·11 테러 이후 미국은 국내 이동을 꽤 엄격하게 관리했다. 2003년 당시만 해도 아직 사건이 터진 지 2년도 안 지난 터라, 특히 공항에서는 장시간 발이 묶이곤 했다. 외국인인 내가 국내선을, 그것도 '편도 티켓'으로 빈번하게 이용하는 것이 걸렸던 모양이다. 매번 구두와 양말까지 벗기고 집요하게 몸수색을 했다.

시카고 방문은 처음이었다. 바다처럼 드넓은 미시간 호수에서 불어오는 바람이 아름다운 마천루를 스치며 지나갔다. 뉴욕의 마천루에 비해 세세한 곳마다 세공을 해놓거나 아예 빌딩 자체가 특이한 형태여서 좀 더 문화적이고 예술적이라는 느낌이 들었다.

시카고 중심가에서 약간 떨어진 곳에 저명한 건축가 프랭크 로이드 라이트Frank Lloyd Wright의 초기 주택들이 모여 있는 구역이 있었다. 나는 일정이 없는 주말이면 그 건물들을 한 채씩 느긋하게 감상했다.

노암 교수가 꼭 가보라고 추천한 시카고의 '애프터스쿨 매터즈'는 미국에서도 보기 드물게 고등학생을 대상으로 하는 방과 후 NPO였다.

본부는 시내 한복판에 있었다. '갤러리-37'이라는 커다란 간판을 내

건 5층짜리 빌딩이었다. 시카고 대화재가 일어났던 1871년 무렵에 디자인한 건물인데, 증축과 개축을 거듭하며 오늘날까지 살아남았다. 역사적·문화적으로 이 역시 가치 있는 건물이라는 것을 깨달았다.

스태프들이 건물 안으로 안내해주었다. 입구에 들어서자 왼쪽에 식사를 하고 커피를 마실 수 있는 카페가 있다. 요리를 하는 것도, 시중을 드는 것도 다 고등학생이다.

오른쪽에는 그림 액자와 작은 조각품 그리고 보석과 가구, 도자기 같은 다양한 예술품을 파는 판매점이 있다. 수준 높은 작품들을 죽 늘어놓고 있는데, 그게 다 고등학생들이 만든 작품이라고 했다.

안쪽에는 관객 100명을 수용할 수 있는 극장이 있다. 주말이면 시민들이 모여들어 고등학생들이 공연하는 콘서트, 연극, 뮤지컬을 즐긴다고 한다.

2층에 올라가니 커다란 음악 스튜디오, 댄스 연습실, 개별 악기 연습실, 동영상 편집이나 그래픽아트 작업을 하는 방이 있다.

3층에는 사진을 현상하는 암실이 있다. 그리고 이 3층에는 조각 작품들이 놓인 야외 테라스가 있다. 잠시 쉴 수 있는, 아늑한 정원 같은 분위기다.

4층이 사무실인데, 시카고 전역의 방과 후 프로그램 사령탑이다. 그러나 보스턴에 있는 시티즌 스쿨즈와 달리, 본부에 사무직 스태프가 그리 많지 않다. 슬림형 조직이라서 각각의 방과 후 프로그램은 현장 지휘 체계에 맡기는 모양이다.

가장 꼭대기인 5층에는 거대한 조각품들과 대형 그림들이 걸려 있어 흡사 미술관 같다. 고등학생들이 만든 최고 수준의 작품을 전시하는 '갤러리'였다.

그곳에서 이번에는 엘리베이터를 타고 단숨에 지하 1층까지 내려갔다. 여기에도 커다란 요리 실습실과 조각 작업실이 있다.

빌딩 전체의 면적은 6천 제곱미터로, 크고 작은 방 30개와 커다란 스튜디오 8개가 있다.

이 빌딩에서 그림, 조각, 음악, 영상, 요리 등의 다양한 창작 활동을 하는 건 단지 고등학생만이 아니다. 시카고에 살고 있는 젊은 예술가들도 이곳을 공동으로 이용한다. 이 양쪽이 한 팀을 이루어 활동하는 것이야말로 애프터스쿨 매터즈가 벌이는 방과 후 프로그램의 진수다.

시장 부인의 아이디어

미국 전역에서 보기 드물게 고등학생을 대상으로 강좌를 펼치는 NPO 애프터스쿨 매터즈가 시험적으로 프로그램을 시도한 것은 1991년이었다. 처음에는 세 군데 학교에서 180명이 참가했다. 그러나 빠르게 성장하여 최근(2008~09년)에는 60개 학교와 100개가 넘는 지역 시설에서 1천 종류가 넘는 프로그램을 제공하고 있으며, 3만 5천 명의 고등학생들이 참가하고 있다. 그럼에도 강좌에 참가하지 못하는 '대기자 명단'이 꼬리에 꼬리를 문다.

프로그램의 원형이 됐던 1991년의 여름 이벤트를 소개해보겠다.

당시 '블록 37'이라고 부르던, 시 소유지인 공터가 있었다. 시장 부인 매기 데일리Maggie Daley는 그 터에 '건설 계획을 세우기 전에, 어떤 용도로든 고등학생들이 쓰게 하면 어떨까' 싶은 생각이 들어 고교생들에게 의견을 물어보았다.

"블록 37 공터에서, 시카고에 사는 예술가들과 함께 작품을 만들어 대대적인 전시회를 여는 게 어떨까요?"

응모에 참가한 고등학생은 250명이었다. 대형 흰 텐트 아래에서 알록달록한 가면을 만들고, 벽화를 그리고, 댄스 교습도 받았다. 고등학생들은 시카고 중심가에서 진짜 예술가들과 함께 작품 제작을 하는 기쁨에 푹 빠져들었다.

데일리 시장 부부는 오래전부터 고등학교에 문제 학생이 많다는 점에 대해 문제의식을 갖고 있었고, 그 해결 방법을 찾고 있었다. 여름 이벤트가 그 해결의 실마리가 될지도 모른다는 생각에서 발전시키자고 결정했다. 그다음에 떠오른 것이 '공터 프로젝트'를 상설화하는 구상이었다.

시장 부부는 고등학생들을 위한 방과 후 프로그램에 '공터' 대신 5층 빌딩을 제공했다. 블록 37과 가까이 있는 이 5층 빌딩을 '갤러리-37'이라고 이름 지었다. 그때부터 매기 데일리 시장 부인이 운영하는 방과 후 NPO가 굴러가기 시작했다. 매기는 이렇게 주장한다.

"불량 청소년들에게 말하고 싶어요. 고등학생이 되었다 해도 아직 늦지 않았다고. 틀림없이 다시 시작할 기회가 있어요. 초등학교나 중학교 때 뒤처지거나 비뚤어지게 되면 그걸로 끝장이라고 많이들 말하지만, 나는 그렇게 생각하지 않아요. 그런 고등학생들에게 다시 한 번 새 삶을 시작할 기회를 주고 싶어요."

보스턴의 시티즌 스쿨즈처럼, 갤러리-37 또한 시민교사가 고등학생을 가르친다. 시내에서 살고 있는 젊은 예술가들이 고등학생을 제자로 받아들인다. 음악, 미술, 문학, 영화감상, 요리와 무대예술 같은 방과 후 프로그램이 봄학기와 가을학기에 각각 석 달간 열린다.

무명의 젊은 예술가들은 작품만으로 먹고살기가 힘들다. 그래서 갤러리-37에서 작품을 제작하는 한편, '아르바이트'로 고등학생들을 가르치는 것이다.

예술 관련 대학을 졸업하고, 수준 높은 예술적 감각을 증명하기만 하면, 시간당 4만 원 정도의 아르바이트 비용을 받는다. 한 번 하는데 세 시간씩이라고 치면 하루에 12만 원, 일주일에 세 번 하면 한 달에 150만 원 정도를 벌 수 있다.

한 달에 150만 원이라지만, 젊은 예술가들에게는 자기 자신의 작품 활동을 하면서 정기적인 수입을 얻을 수 있다는 사실만으로도 감지덕지다. 그래서 방과 후 강좌의 시민교사가 되려는 젊은 예술가들의 신청 의뢰가 끊이지 않는다.

여기 시민교사가 되기 위한 응모 용지가 있다.

10주간의 강좌를 열게 될 경우, 일주일 단위로 수업계획서를 작성한다. 강좌를 열기 희망하는 장소, 필요한 도구, 예산도 상세하게 써넣는다. 또 경력, 성격, 사교성, 책임감, 예술 작품 경력도 적는다. 그 뒤에 면접을 받는다.

사실 시민교사인 예술가에게만 아르바이트 대금을 지급하는 것은 아니다. 제자인 고등학생에게도 시간당 약 7천 원을 지급한다. 예술가를 보조하는 역할을 하기 때문에, 한 번에 세 시간 수업을 하면 약 2만 원, 주 3회 수업이면 약 6만 원을 받게 된다.

고등학생도 아르바이트 비용을 받으면서 진짜배기 예술가와 함께 절차탁마(切磋琢磨)할 수 있는 기회를 얻는다는 사실은, 이 방과 후 NPO가 급성장하는 이유 가운데 하나다.

취재차 방문한 날에도 젊은 예술가와 고등학생들이 제작활동을 하고 있었다.

지하실로 내려가니, 예술적인 벤치를 제작하고 있는 팀이 있었다. 나무 벤치를 캔버스 삼아 커다란 그림을 그리고 있다. 등받이 부분은 크기나 형태가 자유자재다. 엘비스 프레슬리의 얼굴이나 기타 모양의 벤치도 있다.

이 '그림 벤치'의 제작현장은 마치 작은 공장 같다. 예술가인 교사가 한 사람 있지만, 그는 자기 작품을 만들기에 바쁘다.

5명의 고등학생 제자들도 제각각 작품 만들기에 몰두해 있다. 가끔씩 "이거 어때?" 하며 짧은 대화가 오가기도 한다. 그러나 기본적으로는 조용한 작업환경이다. 실제 작업에서는 요점만 지도하는 것이다.

일이 손에 익은 고등학생은 지도할 필요도 거의 없다. 예술가도 "여기 좀 재밌네", "다음에는 이렇게 해보면 어떨까?" 하는 식으로 귀띔해주면서, 마치 동료 예술가와 대화를 즐기는 듯한 분위기다.

이렇게 만든 벤치를 한때 시카고의 오헤어 공항 로비에 설치한 적도 있다. 그리고 앞서 말한 갤러리−37의 상점에서도 판매한다.

하지만 작품 판매로 얻는 수입은 개인에게 돌아가는 것이 아니라 NPO의 몫이다. 요리강좌 쪽에서 만든 요리도 빌딩 안의 카페에서 판매하여 NPO의 수입이 된다. 여름에 전문가의 지도를 받아 학생들이 만들어 파는 아이스크림은 시민들에게 인기 만점이다.

그러나 작품 판매로 얻는 NPO의 수입은 극히 일부에 지나지 않는다. 애프터스쿨 매터즈의 연간 예산은 2003~2004년 한 해 동안 240억 원이었는데, 수입원의 40%는 시카고 시의 고등학교와 공원 그리고 도서관에서 기부한 것이다. 이 세 곳은 NPO 창설 초기부터 함께한 주요 후원자들이다. 나머지 30%는 민간기업이나 민간재단 그리고 30%는 국가 등의 후원금이었다.

일본인 시민교사

갤러리−37을 탐색하다 보니, 아시아계 시민교사가 있었다. 그는 고등학생 제자 세 명과 함께 모니터를 들여다보며 컴퓨터그래픽 작업을 하고 있었다. 모니터 옆에는 'HISAO'라는 제목이 붙은 DVD가 놓여 있었다.

"HISAO라면, 일본인 아니십니까?"

영어로 말을 걸자, 일본어로 "아, 일본 사람이시네. 안녕하세요?" 하고 답하는 게 아닌가. 시카고에 살고 있는 젊은 일본인 영화감독, 스가노 마사히로(菅野雅弘)였다.

스가노는 1972년에 오사카에서 태어나 열여덟 살에 미국에 건너왔고, 철학과 영화제작을 공부했다. 1997년에는 'HISAO'라는 극장판 단편 애니메이션을 만들어서 한때 스파이크 리Spike Lee 감독도 수상한 학생영화상Student Film Award 후보로 오른 적이 있으며, 1999년에는 선댄스 영화제에도 작품을 내는 등 전문 영화인의 길을 걷기 시작한 사람이다.

그러나 이 무렵에는 스가노도 다른 젊은 예술가와 마찬가지로 영화감독 일만으로는 먹고살기가 힘들었다. 그래서 갤러리-37에서 아르바이트로 돈도 벌면서, 건물에 구비된 전문가용 컴퓨터와 편집 기자재를 이용해 자기 작품을 제작하게 되었다.

학생지도는 세 시간뿐이지만, 시민교사는 수업 전후로도 기자재와 장소를 이용할 수 있다. 스가노는 기자재를 장시간 쓸 수 있다는 점에 매력을 느낀 모양이다.

하지만 역시 월 150만 원짜리 아르바이트 비용만으로는 생활하기가 빠듯했다. 스가노는 매일 밤 시내의 바에 나가 스시도 만들었다.

가게에 들러 보니, 일본식 스시집이 아니었다. 음악이 쿵쿵 울리고, 일부러 조명을 어두침침하게 켠 바였다. 카운터 너머로 스가노가 캘리포니아 스시 같은 걸 계속 만들어내고 있었다. 케이크처럼 입체적으로 생겼는데, 그 위로 생선이나 해초가 튀어나온 초밥말이 같은 것도 있었다. 스가노는 시카고 시민들이 좋아할 새로운 스타일의 스시 창작에 도전하는 중이었다.

스가노에게 일본의 방과 후에 대해 물어보았다.

"변함없이 일본의 아이들은 시험공부에 목을 매달고 있을 텐데, 이제 얼마 안 가서 일본도 한 사람 한 사람의 능력이 중요해지는 시대가 올 겁니다. 그러니까 갤러리-37 같은 방과 후 강좌를 통해서 살아갈 기술을 익혀둘 필요가 있다고 생각해요. 앞으로 중요한 건 지식의 양이 아닐 겁니다. 얼마나 높은 부가가치를 만들어낼 수 있느냐에 달려 있는 게 아닐까요?"

스가노는 그 후 시카고 시내에 자신의 영화제작소를 차렸다. 그곳에서 만든 광고가 일본에서 방송된 적도 있다. 한편으로 대학의 시간강사 일도 하면서 생계를 꾸려가고 있다.

2006년에는 두 시간짜리 영화 〈세컨드 문Second Moon〉을 제작해서 미국의 언론매체를 타고 호평을 얻기도 했다. 그때 한 인터뷰에서 "누군가를 가르칠 때 혹시 신조 같은 것이 있습니까?"라는 질문에 스가노는 "완전한 지식이란 없지요"라고 답했다.

프로그램은 진화한다

시카고 시장의 부인이자 애프터스쿨 매터즈의 대표인 매기는 갤러리 -37의 성공에 힘입어 자신감을 얻게 되었다. 그래서 다음 단계로 '예술' 이외의 강좌를 만들고자 했다.

'테크37'은 고등학생이 시카고의 첨단기술 기업과 함께 컴퓨터 수리나 로봇 제작 같은 것에 도전하는 체험형 '핸즈 온' 강좌가 중심이다. 문제해결 능력이나 협동심만 익히고 배우는 게 아니다. 고등학생에게도 아르바이트 비용을 지급한다.

'워드37'은 언어를 구사하는 직업에 대한 현장교육OJT(on the job training)이다. 저널리스트나 작가, 시인 등이 학교로 찾아와서 고등학생들에게 문서 작성 및 표현 연습을 시킨다. 고등학생들은 신문 만들기, 잡지 만들기, 다큐멘터리 비디오 제작 등 다양한 진로 계획을 세운다. 학생들은 읽기 쓰기 능력을 비롯하여 사람 사이의 소통능력 및 프레젠테이션 능력을 키울 수 있다.

'스포츠37'에서는 장차 스포츠나 건강 분야에서 직업을 구하기 위한 훈련을 할 수 있다. 예컨대 풀장이나 바다에서 근무하는 인명구조원이 되는 법을 배우거나, 야구나 농구의 룰을 배워서 심판자격증을 따기도 한다. 또한 아이들을 인솔하며 숲 안내를 하는 '캠프 카운슬러camp counselor'가 되는 법도 배울 수 있다.

'사이언스37'은 2007년에 시작된 강좌다. 시카고에 본거지를 둔 헬스

케어 업계의 세계적 기업인 애보트Abbott사가 전적으로 협력하여 탄생한 최신 방과 후 강좌다. 바이오테크놀로지, 환경기술, DNA 연구, 제약 등을 배우는데, 강좌에 따라서는 애보트 사의 연구실에서 실험을 하기도 한다. 그 지역 고교생들을 장래 직원이나 소비자로 기르고 싶어 하는 기업 측의 뜻이 느껴진다.

'갤러리-37', '테크37', '워드37', '스포츠37', 그리고 '사이언스37', …… 앞으로도 도제 강좌 프로그램은 더욱 늘어날 모양이다.

애프터스쿨 매터즈에서는 고등학생이 아르바이트 대금을 받고 전문가 밑에서 배우는 도제 강좌 말고도, 좀 더 가벼운 '클럽'이라고 부르는 것이 있다.

예컨대 '스포츠37'의 클럽에서는 NPO 스태프의 지도 아래 힙합이나 브레이크댄스 등을 배운다. 또 '테크37'의 클럽에서는 기본 기술을 배울 수 있다. 예를 들어 실험을 통해 전등이 켜지는 원리에 대해 배운다든지, 키보드 치는 요령을 연습하기도 한다. 본격적인 도제 강좌를 받기 전에 필요한 '기본'을 다지는 것이다.

고등학생들은 가볍게 '클럽 활동'부터 참여하여 조금씩 수준을 높여간다. 도제 강좌 정도 참가할 수 있는 수준에 이르면, 최종 단계로 기업의 '인턴십 프로그램'도 고려해본다.

예컨대 '워드37'의 인턴십은 그 지역신문의 기자로 일하는 것이다.

제자를 한 단계 위로 올려놓듯이 고교생들은 점차 성장해간다. 애프터스쿨 매터즈의 방과 후 강좌는 여전히 진화를 계속하고 있다.

만약 프로그램이 없었다면

2007년 시카고 대학의 조사에 따르면 애프터스쿨 매터즈의 강좌에 네 번 이상 참가한 고등학생은 그렇지 않은 고등학생보다 2.5배 더 높은 확률로 무사히 졸업한다. 강좌에 참여하는 고등학생은 참여하지 않은 고등학생보다 학교 출석률도 높고 성적도 좋았다. 어지간히 뒤처지는 걸 막아주는 것이다.

또한 참가한 고등학생의 90%가 '시민교사가 새로운 기술을 익히도록 도와줬다'고 답했으며, 80%가 '시민교사가 많은 격려를 해주었으며, 기술 습득을 위한 기분 좋은 환경을 마련해주었다'고 답했다.

그리고 무엇보다, 고등학생 4명 중 3명이 '시민교사는 우리들의 흥미를 촉발시켜주었다'고 기뻐했다.

청소년 성장에 대해 연구하는 한 학자는, 애프터스쿨 매터즈의 방과 후 강좌에 대해서 "시민교사는 기술만 가르치는 게 아니라 친구들과 어울려 무언가를 달성하는 능력, 그리고 스스로 조사하는 등의 문제해결 능력을 높여주고, 사회인으로서 기본을 익히도록 도와준다"고 평가했다.

애프터스쿨 매터즈의 강좌에 참여하는 학생들 다수는 아프리카계나 라틴계다. 결코 풍족한 환경의 아이들이라고 할 수 없다. 그러한 그들에게 애프터스쿨 매터즈는 학교가 끝난 뒤에 있을 곳을 제공해주고, 교사들은 그들이 뒤처지지 않게끔 지도해왔다. 많은 시카고 시민들도 그렇게 느끼고 있다.

하지만 시민교사와 고등학생에게 아르바이트 대금을 지불하는 운영 방식에 대하여 일부 시민은 '아무리 불량 청소년을 막기 위해서라지만 시에서 돈을 갖고 학생을 낚아서야……' 하는 싸늘한 시선도 보낸다.

티셔츠 디자인을 제작하느라 바쁜 고등학생들에게 물었다.

"만약에 이 방과 후 강좌가 없었다면 지금 이 시간쯤엔 뭘 하고 있었을 것 같아요?"

"물론 학교 끝나면 바로 거리로 나가서……. 으음, 정확히 이맘때면, 아마 약이나 하고 있었을걸요?"

"아, 저요? 그야, 아마도 갱단이겠죠. 하하하……."

최근 일본도 심각하지만, 미국의 고교생 약물 남용은 더욱 심각하다. 그리고 약물 남용이 만연하는 시간대로 악명 높은 것이 바로 '학교가 끝난 뒤'다. 미국의 고등학교에도 야구나 농구 같은 클럽 활동이 있다. 하지만 진짜 스포츠를 잘하는 아이들만을 대상으로 한다.

지금까지 학교가 끝난 뒤에 머물 곳을 찾지 못했던 고등학생들에게 새로운 거처를 마련해준다는 사실만으로도 이 NPO가 담당하는 역할은 커다란 의미가 있다.

거리의 안전을 위협하는 불량 고교생을 한 명이라도 더 줄이고 싶다는 시장 부인의 소망에서 비롯된 시카고의 방과 후 개혁이 과연 어디까지 확산될지 그 귀추가 주목된다.

로스앤젤레스
'LA's BEST'

로스앤젤레스 최고

"로스앤젤레스를 보러 다니려면 차 없인 안 돼요."

재팬소사이어티의 베티가 해준 충고에 따라 LA 공항에 도착하자마자 자동차를 빌렸다. 확실히 동선이 간결하고 지하철이 잘 갖춰진 보스턴과는 달랐다. 로스앤젤레스는 한없이 광활한 도시였다.

빌린 차에는 내비게이션도 달려 있지 않았다. 의지할 것이라고는 고작 목적지인 초등학교까지 가는 동안 거치게 될 지명과 거리 이름이 적힌 종이 한 장뿐이었다. 전날 호텔에서 인터넷 검색을 통해 인쇄해 두었던 것이다.

지명도 거리도 전혀 모르는 것들뿐이었다. 표시된 길에 도착해서야

"아, 이거구나" 싶어 허둥지둥 오른쪽으로 돌고 왼쪽으로 돌고, 그런 식으로 전진했다. 게다가 목적지에 가까이 다가갈수록 '몇 번째 갈림 길에서 왼쪽으로'와 같이 애매모호하게 적혀 있었다. 이름도 없을 법한 비좁은 길도 지나야 했다.

지금 와서 돌이켜보면 사고 없이 무사히 도착한 것이 신기할 따름이지만, 위험을 감수하고서라도 꼭 가보고 싶은 로스앤젤레스의 '방과 후 NPO'가 있었다. 바로 '로스앤젤레스 최고'라고 번역할 수 있는 'LA's BEST'였다. BEST는 'Better Educated Student for Tomorrow'의 약자다. 1988년에 탄생했으며, 90년대 이후에 본격적으로 부흥하기 시작한 미국의 방과 후 개혁의 선두주자다.

대상은 다섯 살부터 열두 살까지의 초등학생이다.

이제까지 소개해왔던 보스턴의 시티즌 스쿨즈는 중학생이 주요 대상이었고, 시카고의 애프터스쿨 매터즈는 고등학생을 대상으로 하고 있다. 이에 반해 LA's BEST는 초등학생을 대상으로 하는 방과 후 강좌의 모델이다.

로스앤젤레스 시내에는 약 500개의 초등학교가 있는데, LA's BEST는 그중 180개 학교에서 연간 2만 8천 명의 아이들에게 방과 후 강좌를 제공하고 있다.

1988년에 이 단체를 설립한 이는 당시 시장이던 톰 브래들리Tom

Bradley다. 그는 범죄, 폭력, 마약, 술, 담배, 성 문제 등 방과 후에 발생하는 아동 문제를 어떻게든 해결할 방법을 찾기 위해 검토를 거듭했다. 그 결과 아이들의 성장에 '결정적으로 중요'한 것은 오후 3시에서 오후 6시까지로 그 시간 동안 '돌봐줄 제대로 된 어른이 없다'는 판단을 내려 아이들의 방과 후를 바꾸기로 마음을 먹었다.

1988년 4월, 시장은 의회에서 이렇게 선언했다.

"우리는 지금 전쟁터 한가운데 서 있습니다. 적은 내부에 있습니다. 바로 이웃과 아이들을 망치는 시민들입니다."

시장은 갱단이 횡행하고 노상 폭력 사건이 빈발하는 예를 들고, 이것이 절박한 문제라고 지적하며 문제해결을 위해 행동에 나서자고 호소했다.

다섯 달 후, 초등학교 열 군데에서 LA's BEST에 의한 방과 후 강좌를 시작했다. 그 후 20년 동안 시장이 네 번 바뀌었지만 브래들리 시장의 리더십으로 시작된 이 단체를 지금도 시에서 지속적으로 지원하고 있으며, 본부 역시 시청에 있다.

강좌를 여는 학교는 설립한 지 20년 만에 10여 곳에서 180곳으로 급격하게 증가했다. 그러나 아직도 폭증하는 수요를 따라잡지 못하는 형편이다.

LA's BEST는 강좌를 열 학교에 우선순위를 매긴다. 급식 보조금을 받는 학생 수가 50% 넘는 학교, 범죄나 갱단 싸움이 빈발한 학교, 학생들 성적이 바닥을 치는 학교 등을 우선한다. 그런 학교는 아직도 LA 시내에 다수 존재하며, '빨리 우리 학교에도 와달라'는 부탁이 끊이지 않는다.

부모들도 밀려든다

방과 후 강좌를 열고 있는 현장 한 군데를 방문했다. 처음 찾은 초등학교였다.

LA 중심가에서 차로 30분 정도 걸리는 곳에 있는 윌튼 플레이스 Wilton Place 초등학교는 저소득층을 위한 보급형 주택이 많은 지역에 있다. 차를 세우고 허가를 받은 후 학교 안으로 들어섰다. 잠시 걸어가다 보니 교내에 폭 5미터, 세로 1미터 정도 되는 크고 화려한 색깔의 플래카드가 걸려 있었다. 자세히 들여다보니 커다란 글씨로 "가와카미 씨, LA's BEST에 오신 것을 환영합니다!"라고 적혀 있었다.

두 달에 걸쳐 미국의 방과 후 강좌를 보아왔지만, 이 정도의 환영은 처음이었다. 방과 후의 미술시간을 이용해 아이들이 만든 것이라고 했다. 아마도 지금까지 견학하러 온 사람이 찾아오거나 스폰서들이 방문할 때마다 이런 식으로 이름을 적은 플래카드를 걸어놓아 기쁘고 훈훈하게 환영해주었던 모양이다.

우선은 학교에 있는 LA's BEST 사무실로 안내받았다. 창고를 개조한 방에 스태프 여섯 명이 앉을 수 있는 책상이 ㄷ자로 놓여 있었다.

벽에는 방과 후 시간표가 붙어 있다. LA's BEST에 참가하는 아이들은 일상적인 학교수업 시간표 말고, 이렇게 각자 별도의 방과 후 시간표를 가지고 있다. LA's BEST의 방과 후 강좌는 월요일부터 금요일까지 이어지며, 학교수업이 끝나고 오후 6시까지 열린다. 학부모의 부담은 없다. '공짜'라는 소리다.

이 초등학교의 경우, 월요일부터 목요일까지 시간표는 다음과 같이 짜여 있다.

오후 2시 반: 집합, 출석 체크, 간식

오후 3시: 숙제

오후 4시: '유익한 시간'

오후 4시 45분: '클럽 활동'

오후 5시 반: 부모 마중

월요일부터 목요일까지 강좌의 주요 내용은 '유익한 시간'과 '클럽 활동'이다. '유익한 시간'에는 수학, 국어, 과학, 체육, 미술, 음악, 댄스 등을 함께한다. 평범한 수업처럼 보이지만, 다음과 같은 두 가지 점에서 큰 차이가 난다.

우선 지도하는 스태프들이 젊다. 대부분 자원봉사자이며, 대학생들이 중심이다. 80%가 25세 이하이며, 70%가 여성이다. 전체 스태프의 약 40%가 '장차 교사가 되길' 원하며, 스태프의 30% 정도는 '어린이 관런 복지사업에 종사'하고 싶어 한다. 젊은 스태프들에게 LA's BEST는 장래 진로를 모색하는 중요한 현장연수의 기회이기도 하다.

한 명의 스태프가 20명의 학생들을 돌본다. 나이가 조금 더 많을 뿐인 '언니'나 '형'들이 와 있다고 느끼기 때문인지, 방과 후 교실은 밝고 즐겁고 아늑한 분위기에 휩싸인다.

여느 수업과 다른 두 번째 이유는 '내용이 재밌다'는 점이다. 예를 들어 '수학'이라 해도 칠판만 바라보는 식의 '공부'가 아니다. '수학의 요소를 가미한 놀이'에 가깝다. 젊은 스태프들은 카드놀이를 하면서 수학적 감각을 키우는 교재를 많이 쓴다.

이러한 교재들은 미국의 조금 큰 서점에 가면 쉽게 구할 수 있다. 띠지에 '방과 후 강좌용'이라고 적힌 것도 있다. 이런 교재가 풍부하기 때문에 경험이 미숙한 젊은 스태프일지라도 '유익한 시간'을 능숙하게 지도할 수 있다.

스태프들은 아이들을 가르치는 연습을 거듭한다. 그러고 나서 요즘 아이들이 어떤 것에 가장 강하게 반응하는지를 실감할 수 있다. 한편 아이들로서는 '재밌게 배울' 기회를 얻는다. 서로에게 '유익한' 시간인 셈이다.

'유익한 시간'과 더불어 또 하나의 주요 시간이 바로 '클럽 활동'이다. 일본의 초·중등학교에서 하는 운동부나 문화부 활동보다 시간이 짧아 한 시간이 채 안 된다. '유익한 시간'보다 놀이 요소에 더 초점을 맞췄으며 스포츠, 음악, 치어리딩, 체스 등 다양한 선택이 가능하다. 스태프의 취미와 흥미에 따라 요리, 수공예, 사진, 정치 놀이, 카드놀이를 하기도 한다. 악기 오카리나를 잘 다루는 스태프가 있다면 오카리나 클럽을 만든다. 스태프도 제각각 자기가 좋아하는 것을 아이들에게 가르칠 수 있는 현장이 된다. 일본의 초등학교 운동부처럼 한 가지 스포츠에만 집중하는 지역 스포츠 클럽도 있으나, LA's BEST는 그것과는 다른 선택 메뉴를 제공하고 있다.

'클럽 활동'의 종류는 지금도 계속 늘어나고 있다. 예를 들어 초등 4~5학년생을 대상으로 컴퓨터 자판 치는 법을 가르치는 '키드 타이프'가 있다. 아이들끼리 재미있게 놀면서 타이핑 속도와 정확도를 겨룬다. 강좌를 수료한 뒤에는 참여한 아이들에게 무료로 중고 컴퓨터를 나눠준다.

컴퓨터를 '가진 자'와 '못 가진 자' 사이에는 장차 커다란 차이가 생긴다. 집에 컴퓨터가 없는 빈곤층 아이들에게 미래를 바꿀 계기를 선물하려는 목적도 있다. 컴퓨터는 LA's BEST의 취지에 동조하는 기업에서 협찬하여 제공한다.

NASA 요원이 이끄는 '과학 프로그램'도 참신하다. 아이들을 조별로 묶어 다양한 실험을 하게 한다. 과학자와 함께하는 실험을 통해 아이들은 과학을 직업으로 삼는 실마리를 체감할 수 있다. 프로그램의 대단원은 시내에서 대대적으로 열리는 '과학 발표회'다. 여기서 우수상을 받은 팀은 NASA에 연수 여행을 갈 수 있는 초청 선물을 받는다.

아이들의 비만이 문제가 되고 있어 '베스트 피트니스'라는 강좌도 생겼다. 아이들은 어른들처럼 묵묵히 하는 운동은 잘 못한다. 대신 마음에 드는 음악에 맞춰 춤추는 방식을 도입했다. 운동만 가르치는 게 아니다. 비만 아동의 가족도 대체로 비만인 경우가 많다. 그 가족도 같이 끌어들여 '평소에 주스 말고 물을 더 많이 마시자', '건강을 위한 식단을 짜자'고 지도한다. 건강한 식생활에 대한 이해를 높이고, 그 실천 방법도 전수한다.

LA's BEST에서는 이렇게 부모들도 적극적으로 강좌에 끌어들이려고 노력한다. 아이들의 학력 향상과 건강 그리고 성장을 위해서는 가정의 협력을 빼놓을 수 없기 때문이다. 그래서 주말에 여는 이벤트를 통해 부모들과의 의사소통을 마련하기도 한다.

어떤 주말, 한 초등학교의 교정에서 LA's BEST가 주최한 이벤트가 열렸다. 문화제 겸 운동회를 고루 갖춘 놀이가 중심이 된 행사였다. 이때에도 스태프들은 아이뿐만 아니라 부모와도 적극적으로 교류하려는 모습이 인상적이었다.

이 밖에도 기업의 협력으로 새로이 탄생한 강좌가 많다. 대형 화장품회사에서 협력하는 '비누 만들기 교실', 대형 마트 사원이 이끄는 '그림책 읽어주기 및 도서 기증' 강좌 등등. 다양한 기업이 각자 그들이 가진 자원을 발휘하는 형태로 LA's BEST와 관계를 유지하고 있다.

떴다, 금요일

LA's BEST는 어떤 식으로 스태프를 모집할까? 모집 기준이 높은 건 아니다. 되도록 개개인의 서로 다른 생각과 사정에 맞춰 유연하게 대응하려고 한다. '굳이 오는 사람을 막지 않는다. 다만 간단한 연수는 받게 한다'는 입장이다.

웹사이트의 모집란에는 "교육 분야에서 연수를 받는 게 자원봉사자의 조건은 아닙니다. 우리에게 필요한 것은 딱한 형편의 아이들과 함께 뭔가를 해내려는 열정, 그들에게 배우려는 자세 그리고 그들의 의견을 잘 들어주는 능력입니다"라고 적혀 있다.

방과 후 강좌는 월요일에서 금요일까지 매일 열리나 '한 달에 한 번', '주말에만' 열겠다는 자원봉사자도 모집한다.

스태프를 위한 지침서도 마련한다. 아이들에게 어떻게 접근해야 할지, 어떻게 가르쳐야 할지, 어떻게 의사소통을 하면 좋을지, 문제가 일어났을 경우에는 어떻게 대처하면 좋을지, 테마별로 각각 책자를 마련해두었다. 또한 20분 정도 되는 연수용 비디오도 마련돼 있다.

자원봉사자와는 별도로 급여를 받는 상근 스태프나 아르바이트생도 모집하고 있다. 이쪽은 빈자리가 나는 대로 한 분야씩 모집을 한다.

이렇게 청년들을 모아서 연수를 거친 다음 스태프로 훈련을 쌓게 한다. 한편, 일정 기간에 스태프들이 대대적으로 바뀌는 고민도 있다.

그러나 조직이 생기고 나서 벌써 20년이 지났다. 한때 LA's BEST에 참여했던 아이들이 자라나서 다시 스태프로 돌아오는 경우도 생겨났다. 그 비율은 전체 스태프의 10%가 넘는다. 강에서 태어나 바다로 떠났던 연어들이 자라서 다시 태어난 강으로 돌아오듯, LA's BEST에 대한 감사의 마음을 구체적인 형태로 되갚고자 하는 것일 터이다.

LA's BEST의 최대 이벤트는 바로 금요일에 열린다. 월요일에서 목요일까지는 자세하게 시간표가 짜여 있지만, 금요일에는 그런 것이 없다. 벽에 나붙은 종이에도 금요일 칸에는 단지 '특별강좌'라고만 적혀 있을 뿐이다.

금요 특별강좌의 중심은 '소풍'으로 로스앤젤레스 시내의 다양한 기업과 박물관, 미술관 등으로 떠나는 날이다.

로스앤젤레스에는 미술, 문화, 역사, 과학 등을 테마로 삼은 300개가 넘는 박물관과 미술관이 있다. 한없이 펼쳐진 아름다운 해변과, 숲 속처럼 큰 공원도 있다. 동물원과 수족관도 있다. LA 다저스 같은 프로야구팀, 농구팀, 영화관과 뮤지컬 극장 그리고 콘서트홀도 있다.

그러나 이런 곳에 한 번도 가본 적이 없는 아이들이 있다. 부모가 바빠서, 혹은 차비나 입장료를 낼 여유가 없거나 하기 때문이다. 그래서 LA's BEST는 그런 곳으로 아이들을 데려가곤 한다. 기업 등의 협조를 받으며 해마다 알찬 행선지를 정하는데, 지금은 해마다 2200번 넘게 소풍을 떠나고 있다.

소풍의 종류는 대략 다음과 같은 다섯 유형으로 나뉜다. ① 교육계,

② 스포츠계, ③ 놀이, ④ 연극 관람, ⑤ 지역 행사 참가하기 등이다. 예를 들어 '교육계 소풍'은 연간 약 40종류나 된다. 박물관 여행, 수족관 여행, 자연관찰 여행, 캘리포니아 주립대 LA 캠퍼스UCLA의 학교 안내 여행 등이다. 포시즌스 호텔이 주도하는 '베스트 셰프'라는 특이한 이름의 소풍도 있다. 아이들이 호텔 시설을 그대로 이용하며 주방장도 되어보고, 음식도 직접 맛보는 것이다.

'스포츠계 소풍'은 풋볼, 농구, 야구 경기장 같은 데를 찾아가 일류 선수들의 기량을 직접 관전한다.

'놀이 소풍'은 영화관이나 볼링장, 스케이트장 등에 가서 즐긴다.

'연극 관람 소풍'은 댄스나 발레, 클래식과 일본 북(和太鼓) 콘서트, 서커스와 코미디 등을 보러 간다.

'지역 행사 참가형 소풍'은 그 지역 축제나 환경 문제를 주제로 열리는 행사 등에 참가한다. 정부를 향해 '방과 후 활동에 더 많은 예산을!', '모든 아이들에게 방과 후 강좌를!' 하고 외치며 데모를 벌일 때도 있다.

'소풍' 프로그램은 기업이나 단체의 협력 없이는 존재할 수 없다. 하지만 이제 기업들 사이에도 점차 LA's BEST는 없어선 안 될 존재로 자리잡고 있다. 예컨대 기업이 사회공헌활동CSR의 일환으로 아이들에게 어떤 프로그램을 제공하려 할 때, 하나에서 열까지 직접 손을 대려면 부담이 크다. 그래서 LA's BEST를 이용한다. 아이들을 모집하고, 안전하게 데려오는 것까지는 LA's BEST의 역할이다. 그러면 기업은 현장에서 즐겹게 배우고 가르칠 방과 후 강좌를 진행하는 일에 집중할 수 있다.

시 당국의 전면적인 협력을 받아 운영하는 LA's BEST인 만큼, 거기에 방과 후 강좌를 제공하는 것은 기업 이미지 제고에도 보탬이 된다. 미래의 고객을 더 많이 확보하고, 학부모들에게도 좋은 인상을 심어줄 수 있다. 기업으로서도 금상첨화다.

칼라 대표의 바람

이렇게 시내의 기업 및 단체 들과 LA's BEST가 사이좋은 관계를 구축하게 된 것은 대표인 칼라 생거Carla Sanger의 노력에 기인한다.

한때 칼라는 학교 교사였다. 그 후에도 교육과 복지 분야에서 경험을 쌓았는데, LA's BEST에는 창립 단계부터 관여했다. 20년이 지난 지금도 선두에 서서 조직을 이끌고 있다. 참고로 남편은 1980년 영국 아카데미상을 수상한 영화 〈엘리펀트 맨The Elephant Man〉의 제작자인 조나단 생거Jonathan Sanger다.

LA's BEST의 성공 비결에 대해 칼라는 이렇게 말한다.

"가장 중요한 것은 지속적으로 아이들이 매력을 느낄 수 있도록 방과 후 강좌의 질을 유지하는 것입니다. 예컨대 아이들 사이에서 무엇이 유행하고 있는지 알아야 해요. 유행은 계속 변하지요. 5년마다 새로운 유형의 아이들이 등장하고, 흥미와 기호도 변합니다. 때문에 그들의 목소리에 최대한 귀를 기울이고 많은 파트너들에게 협력을 구해서, 언제나 신선하고 재미있는 강좌를 제공해야만 합니다."

재미가 없으면 아이들이 참가하지 않게 된다. 강좌를 즐겁게 만드는 일은 그래서 중요하다. 게임이나 약물 같은 마력에 대항해 LA's BEST는 이겨야만 한다.

물론 운영자금을 모으는 것도 신경 써야 한다. 오늘날 LA's BEST의 연간수입은 520억 원에 달한다. 자금의 90%를 방과 후 강좌에 사용하며, 나머지 10%를 본부 운영에 지출한다.

방과 후 NPO로 명성이 높은 LA's BEST는 선구적 모델이라는 자각도 하고 있다. 재미있는 점은 신생 방과 후 NPO를 설립하려는 사람들을 대상으로 '펠로'를 모집하고 있다는 사실이다.

펠로가 되면 LA's BEST 간부들의 업무, 학교와의 관계 조성, 교육 프로그램 만들기, 효과적인 PR법, 재원 확보, 스태프 발굴, 자기 평가 방법, IT 관련, 자원봉사자 관리, 예산 편성 등의 온갖 업무를 배울 수 있다. 확실히 어느 하나 빼놓을 것 없이 NPO의 설립과 운영에 필수불가결한 요소들이다.

조사 결과 LA's BEST의 방과 후 강좌가 아이들의 수업 출석률 향상 및 퇴학률 저하 그리고 고교 및 대학 진학 지망에 기여하고 있다는 사실이 명확히 드러났다.

2007년, 캘리포니아 주립대학이 미국 법무부의 위탁을 받아 6천 명에게 실시한 조사결과를 발표했다. 그에 따르면 LA's BEST의 방과 후 강좌에 월평균 15일 이상 참여한 아이들은 그렇지 않은 아이들보다 범죄율이 30%나 낮았다. 또한 LA's BEST에 1달러를 기부하는 것이, 로스앤젤레스 시가 범죄 대책에 쓰는 2.5달러만큼의 비용절감 효과를 낸다는 결과로 나타났다.

국민이 낸 세금으로 LA's BEST를 지원하는 것은 낭비가 아니다. 오히려 지원하는 것이 지역사회에 유익한 영향을 미친다. 이러한 자료 덕분에 LA's BEST는 더욱 많은 기부금과 원조금 그리고 우수한 인재를 확보할 수 있게 되었다.

그 밖의 특색 있는
방과 후 NPO

각양각색의 NPO

미국에는 크고 작은 다양한 NPO가 있다. 이제까지 소개한 세 단체는 커다란 조직이지만, 그들 역시 설립 당시에는 작았다.

뒤이어 소개할 작은 시도들도 창설자가 앞으로 어떤 리더십을 가지고 어떤 NPO 경영전략을 짜느냐에 따라 크게 성장할 가능성이 있다. 예컨대 아이들에게 스쿼시와 공부를 가르치는 '스쿼시 버스터즈Squash Busters'는 보스턴에 있다. 이 NPO는 창립자가 평일 낮에 비어 있는 민간시설과 교섭하여 만들어낸 조직이다. 아이들은 스쿼시를 즐긴 다음, 정해진 남은 시간 동안 청결한 클럽하우스의 객실에서 또박기 앉아 공부를 한다. 이와 비슷하게 테니스, 축구, 라크로스와 공부를 결합한

NPO도 있고, 여자아이만 모아서 보트 타기를 가르치는 NPO도 있다.

색다른 곳을 꼽자면, 1995년에 보스턴에 생긴 '마이 타운mytown'이 있다. 시내에 거주하는 아프리카·아시아계 소수 인종 고등학생들이 관광객을 데리고 한 시간 반에서 두 시간 정도 보스턴 시내를 안내한다.

가이드 역할을 맡는 고등학생은 여러 차례 가이드 특별훈련을 받는다. 또 NPO 스태프들과 함께 돌아다니며 숨은 명소나 역사적인 관광 명소, 소수 인종에게 중요한 기념 장소를 발굴하고, 이렇게 발굴해낸 명소를 돌면서 소개한다. 예컨대 1950년대 마틴 루터 킹 목사가 보스턴 대학의 대학원생이던 시절에 살았던 집터 같은 곳이다. 물론 이야기할 내용도 조사하면서 배운다. 당시의 젊은 킹 목사에 대해서, 또는 나중에 아내가 된 여성과의 만남에 대해 이야기한다. 이야기는 너무 짧아도 너무 길어도 안 된다. 관광객들이 질문을 하면 곧바로 대답할 수 있어야 한다.

스태프도 동행하지만 거의 도와주지 않는다. 가이드 역할을 한 고등학생에게는 아르바이트 대금을 지불해주는 방식이다.

고등학생 가이드들은 특별훈련을 거치면서 민첩하게 가이드 역할을 하는 법이나 관광객을 이끄는 법, 발성연습도 배운다. 이러한 일련의 훈련과 실전을 거치면서 교육 효과를 크게 얻게 되고, 보스턴에 사는 소수 인종으로서의 자부심과 시민의식도 높일 수 있다. 이것은 오래된 관광도시인 보스턴 나름의 방과 후 프로그램이다.

미국의 방과 후 NPO가 혁명적으로 성장한 성공의 배면에는 빼놓을 수 없는 추동자가 있다. 바로 이런 NPO를 응원하는 조직이다.

워싱턴에 '애프터스쿨 얼라이언스Afterschool Alliance'(방과 후 동맹)라는 NPO가 있다. 2000년에 미국 교육부와 민간단체들이 손을 잡고 설립한 단체다. 이 단체는 전체 아이들에게 풍요롭고 질 높은 방과 후 프로그램을 보장하자고 방과 후 강좌의 중요성을 역설하는 한편 방과 후 활동에 대한 투자를 호소하고 있다. 지금은 미국 전역에 2만 5천 개의 방과 후 강좌 단체들과 손을 잡고 있다. 웹페이지에도 방과 후 프로그램의 성공사례나 그 효과에 대한 연구논문 등을 게재하고 있으며, 매달 조회수가 35만 건이 넘는다.

또한 '방과 후에 빛을Lights on afterschool'이라는 이벤트를 주최하는데, 이제까지 미국 전역에서 7500번이나 열렸고, 어림잡아 100만 명이 참가했다고 한다. LA's BEST의 '소풍'에서도 소개했지만, 많은 아이들이 행진 행렬에 참여해 구호를 외쳤다.

3

우리도 만들자!

지금까지 한 노력

"일본도 방과 후 개혁을 시작할 가능성이요? 그야 아주 농후하지요. 일본 같은 경우는 정부가 한번 '하겠다'고만 하면, 단박에 시작되지 않을까요? 우리네 미국 같은 경우는 지역의 NPO 각자가 열심히 방과 후 개혁에 매달려야 하지만, 일본은 개혁의 필요성만 널리 인식시키면 정부가 바로 움직일 게 분명합니다."

보스턴의 방과 후 NPO 시티즌 스쿨즈의 창설자 네드 라이머가 한 말이다. 하지만 일이 그리 간단치는 않을 것이다. 누군가 모범을 보여야만 한다. 두 달 만에 귀국하는 비행기 안에서 온통 그 생각뿐이었다.

사실, 그 당시 일본에서는 학동보육에 대한 수요가 높아지는데 그에 맞추지 못하는 정부의 행정 때문에 새로운 시도가 싹트고 있었다. 이른바 '전체아동대책사업'이라고 부르는데, 초등학생 전체를 방과 후에 학교에서 지내도록 하면서 거기에다 학동보육 기능도 가미하는 방식이었다. 갈수록 심각해지는 대기아동 문제를 어떻게든 해소해보려고 시·도청이 주체가 되어 재정난에 허덕이면서도 벌이는 행정 측의 고육지책이었다.

예를 들어 2003년에 가와사키 시는 공영 학동보육을 폐지했다. 대신 초등학교 1학년부터 6학년을 대상으로, 등록만 하면 방과 후나 방학 중에 학교시설을 이용할 수 있는 '두근두근 플라자' 제도를 도입했다. 원칙적으로는 무료다.

똑같은 시도로 2006년부터 도쿄의 시나가와(品川) 구가 '스마일 스쿨'을 운영하고, 2007년에 시부야 구는 모든 학동보육을 초등학교로 옮겨 전체 아이들을 대상으로 한 '방과 후 클럽'을 만들어 모든 초등학교에서 실시하고 있다. 이들 모두 보험료나 간식비 정도만 내면 이용할 수 있다.

나고야(明古屋) 시는 1997년에 '트와일라이트 스쿨twilight school' 사업을 시작했다. 초등학교의 빈 교실을 이용하여 전직 교장이나 나이 든 교사들이 아이들을 돌본다.

요코하마 시는 1993년부터 '하맛코(浜っ子, '요코하마의 아이들'의 줄임말. 바닷가浜의 아이들'의 이중적 의미도 있다—옮긴이) 어울림 스쿨'을 차렸다. 10년 뒤에는 간식을 제공하는 등 학동보육적 기능을 갖춘 '방과 후 키즈클럽'을 개시해서 '스쿨'로부터 순차적으로 이행하고 있다. 키즈클

럽은 아이들을 맡아주는 시간도 오후 7시까지로 연장했다.

도쿄의 세타가야(世田谷) 구에서는 1995년부터 '방과 후 여가 대책'으로 'BOP(Base Of Playing)' 사업을 실시, 그 뒤 단계적으로 학동보육과 통합시켜 2005년도에 '신(新)BOP'로 발전시켰다. 세타가야 전체 아동 3만 529명 가운데 85%가 여기에 등록돼 있다(2006년 통계). 신BOP에 참가하면서 학동보육에 다니는 아이들은 매달 2만 7천 원씩 간식비만 낸다. 간식 먹는 방과 놀이방을 별도로 마련해두었지만, 어느 방도 학동보육 전용으로는 쓰지 않는다. 또한 지도자들은 역할 분담을 해도 아이들은 명확하게 구분하지 않는다.

두 달에 걸친 미국의 방과 후 개혁 탐방이 끝난 건 2003년 6월이었다. 바로 그 무렵 일본에서도 다양한 방과 후 활동이 시작되고 있었다. 그러나 아직은 아이들의 방과 후 거처부터 확보해야 한다는 막연한 구상만 가지고 있었다. 국가나 지자체의 관점에서 크게 벗어나지 못했던 것이다.

지낼 곳이 있다고 다 되는 게 아니다. '어떻게 지낼 것인가'가 아이들의 장래를 좌우한다. 역시 일본에도 본격적인 방과 후 개혁이 필요하다. 그것을 실천할 역군으로 방과 후 NPO가 가장 적합하지 않을까? 지역마다 독자적인 방과 후 NPO가 생겨나고, 각자 선의의 경쟁을 펼치며, 정부가 그것을 뒤에서 밀어주는 형태는 어떨까? 나는 그러한 이상을 품었다.

귀국 후 단 하나 남은 숙제는 미일재단 미디어펠로에 보고서를 제출하는 일이었다. 이듬해 봄, '방과 후의 교육혁명'이라는 제목으로 〈국제문화회관 회보〉에 내 보고서가 실려 친한 친구들에게 나누어주었다.

"그렇군. 정말 일본에도 필요할지 몰라."

반응은 좋았으나 그뿐이었다.

그래도 당시 일본의 방과 후에 대해 연구 중이던 지바 대학의 아카시 요이치 교수는 보고서를 중요하게 여겼다. 그는 교육 관련 심포지엄 같은 다양한 기회를 만들어주며 내게 그런 데서 보고하라고 촉구했다.

어느 중학교 교사의 고찰

하지만 마침내, '미국의 방과 후 개혁을 그대로 들여올 수는 없다'는 소리가 들려왔다.

예컨대 당시 지바 현 사쿠라(佐倉) 시의 교육의원회에서 사회교육을 담당하던 가네키 가쓰미(金木勝己)는 내 보고서도 실린 책《왜 아이들의 방과 후 개혁이 필요한가(子どもの放課後改革がなぜ必要か)》에서 "미국의 활동을 그대로 일본에 끼워 맞추는 것은 무리가 있다"고 주장했다.

"NPO 활동이나 기업의 사회공헌 의식 등 미국과 일본은 역사적, 문화적 배경이 다르다. 일본은 이제 겨우 국가를 움직여 아이들의 방과 후 활동을 본격적으로 보장하기 시작했을 뿐이다."

특히 그는 관련 단체와 연락을 조율하는 코디네이터를 육성하는 데 시간이 걸린다고 했다.

오랜 세월 가나가와 현에서 공립 중학교 교단에 서왔던 고바야시 고지 (小林公司) 선생도 의견을 보내왔다. 고바야시 선생은 현직 교사이던 시절에 학부모나 지역 인재들을 '사회인 교사'로 학교에 불러들여 교과수업을 맡기거나 도덕, 인생에 관한 조언을 부탁한 경험이 있다. 정규수업으로 이것을 편성한 이 시도는, 강사를 모집하기 위해 늦은 밤까지 뛰어다녀야만 했던 일 등으로 교사와 학교가 막대한 에너지를 소모했다고 한다.

미국의 방과 후 개혁 실천 사례를 고바야시에게 알리자 다음과 같은 편지가 도착했다(이하는 내용 요약).

일본에서 미국처럼 방과 후 시간대를 활용하는 것은 아마 불가능하리라 생각합니다. 하지만 일본식으로 할 수는 있을 것 같습니다.

일본에서는 여섯 시간 동안 수업을 하고, 청소와 종례를 마친 후 오후 4시쯤 일과가 끝납니다. 마지막으로 학교가 파하는 오후 6시까지는 약 두 시간(실질적으로는 90분)밖에 없습니다. 겨울에는 5시에 학교가 파하니까 시간이 별로 없습니다.

그런데도 문화부 학생들이나, 60%에 육박하는 '귀가부(歸宅部, 어떤 클럽 활동도 하지 않고 학교가 끝나자마자 사라지는 학생들을 속되게 부르는 말—옮긴이)' 학생들에게는 대학이나 NPO의 지원이 유효하다고 봅니다. 클럽 활동은 지금 현직 교사가 지도하고 있습니다만, 교사의 약 60%는 전문적인 기능이 없고, 또 거의 회의나 출장 따위로 클럽 활동 현장을 지키지 않습니다. 그러니 전문 기능을 갖춘 외부인이 도와준다면 대환영을 받을 거라 생각합니다.

여하간 일본의 학교는 폐쇄적이어서 미국처럼 지역에 개방되어 있지 않습니다. 교장은 물론 교육위원회도 외부 사람을 받아들이는 데 소극적입니다. 다루기 불편하다, 귀찮다, 쓸데없는 마찰을 빚고 '불필요한 일에 신경 써야 한다'는 부정적인 인식이 주를 이룹니다.

집에만 틀어박혀 체험 활동이 적은 일본의 아이들은 취직활동마저 안하게 되어, 국력을 끌어내리고 있습니다.

중학교 시절부터 차츰차츰 사회인들과 어울리며, 또 사회에 나가 봉사활동을 하거나 창업을 시도하면서 '무엇이 나와 맞을까' 고민하며 적성을 찾고, '나는 무엇을 하고 싶은가' 생각하며 자신의 취미와 관심 등에 대한 '자기 이해'를 모색하는 것이 진로 선택으로 이어진다고 저는 확신합니다.

입시 학력도 중요하지만 방과 후나 주말, 여름방학 등을 이용해 시민교사들과 활동하는 것은 자기 이해와 더불어 목표의식을 갖게 해줍니다. 또한 '나는 장래에 이런 일을 하고 싶다'는 '진로 학력'을 높이리라고 생각합니다. 다시 말해 '진로 학력'이란 우선 목표를 부여하고 '그러니까 열심히 공부하자', '그러니까 이 고등학교, 이 대학교에 입학하자'는, 위에서부터 아래로 내려오는 학습·학력 향상이라는 의미를 가진 말입니다.

장래의 목표를 갖지 못하는 것이 오늘날 일본 아이들의 비극입니다. 무엇을 해야 좋을지 모르겠다, 뭘 잘하는지 모르겠다고 말하는 아이들이 너무 많습니다. 당연하죠. 입시경쟁에 내몰려서 성적순 교육으로 서열화되고 인간의 존엄성마저 잃고 있으니까요. 어떻게 '진로 학력'을 함양

할 것인가? '입시 학력'만 따질 게 아니라 '진로 학력'에 주목해야 합니다. 이게 제 생각의 기반입니다.

교사 중심의 교육에서 시민교사와의 공동 교육으로 나아가야 합니다. 닫힌 학교에서 열린 학교로 나아가야 합니다. 방과 후 시간을 활용하자는 발상도 그 일환이라 생각됩니다. (고등학생, 대학생을 포함한) 다양한 시민들이 학교에 와서, 미국처럼 자신도 즐기면서 자기실현만이 아니라 타인의 실현에도 신경을 써주는 '상호 실현'의 시도는 사회를 활성화할 겁니다.

고작 아르바이트 비용만 받고도 일하는 미국의 젊은이들이나 시민들의 봉사정신이 놀랍습니다. 사회를 위해 뭔가를 하고 싶어 하는 그 에너지! 그리고 시장과 정치가들이 보여주는 교육에 관한 열정과 풍부한 예산 지원! 일본은 이 예산 지원이 너무나 부족합니다!

학교에 가서 무슨 일이든 하고 싶어 하는 일본인은 아주 많습니다. 하지만 일본의 학교는 애초에 교장부터 교직원들에 이르기까지 '시민교사가 필요하다!'는 발상이 부족합니다. 정계를 움직여서 제도를 만들고 예산 책정을 받는 것이 급선무입니다.

'미국처럼 할 수는 없다, 하지만 일본식으로는 할 수 있다는' 고바야시 선생의 말에 희망을 걸고 싶은 마음이 생겼다. 나는 교육 관계자뿐 아니라 많은 친구들에게도 방과 후 개혁에 대해 설명하고, '누구 해볼 사람, 없나?' 하고 말을 해왔다.

하지만 아무리 많은 질문을 던져도 맞받아 대답해주는 사람은 좀처럼 나타나지 않았다. 그러던 차에, 생각지도 않던 곳에서 지원자가 나타났다.

2004년 봄, 집에 놀러온 히라이와에게 미국의 방과 후 개혁에 대해 이야기했다. 가지고 돌아온 다량의 자료를 보여주고, 여러 곳의 방과 후 NPO 소책자와 웹사이트를 보여주었다.

그때 히라이와가 말했다.

"내가 한번…… 해볼까?"

백화점 중에서도 마루이는 비교적 보수가 좋다. 마루이를 그만두겠다고? 아니면 직장에 계속 다니면서 겸업 삼아 자원봉사를 하겠다는 말인가?

대답은 후자였지만 기쁜 일이었다. 그리고 히라이와가 하겠다면 친구로서 돕지 않을 수 없다고 느꼈다.

"그럼 일단 해볼래? 도와줄게."

"그래. 얼마나 할 수 있을지는 모르겠지만."

이때 히라이와는 내가 생각했던 것보다 훨씬 진지하게 각오를 다지고 있었다.

실패의 연속

히라이와는 시작하기로 마음을 굳혔다. 하지만 어디서부터 시작해야 좋을지, 그것이 문제였다. 구체적인 방책이 떠오르지 않았다.

때마침 그 무렵 사회적 기업 선정대회를 발견했다. 사회적 기업이란 1980년대 영국에서 생겨난 개념으로, 복지국가 대신 자립형 복지 시스템을 구축하고, 정체된 사회를 활성화하는 존재로 주목받으며 널리 퍼진 개념이다. 영리를 추구하는 기업과 NPO의 중간 형태로 사업을 추진하는 기업이다.

히라이와가 도전하기로 결심한 것은 NPO 법인 '에틱ETIC'에서 주최한 사회적 기업가를 목표로 하는 젊은이 대상의 경선대회였다.

2002년에는, 현재 일본의 대표적인 사회적 기업인 아동환우보육을 전문으로 하는 '플로렌스(フローレンス)'●의 대표이사인 고마자키 히로키(駒崎弘樹)가 도전했으나 수상을 놓친 바 있다. 2003년에는 아동 매춘 문제를 다룬 '오리너구리 프로젝트'의 무라타 사야카(村田早耶香)가 도전하여 우수상을 수상했다.

몇 차례의 선별 과정을 거쳐 사업개요, 목적, 동기, 사업 모델, 지금까지의 경과와 앞으로의 향방에 대해 심사를 받고 그 분야의 선배들에게 조언을 받을 수 있다.

상금 총액은 700만 원이 좀 안 되지만, 상금이 중요한 게 아니다. 표창을 받으면 지명도가 올라가고 보이지 않던 인맥들이 '부상'으로 따라온다. 실제로 상을 받으니 후원자가 붙더라는 이야기도 있다. 아직 구

● 플로렌스 나이팅게일의 이름을 따 2004년에 설립한 NPO. 자본금 2억 원으로 출범했으나 활발히 사업을 벌이고 급성장을 기듭하여 2011년 현재 운영규모가 52억 원이 넘었다.

상 초기 단계에 불과하지만, 히라이와는 이 대회에 도전하기로 했다.

일본 사회적 기업의 일인자이며, 이 대회를 기획한 중심인물인 이노우에 히데유키(井上英之)는 심사기준에 대해서 이렇게 해설했다.

① 안트러프러너entrepreneur(사회적 기업가: 문제 발견 능력, 중장기 비전과 마음가짐, 당면 고객의 설정)

② 공감성(동료를 공감하게 만드는 힘, 후원자를 끌어들이는 힘, 고객을 끌어들이는 힘)

③ 사업 모델(지속성은 있는가? 금전적인 면은? 현장의 수요는?)

④ 사회성(파급성은? 세상을 바꿀 힘이 있는가?)

그리고 구체적으로 '어떤 방과 후 강좌로 누구를 구할 것인가?', '기부에만 의존하지 않고, 어디에서 수익을 낼 것인가?' 등의 질문에 대해 사업가로서 설명할 수 있는 능력이 중요하다고 말한다.

히라이와는 경선대회에서 '방과 후 프로그램을 펴는' 사업목적으로 세 가지를 꼽았다.

'감성이 풍부하고 활기찬 미래의 아이들을 육성한다.'

'아이들에게 꿈을 심어줄 어른들을 늘린다.'

'지역이 건강해질 환경을 만든다.'

가장 문제가 되었던 것은 비즈니스 모델, 다시 말해 수익구조 설계였다. 히라이와는 '가치 있는 프로그램을 제공하여, 각 가정이 내는 참가비를 주요 수익원으로 한다'는 전제로, "장기적으로는 행정 당국과 제휴를 강화하고 수익원인 프로그램 개발을 통해 참가비 인하를 지향한다"고 표명했다.

구체적으로는 한 강좌에 1인당 약 6천 원을 받고, 연간 280일 동안 1회에 학생 30명 정도가 참가하면, 한 학교에서 5천만 원의 수입을 얻을 수 있으며, 상근 스태프 한 명을 고용할 수 있으리라 보았다.

경선의 1차 서류심사를 통과하고 2차 심사까지 갔다. 그것만 통과하면 최종 프레젠테이션까지 가고, 수상할 확률이 높다.

그러나 그런 생각은 안이했다.

2차 심사에서 히라이와는 심사위원들에게 그야말로 '뭇매를 맞았다'고 했다. 심사위원 중에는 유명한 청년 벤처 기업가도 있었는데, 그들에게서 "비즈니스 모델이 전혀 없다. 필요성도 못 느끼겠다"는 지적을 받았다. 게다가 "자네는 왜 이걸 하려는 건데? 사실은 당신, 회사 일이 잘 안 풀리니까 도망쳐온 거지?"라는 말까지 들었다고 한다.

지금도 히라이와는 당시를 돌아보며 "아주 호된 꼴을 당했다"고 말한다. 하지만 분명히 히라이와의 계획에 '비즈니스 모델' 따위는 없는 거나 마찬가지였다. 심사위원들은 혹독한 질문으로 히라이와의 의지를 확인하고, 질타와 격려를 하고 싶었는지 모르겠다.

NPO에 과연 '비즈니스 모델'이란 어떠한 것이어야 하는가? 히라이와는 다시금 생각하기 시작했다.

딸의 생일에

2004년 6월 30일, 히라이와는 아버지가 되었다. 역시 여자아이였다. 전날부터 산부인과에 묵으면서 밤새 뜬눈으로 기다렸다. 태어난 것은 아침이다. 감격의 순간이었다.

감동은 이윽고 엄청난 졸음으로 덮쳐와 히라이와는 그대로 잠이 들었다. 일어나 보니 오후였다. 그러고는 마치 애초부터 정해져 있었던 듯, 예의 그 남자에게 전화를 걸었다.

"어, 오랜만이다. 나야, 히라이와. 어때, 잘 지내냐? 나 오늘 아빠가 됐다. 딸이야. 귀엽지. 그런데 너 요즘 뭐 하고 지내?"

"후지쓰를 그만두고 교육 계통 벤처기업으로 전직했어요."

"아, 그래? 잠깐 시간 좀 내줄래? 한 번 만나자. 할 얘기가 있어."

전화를 건 상대는 몇 년 동안 연락도 없던 세 살 아래의 후배인 오리하타였다.

오리하타는 게이오 고등학교 시절에 1년간 미국에서 유학을 했기 때문에 학년으로 따지면 히라이와보다 4년 후배다. 히라이와는 4년간 모교인 게이오 중학교의 야구부 코치를 맡은 적이 있다. 대학 4학년 때 오리하타도 모교의 코치가 되고 싶다며 들어왔다. 그것이 히라이와와 오리하타가 처음 만난 계기였다.

선수시절에 히라이와는 오리하타 얘기를 들은 적이 있다. 팀의 모범이 될 만한 선수도 아니고, 코치를 지향할 만한 남자로도 보이지 않았다.

한번은 히라이와가 "심심풀이로 오는 거라면 짐만 되니 그만둬라"라고 말한 적이 있다. 하지만 오리하타는 그만두지 않았다.

사실 그 시절부터 오리하타는 장차 교육 관련 직종에 취직하고, 최종 목표는 고등학교 교사가 되어 야구부를 고시엔(甲子園) 대회●까지 출전시키고픈 꿈을 지니고 있었다. 겉보기에는 '차라오' 같지만, 속내는 제법 진지했다.

그러는 사이 히라이와와 오리하타는 코치론에 대해서도 의견을 나누게 되었다. 두 사람의 의견이 일치했던 것은 좋은 코치란 어떤 사람인지에 관한 얘기였다. '코치란 묻는 자'라는 말이었다. 쉽게 말해 코치는 기술적인 것을 모두 가르쳐주면 안 되고, 질문을 던지며 선수 스스로 생각하도록 만들어야 한다. 기본은 가르칠 수 있지만, 그다음은 선수 스스로 조사하고 생각하도록 놔둔다.

오리하타는 다음과 같이 설명했다. 예컨대 투수가 "체인지업 변화구는 어떻게 던지는 겁니까?" 하고 질문하면, 일단 전부 가르쳐주지 않는다. 실마리에 해당하는 힌트만 던져주고 그다음은 "네가 찾지그래?" 하며 등을 떠민다. 그러는 게 선수의 성장에 훨씬 도움이 된다고 한다.

"야구에서 열혈 코치 하면, 일단 '귀신같이 가르치는' 사람을 연상하지만, 진짜로 좋은 코치는 '가르치지 않는 코치'라고 봐요." 히라이와도

●일본을 대표하는 전국 고교 야구 대회. 효고(兵庫) 현에 있는 한신 고시엔 야구장에서 열리는 까닭에 '고시엔' 대회라 부른다. 지역 예선을 거친 50개 안팎의 지역 팀이 고시엔에서 토너먼트 방식으로 승패를 겨룬다. 고시엔 우승은 야구팀뿐 아니라 학교에도 최고의 영예이자 꿈이다.

그렇게 말했다.

2005년 봄 고시엔 대회에 게이오 고교를 진출시킨 우에다 마코토(上田誠) 감독의 지론인 '야구를 즐기라'는 사고방식에서도 영향을 받았다.

가르쳐주지 않아도 자연스레 선수끼리 서로 보고 배운다. 선배가 후배를 이끌며 돌봐준다. 나중에 알고 보니 그게 바로 게이오 야구부가 전통적으로 이어온 장점이라 한다. 게이오가 키워온 풍토였다.

"야구부 코치를 했던 경험이 훗날의 인생에도 굉장한 영향을 미쳤다"고 히라이와는 말한다. 사회에 나와 게이오 선배들에 대한 고마움을 실감했다고 한다. 여러 면에서 보살핌을 받고 있는 것이다. 언젠가 '방과 후 NPO'를 만드는 것으로 게이오 대학에 감사하는 마음으로 보답했으면 하는 생각이다.

히라이와가 코치를 졸업하기 바로 직전에, 오리하타와 둘이 라면집에서 얘기할 기회가 있었다. 거기서 처음으로 오리하타가 "언젠가는 고등학교 교사가 되고 싶어요"라고 자신의 생각을 밝혔다. 히라이와도 "교직이라. 나도 흥미가 있는데"라고 답했다.

딸아이가 태어나던 날, 히라이와는 그들의 대화를 떠올렸다. '방과 후 NPO를 만들려면 그 친구가 필요해. 그 친구라면 합류할 것 같아' 그렇게 간파했다.

자신은 아직 마루이 그룹의 월급쟁이라서 시간이 난다 해도 일주일에 한 번 정도다. 오리하타도 이미 교육계에 종사하고 있다고 들었다. 둘이서 무얼 할 수 있을지 잘 모르겠다……

2004년 여름, 히라이와는 오리하타와 다시 만났다. 이번엔 나도 히라이와에게 불려나갔다. 장소는 시부야 역에 있는 찻집이었다. 어째서 그곳을 골랐는지는 우리 셋 모두 기억이 안 난다. 그러나 카운터 바에 걸터앉아 나눈 이야기는 지금까지 선명하게 기억하고 있다.

당시 교육 관련 벤처기업인 모노리스에 근무하던 오리하타는, 거기서 미국의 방과 후 개혁 얘기를 듣고 충격을 받았다고 한다. 마치 "이거다!" 싶었다는 것이다. 히라이와의 예상은 적중했고, 오리하타가 합류했다.

이내 히라이와가 구체적인 얘기를 오리하타에게 건넸다.

"이번에 세타가야 구에서 실험 프로그램을 할 생각이야. 그런데 세타가야 구에서 하는 '지역 커뮤니티 활성화 지원사업'이라는 게 있더라고. 응모해볼까 싶어. 같이할래?"

"하겠습니다!" 오리하타가 즉석에서 대답했다.

아카사카의 '수염 영감'

비슷한 시기에 또 하나 새로운 만남이 있었다.

"함께 좀 갔으면 싶은 곳이 있는데."

다니던 회사의 보도국 간부가 어느 날 내게 말을 걸었다. 우리는 회사에서 걸어서 3분 거리에 있는, 늘 지나치던 4층짜리 빌딩으로 갔다. 1층은 '도토야 우오신(と丶や魚新)'이라는 고급스러운 일식집이었다. 엘

리베이터를 타고 4층까지 올라갔다. 도착해보니 유리문 너머 작은 사무실이 보였다. 안쪽에는 천장이 높고, 소박한 콘서트를 열 수 있는 작은 홀이 마련되어 있다. 객석을 20석쯤 만들 수 있을까. 나는 홀 가장자리에 놓인 소파로 안내되었다.

다시금 아주 신기한 눈길로 소파에 앉아 홀을 바라보았다. 음향을 고려한 천장, 그랜드피아노, 세워진 채 그대로인 보면대(譜面台) 몇 개. 벽에는 일본에서 내로라하는 클래식 연주가들의 흑백사진이 빈틈 없이 가득 붙어 있다. 아카사카(赤坂)에도 이런 곳이 있구나…….

"여기서 저 사람들이 이따금씩 연주도 하고 연습도 하지."

기다리고 있으니 누군가 나타났다. 키가 크고 갸름한 얼굴에 콧수염을 길렀는데, '초이와루(チョイ惡)•' 풍의 아저씨였다. 보도국 간부가 말했다.

"시부이치 선생, 데려왔습니다. 가와카미예요. 무슨 일 있습니까?"

"아아, 처음 뵙네요!"

손에 든 〈국제문화회관 회보〉가 보였다. 거기에는 미국의 방과 후 개혁에 대해 내가 쓴 보고서가 실려 있다.

"이거 말이요, 일본에서도 하고 싶죠? 재밌겠어! 합시다. 그런데 내가 한다고 하면 진짜 하는 사람이니까 말이오. 당신도 끝장을 볼 때까지 도망치지 말란 말이오. 반드시 실현시킬 테니까."

• '나쁜 남자' 이미지를 가리키는 말. 극히 개성적이며 남의 눈치를 안 본다. 속된 표현으로 폼생폼사하는 스타일이다.

고마운 말씀이지만 약간 무서우리만치 박력이 넘친다. 그러나 눈앞에 있는 아저씨의 진심은 어김없이 전해져왔다.

　　스스로를 '수염 영감'이라 칭하는 시부이치 마사루(四分一 勝)와 그렇게 처음 만났다.

　　뒤에 들으니 그는 아카사카 '도토야 우오신' 일식집을 3대째 잇는 주인이며, 도쿄에 체인점을 여럿 거느린 우오신 그룹의 회장이기도 했다. 1890년에 아카사카에서 어물점으로 출발한 우오신은 유서 깊은 업체인데, 말하자면 시부이치는 아카사카에서 '얼굴'이 알려진 인물이다. 요리 솜씨도 특급이라서 도토야 우오신 일식집은 세계 최고의 '미슐랭'• 잡지의 별을 3년 연속 획득하고 있다.

　　시부이치는 지금까지 자기가 살고 있는 도쿄의 미나토 구 초등학교에서 PTA 회장을 역임하기도 하고, 미나토 구의 아카사카 · 아오야마(靑山) 지역에서 지역 교육 · 육아환경 정비사업에 관여하기도 하는 등 교육에 관한 다양한 실적을 쌓았다.

　　인맥도 풍부하다. 교류 거점은 1층의 일식집이지만 그것이 다는 아니다. 4층의 작은 홀인 '아티스트 살롱'은 클래식 연주가에게 연습실이나 사교장으로 제공되고, 빌딩의 지하 1층에 바bar도 있다. 빌딩 전체가 시부이치의 인맥을 만들고 넓혀가는 시설처럼 되어 있다.

• 『기드 미슐랭Guide Michelin』. 세계 최고 권위의 레스토랑 평가 잡지. 극도로 엄밀한 전문가들이 손님으로 가장해 세계 각국의 소문난 음식점을 몰래 찾아가는 암행 조사를 한 뒤 공정한 보고서를 작성하는데, 이를 바탕으로 심사위원 합의하에 별 하나, 별 둘 식의 평가가 매겨진다. 이 잡지에 언급되는 것만으로도 요식업게는 영광이다.

이 빌딩으로 친구들을 불러 '쿼터즈 클럽quarter's club'이라 부르고, 함께 자선 콘서트를 기획하기도 한다. 또한 고즈(神津) 섬, 사도(佐渡) 섬 같은 데로 연주자들을 데려가 자선 '방문 콘서트'를 여는 기획도 계속하고 있다. 좀체로 진짜배기와 접할 기회가 없는 아이들에게 실제 연주를 선물하는 것이다. 참고로 '쿼터즈 클럽'의 영어 쿼터는 4분의 1이라는 뜻이니, 일본어로 '四分一', 즉 시부이치 자신의 이름을 표방한 것이라고 한다.

머지않아 아티스트 살롱과 쿼터즈 클럽을 통합하여 음악 교류를 축으로 활동하는 '음악 교류 NPO 법인 쿼터 굿 오피스quarter good office'를 만들 것이라고 한다. 시부이치는 거기서 음악 코디네이터를 맡을 것이다.

경영자로서 성공을 거두고, 이미 장남에게 점포를 물려준 시부이치는 처음 만났을 때부터 남은 인생에 하고 싶은 일을 명확하게 밝혔다. 즉 '음악 교류'와 '교육 문제'와 '환경 문제'로 사회에 이바지하겠다고 했다. 시부이치는 지금까지 해온 실천의 연장선에서 미국의 방과 후 프로젝트를 간파하고 '이거다!' 싶었다는 것이다.

그 뒤 히라이와와 오리하타는 아카사카 빌딩 4층의 '아티스트 살롱'에서 회의를 하게 되었다. 회사가 가까운 나도 얼굴을 내밀어야겠다고 마음먹었다.

회의에서는 '빨리 하자', 'NPO법인으로 빨리 세우는 게 좋겠다', '실험적으로 무슨 프로그램 같은 걸 만들어보자' 등의 의견이 나왔지만 어찌 되었든 실행 멤버는 히라이와와 오리하타, 월급쟁이 두 사람이다. 나는 좀체 운신의 여지가 없었다.

'육아환경' 개선을 위해서도 방과 후 개혁이 필요하긴 한데……. 히라이와는 딸아이가 초등학교에 들어갈 때까지는 뭔가 사회에 돌멩이 하나라도 던지고 싶다면서 아이디어를 짜냈다.

아이들이 모이지 않는다

결국 히라이와는 자기가 사는 지역에서 실적을 쌓아, 신뢰를 구축하는 게 최고의 지름길이라고 생각했다. '지역'이란 다름 아닌 히라이와가 사는 도쿄의 세타가야 구였다. 구청에서 주최한 세타가야 '지역 커뮤니티 활성화 지원사업'에 응모한 결과 약 140만 원의 지원금을 받게 되었다.

히라이와는 심사 과정에서 구청 측과 이야기를 나누었다. 구청 쪽에서도 '젊은 피'의 '코디네이션 능력'과 '아이디어'를 찾고 있다는 점을 알았고, 앞으로 제휴할 기대감도 가졌다고 한다.

어쨌든 하나라도 방과 후 프로그램을 시작하자 싶어, 첫 프로그램은 시부이치에게 시민교사를 맡아달라고 부탁하게 되었다. 마침 그는 세타가야 구민이기도 해서 시민교사로 딱 맞았다.

요리실을 쓸 수 있는 시설에 대해 구청에 물어보니, 몇 군데 선택할 만한 곳을 알려주었다. 히라이와는 지역회관 요리실 등을 물색하였으나 시설 규모나 사용 가능한 조리기구 등 별로 마음에 드는 시설을 만나지 못했다.

후보지 중에 야마자키(山崎) 중학교의 가정과 실습실이 있었다. 학교가 끝난 뒤 개방이 되느냐가 관건이었으므로 살펴보러 갔다. 만든 지 얼마 안 되어 넓고, 커다란 탁자 8개를 4명씩 쓴다면 32명까지 수용할 수 있을 거라고 확인했다. 가스도 두 군데 있고 전자레인지도 쓸 수 있었다.

여기 정도면 시부이치도 수긍할 만하다. 진짜 요리사가 펼치는 방과 후 프로그램을 틀림없이 할 수 있다.

히라이와는 야마자키 중학교로 정했다. 2005년 11월 23일, 근로감사의 날에 부모와 함께하는 '진짜 요리를 만들자!' 강좌를 열기로 했다.

하지만 원래 목표가 '지속형 강좌'이니 평일 방과 후에 학교에서 열 것이다. 그래서 다음 달 12월, 히라이와가 쉬는 수요일 4주간에 걸쳐 방과 후 요리강좌 '요리점의 맛!'을 열기로 했다. 이 프로그램도 시부이치의 우오신 그룹에 시민교사를 맡기기로 하고 양해를 얻었다. 시간은 오후 3시부터 5시 반까지인데, 요리강좌에 들어가기 전에 자원봉사 대학생 스태프가 아이들의 숙제를 봐주는 '티칭 룸teaching room' 시간을 마련하기로 했다.

다만 12월 4주간 내리 연속되는 강좌이기 때문에 평일에 야마자키 중학교를 계속 쓸 수가 없었다. 장소는 시부이치의 빌딩에서 가까운 다이자와(代沢) 지역회관으로 정했다.

학생을 모집하기 시작했다.

시부이치와 사전에 협의해서 재료비, 강사비, 장소 사용료는 그다지 들지 않으리라 판단했다. 우선은 강좌 개최에 대해 지역 아이들에게 알리고, 지원금에서 얼마간 사용해 컬러로 광고지를 대량 인쇄했다.

오리하타는 직장 업무를 보면서, 휴일이나 업무 시간 외에 짬을 내서 광고지를 배포하느라 바빴다. 처음에는 세타가야 구의 아동관과 도서관을 찾아다녔다.

"세타가야 구에서 지원금을 받고 있습니다."

그렇게 설명해도 주민들 입장에서는 듣도 보도 못한 임의단체였다. 좌우간 수상쩍게 보았다.

저출산 때문에 아동 모집에 고생하는 아동관으로서는 라이벌처럼 여겨졌을지도 모르겠다. 시설 관리자들은 대개 "그쪽에 놔두세요"하며, 아무도 눈길을 주지 않는 복도 구석의 선반에다 광고지를 놓아두게 했다. 시설로 들어가 나눠주는 것마저 허락하지 않았다. 좌우간 차가웠다.

오리하타는 시모기타자와(下北沢) 상점가까지 나가서 지역 상점주들과도 접촉했으나, "모르는 놈에게 아이들을 소개할 수 없다. 멋대로 이 지역에 들어오지 마라"는 소리를 들었다. 시간을 들여 인맥을 넓혀가는 것이 얼마나 중요한지 통감했다.

회사를 쉬는 수요일에 히라이와는 그 지역 공립 초등학교를 돌았다. 그러나 이 역시 실적도 신용도 없던 까닭에 문전박대를 당하기 일쑤였다.

"학원도 아니고, 동아리도 아니고, 교습도 아닌 또 하나의 학교. 세타가야 구 애프터스쿨 강좌에 참가하세요!"라든가 "학교에선 가르쳐주지 않는 체험을 꼭!"이라고 적혀 있어, 학교의 존재를 부정하는 유에

속한다고 오해하는 것인지도 모른다.

　드물게 "알겠습니다. 학생들에게 나눠주겠습니다" 하며 다량의 광고지를 받아준 교장 선생님도 있지만, 실제로 어떻게 했는지는 불분명하다.

　강좌를 여는 날이 다가왔다.

　그러나 참가 신청을 받는 연락처인 히라이와의 휴대전화는 울리지 않았고, 이메일 응모도 없었다. 머리 숙여 시민교사를 부탁했던 수염 영감에게서 벼락이 떨어질 게 분명했다.

　히라이와도 오리하타도 초조해져서, 아이들이 노는 공원을 찾아 직접 광고지를 배포하기까지 해봤다. 그러나 수상한 사람으로만 여겨질 뿐이었다.

　요즘 학교에서는 "모르는 사람이 말을 걸면 조심하라"든가 "무시하고 도망가라"고 가르치고 있기 때문인지 아이들에게 말조차 붙일 수 없었다.

　남은 수단은 뻔했다. 히라이와는 아는 사람들에게 일일이 연락해 참가를 권했다. 그러고는 친구의 딸이나 그애의 친구 등 마침내 참가자 몇 명을 모았다. 11월 23일 당일을 맞았다. 아이들 수보다 스태프 수가 더 많았다. 그럼에도 시부이치는 "기념할 만한 첫 회니까" 하면서 제자인 주방장까지 데리고 야마자키 중학교로 왔다.

　시부이치의 요리강좌는 '제철 식재료'에 속하는 무를 주제로 잡았다.

　값싼 무를 갖고도 전문가처럼 연구하면 맛있는 요리로 만들 수 있고, 가족이 식탁으로 되돌아온다. 그 비결을 조금이나마 전해주고 싶었다고 한다.

'매실장아찌 된장을 얹은 후로후키(風呂吹き, 무 다시마조림) 무', '무껍질조림', '무나물밥' 등 아이들과 함께 만든 모든 음식이 맛있게 완성되었다. 요리가 완성된 다음에는 시민교사와 일손을 도운 대학생 스태프들 그리고 아이들이 전부 탁자 주위에 모였다.

후로후키 요리에는 무의 몸통을 사용했고 껍질조림에는 말린 무껍질을 썼으며, 푸른 무청을 잘게 썰어넣고 밥을 지었다. 이로써 무는 버릴 게 없다는 사실을 아이들이 알았다.

아이들은 일급 주방장에게 식칼 사용법을 직접 지도받았다. 집에서 도울 때는 실감하지 못했던 전문가의 비법을 직접 목도한 것이다. 강좌를 지켜보던 히라이와도 '진짜배기는 정말 다르군!' 하고 확신했다 한다.

방과 후 강좌가 끝나 뒷정리를 하고, 청소한 것을 확인한 뒤 스태프들과 시민교사에게 고맙다는 인사를 하고는 학교를 뒤로했다. 서쪽 하늘에 진홍빛 노을이 물들어 있었다. '아이들이 기뻐했어. 힘들긴 했지만 약간 좋은 일을 해낸 거야'. 히라이와는 회사 업무에서는 절대 맛볼 수 없는 충만감을 느꼈다. 늘 좋아해온 노을을 바라보며 '이런 순간을 맛보는 게 버릇이 될 것 같다'고 느꼈다.

이렇게 임의단체인 '방과 후 NPO 애프터스쿨'이 출범했다. 그때까지는 NPO 법인이라는 게 없었지만, 장차 전국에서 방과 후 NPO가 태어나고 자신들이 그 선봉이 되었으면 하는 소망에서 그런 이름을 지었다.

이런 기세라면 12월부터 여는 연속 강좌도 해낼 것이 분명했다.

그런데 또다시 참가 신청이 없었다. 간구하는 심정으로 신청자를 기

166

다리던 히라이와였지만, 어찌 된 일인지 강좌 전날 아침까지도 신청자가 전혀 없었다. 시부이치가 뭐라고 할까.

"유감스럽지만, 내일 강좌는 중지합니다."

히라이와가 시부이치에게 전화했다. 그 말에 나도 충격을 받았는데, 한 스태프가 "민생위원(民生委員)인 스토 게이코(須藤啓子) 씨와 상담해보면 어떨까요?" 하고 말했다.

그 스태프는 영유아를 양육하는 어머니를 위한 지원활동사업 과정에서 스토를 알았다고 한다. 스토는 곧바로 대처하여 몇 시간 만에 6명의 참가 아동을 모아줬다.

저녁에 다시 시부이치에게 전화를 걸었다.

"역시, 개최하게 해주십시오!"

"좋아, 괜찮으니 해!"

시부이치도 '이미 한배를 타버렸으니' 싶은, 다소 혼란을 각오하고 히라이와의 부탁을 들어주었다.

그 뒤에는 평균 10명 안팎으로 참가자를 모으는 정도가 되었다. 스토도 요리강좌 스태프로 참여했다. "나도 꼬박꼬박 수강하고 싶을 정도예요" 하며 그녀는 매번 진짜배기 기술을 관심 깊게 지켜보았다.

그다음에도 스토는 자청해서 근처 빵집에 광고지를 붙여주겠다는 식으로 주도적이고 적극적으로 움직였다. 히라이와는 지역에서 오랫동안 활동해 신뢰를 얻는 사람의 커뮤니케이션이 가지는 힘을 실감했다. 광고지를 대량으로 인쇄하는 일 따위는 더 이상 하지 않았다.

개최 장소를 다이자와 지역회관으로 옮긴 다음에도 시부이치의 요리강좌는 호평이었다.

수강생이 너무 많이 늘어나도 좋지 않으니까 초등 4학년 이상을 대상으로 제한하고, 참가비도 1회에 약 7천 원으로 정해 아이들을 모으기로 했다(현재는 재료비만 받는다).

수염 영감의 메시지

2006년 새해가 밝고 2월부터는 전과 같이 다이자와 지역회관에서 '손님 접대 본격 요리'라는 제목으로 6회 연속 방과 후 강좌를 열었다.

오후 2시 반부터 3시까지는 숙제 시간. 3시부터 3시 반까지는 시부이치의 강의. 3시 반부터 5시까지는 요리실습. 5시부터는 뒷정리다.

시부이치는 매번 요리에 관한 강의를 했다. 마음을 채우는 식탁, 다시 생각해보는 식생활, 요리의 기초, 조미료의 기본, 식사예절, 음식 접대 등의 내용은 초등학교 고학년 이상이어야 이해할 수 있을 것이라고 생각했다. 강의는 실습 메뉴에 따라서 내용을 정했다. '조미료의 기본' 강의 후에는 소금을 친 '자반 전갱이'와 식초에 절인 '전어 초절임', 간장으로 조린 '정어리 조림' 만들기에도 도전해보았다. 싱싱한 생선을 많이 준비하고, 요리에 따라 조미료를 구분하여 쓴다.

시부이치는 우선 배를 가르고 뼈를 바르면서 척척 생선을 다듬는다. 아이들은 조용해지고, 그저 시부이치의 손끝만 바라본다. 전문가가 먼저 기량을 선보이고 그것을 본 제자들이 머릿속에 남은 이미지를 되살려 따라 하는 식이다.

시부이치는 지금까지 많은 제자들을 요리사로 길러내고 다양한 교육사업에도 관여해왔다. 기술을 가르칠 때면 항상 참고해온 말이 있다고 한다.

"해서 보여주고, 말로 들려주고, 시켜보고, 칭찬해주지 않으면 사람은 움직이지 않으리니!"

야마모토 이소로쿠(山本五十六) 제독이 한 말이라고 알려졌으나, 원래는 에도 시대 요네자와(米沢) 번의 번주였던 우에스기 요잔(上杉鷹山)이 말한 "해서 보여주고, 말로 들려주고, 시켜본다"라는 말을 응용한 거라고도 한다. 야마모토의 이 말을 이어받아 여러 방과 후 강좌가 열려야 한다고 시부이치는 생각한다.

요리실습에 앞서, 커다란 일본 지도를 펼쳐놓고 식재료의 생산지를 아이들과 퀴즈 형식으로 알아보는 것도 요리강좌의 단골 메뉴가 되었다. 요리만 배우는 게 아니라 그걸 통해 다양한 것을 배우는 것이다. 진짜 요리사가 되려면 식자재도 익히면서 사회도 배우고 폭넓게 지식을 쌓아야 한다는 점을 어린 제자들에게 가르쳤다.

"생선에 소금을 뿌리는 요령도 생선살의 두께에 따라 다 다르단 말이야."

"생선살을 식초에 절일 때는 잽싸게 하는 거야."

시부이치의 세심한 지도 아래, 자기들이 완성한 요리를 "맛있다!"며 시식하는 아이들.

"생선조림에 매실청을 넣는 요령은 앞으로도 잊고 싶지 않다."

"회 같은 날생선은 사실 좋아하지 않았는데, 오늘 전어 초절임을 먹고 생각이 달라졌다. 또 먹고 싶다."

아이들만이 아니다.

"요리를 계기로 오랜만에 아이와 깊은 대화를 나눌 수 있었습니다."

부모들도 기쁘게 감상을 토로했다.

소년 재료왕

시부이치의 강좌에 거의 매번 참가하던, 당시 초등 5학년 소년이 있었다. 덩치는 컸지만 운동이나 공부를 잘할 타입은 아니었다. 하지만 그 아이는 매번 식재료 퀴즈의 정답을 맞히곤 해서 다른 아이들이 '재료왕'이라고 부르게 되었다.

현재 중학생이 된 그 소년은 장차 요리전문학교에 진학할 생각이다. 시부이치는 아이들이 꼭 요리사가 되길 바란 건 아니다. 그러나 진짜배기와 접한 아이들 중 하나가 몇 년간에 걸쳐 가슴 한구석에 요리에 대한 마음을 품고 있다가 장래희망으로 여기게 된 것은 틀림없는 사실이었다.

소년의 어머니는 이렇게 회상한다.

그 시절, 큰애는 자신감이 없고 풀이 죽어 있었어요. 공부도 운동도 별로였지요. 게다가 손재주도 없고 내적 성장도 더뎌서 친구가 적었기 때문에 학교생활을 재미없어 했어요. 동급생들은 뭐든 솜씨 있게 해내는데, 재주 없고 굼뜬 우리 아들은 잘 섞이지 못해 괴로워했지요.

그때 아동관에서 애프터스쿨의 요리강좌 광고지를 발견했습니다. 큰아이는 원래 음식을 먹거나 만드는 일에 흥미가 있었어요. 비용 부담도 적고, 고급 일식점을 하는 분을 강사 선생님으로 뵙는다는 데 굉장히 매력을 느껴 신청했어요.

실제로 참가해보니 학교에서 하는 요리실습과 달리 인원도 적고 분위기도 훈훈했습니다. 강사 선생님도 친절하셨고요. 오랫동안 전문 음식점을 운영해오신 시민교사의 가르침은 학교 선생님과는 색다르게 전문적인 데다 설득력이 있었어요.

시민교사는 매번 정성껏 요리를 가르쳐주셨고, 무슨 요리든 진짜 맛있었다고 그래요. 제가 만드는 것과는 전혀 다른 요리였습니다. 즉석식품에 의존해온 평소 제 요리에 익숙한 아들은 국물 내는 법부터 배우고, 배우면서 음식 본연의 맛을 깨달았다고 해요.

건어물 만들기는 좀처럼 경험할 수 없는 일이라고 생각했습니다만, 만든 것을 집으로 가져왔을 때는 깜짝 놀랐어요. 요리에 열중해 있는 동안 밖에서 재료를 말렸는데 까마귀인지 뭔지가 반이나 가져가버린 해프닝도 있었고, 즐거운 방과 후 요리교실이었지요.

몇 번 요리교실을 다녀오더니 우리 아들은 선생님에게 배운 대로 조리기구나 조미료를 척척 꺼낼 수 있게 되었죠. 진짜 음식점 주방에서 일하는 듯한 감각을 맛본 모양이에요. 남자아이들이 적어서 마지막에는 진짜 '제자'처럼 귀여움을 받았지요.

학교생활도 즐겁지 않고 재주가 없어 자신감을 잃었던 아들은 선생님께 신뢰를 받고 기뻤다고 해요. 자신이 생긴 거지요. 식칼로 재료를 써는 데도 익숙해지고, 차츰 재주도 늘어서 이제는 전보다 훨씬 칼질도 잘해요.

강좌 때 우리 고장에서 나는 재료에 대한 이야기가 나왔을 때, 지리 과목을 잘하는 큰아이가 척척 지역 생산물을 맞춰 선생님께 칭찬받은 것도 대만족이었던 것 같아요.

요리교실을 체험하고 나서는 예전보다 훨씬 시야가 넓어졌습니다. 아들이 잘하는 것을 저도 깨닫게 되었고요. 요리교실을 계기로 아이의 생각도 변했다고 생각해요. 학교생활에서 스트레스도 적어지고 동급생들과의 관계도 좋아졌지요. 편식도 어느새 사라졌고요.

아들은 집에서 자주 요리 이야기를 화제로 꺼내요. 제가 요리하는 것도 많이 도와주고요. 중학교 3학년이 된 지금은 제가 없을 때 혼자서 부엌을 독차지하고 아빠와 여동생에게 요리를 만들어 차려주니 제게는 굉장히 도움이 되지요. 맛을 내는 건 또래에 비해 솜씨가 좋고 실패하는 적도 없어요. 이것저것 궁리하면서 음식의 모양새에도 신경을 씁니다. 언제부터인가 만드는 순서, 조미료 궁합, 재료 생산지 같은 것을 훤히 꿰고 있어서 저를 놀라게 한 적도 있어요.

아들은 작년에 서양요리 동아리에 들어갔어요. 먹는 데만 만족하는 게 아니라, 선생님 말씀도 잘 들으면서 열심히 자발적으로 활동한다고 해요. 이제 진로를 생각해야 할 시기가 왔습니다. 장래에 요리 쪽으로 나아가는 것도 생각하고 있대요.

방과 후 요리교실을 만나게 되어 아들은 웃음을 되찾고 눈에 생기가 돌아왔습니다. 매우 긍정적인 자극이 되었다고 생각해요. 애프터스쿨에서 일하시는 분들의 뒷받침 덕에 이렇게까지 듬직하게 자랄 수 있었구나 싶지요. 아이가 자신감을 되찾고 웃는 얼굴이 되어 저도 기운이 나요. 이러한 기회를 주셔서 대단히 감사합니다. 고마웠습니다. 앞으로도 잘 부탁드립니다.

강좌의 성과는 이 밖에도 있었다.

"선생님, 안녕하세요?"

시부이치가 길을 가는데 등 뒤에서 씩씩하게 인사를 건네는 아이가 있었다. '선생님' 같은 소리는 한 번도 들어본 적이 없는 터라 처음에는 알아채지 못했는데, 돌아보니 과연 자기를 부른 것이었다. 강좌에서 얼굴을 본 적이 있는 아이였다. 시부이치는 "오, 잘 지냈니?" 하는 정도로 가볍게 받아주었다. 사소한 일이었지만 이것이야말로 방과 후 강좌가 '지역사회'에 가져다준 최초의 성과가 아닌가 싶다.

험상궂은 수염 영감이 동네에서 아이들과 스스럼없이 대화하게 되었다. 아이들은 기술을 보여준 시부이치에게 존경심을 품기 시작한 게 분명하다. 앞으로는 동네 편의점 앞에 아이들이 심드렁한 얼굴로 몰려 있는 걸 보면, 시부이치도 강좌를 권해보겠다고 한다. 솔직히 아이들 역시 부모나 선생님보다는 시민교사의 말에 귀를 기울일 것이다.

처음 학교에 들어갔다!

히라이와는 강좌를 개발하면서 함부로 종류를 늘리지 않았다. 생활의 기반이 되는 '의식주'를 세 축으로 삼겠다고 정했다.

'식' 강좌의 발전된 형태로 아이들에게 농촌 체험을 시켜주고 싶다고 세타가야 구에 제안해서, 지역 안의 '흙과 농사 교류원'•과 함께 주최하게 되었다.

아이들은 지역 노인들이 소중한 작물을 기르는 교류 농원에 갈 일이 좀처럼 없다. "아이들이 농원을 어지럽히고, 허락 없이 작물을 뽑아가면 어쩔 거냐?"며 걱정하는 어르신들도 있었으나 히라이와가 그들을 정중히 설득했다.

당일에는 비가 내렸다. 노인들 심기가 더 불편하지 않을까, 히라이와는 불안했다. 그러나 막상 강좌를 시작하니 그들의 행동은 예상과 전혀 달랐다.

아이들을 친손자처럼 귀여워하는 모습이 여기저기서 눈에 띄었다.

• 세타가야 구에서 직접 운영하는 평생학습 농원. 지역의 60세 이상 노인들이 저렴하게 원예 및 농사, 조경 등을 배운다.

아이들은 덜 익은 키위도 만져보고, 가지와 오이와 꽃도 수확하고, 생나무 울타리 만들기에도 도전할 기회를 얻었다.

강좌가 끝날 때 아이들은 전부 다 들 수 없을 만큼 많은 꽃과 채소를 선물받았다.

조금씩 세타가야 주민들의 신뢰를 얻어갔다. 히라이와도 참가자 부모들에게 설문조사를 해가며 의사소통의 깊이를 더해갔다. 학부모와 직접 만나면 "언젠가는 여러 학교에서 방과 후 강좌를 개최하고 싶습니다. 그런데 학교에 좀체 들어갈 수 없어서……"라고 상담을 하곤 했다.

그러던 어느 날, 강좌 수강생의 한 학부모가 "우리 초등학교에서 방과 후 강좌를 열지 않겠습니까?" 하고 제안해왔다. 그 학부모는 구(區)에서 하는 방과 후 사업 '신BOP'의 스태프였던 것이다.

소개받은 곳은 이케노우에(池之上) 초등학교로 다이자와 지역회관 근처였다. 최초로 공립 초등학교의 문이 열린 것이다. 한때 수상한 사람으로 취급받던 히라이와 오리하타는 감개가 무량했다.

두 사람은 학교에서 처음 여는 방과 후 강좌에 시민교사로 '나와레인저(縄★レンジャー)'•를 초빙했다. 나와레인저는 줄넘기 퍼포먼스를 전문으로 하는 유명한 집단이다.

2006년 가을, 레드 · 블루 · 핑크 레인저들이 3주 연거푸 이케노우에 초등학교 체육관으로 몰려왔다. 지역회관에서 일일이 아이들을 모으

• 각기 다른 장기를 자랑하는 분홍, 빨강, 파랑, 보라 4명의 레인저로 구성된 줄넘기(나와토비縄跳び) 퍼포먼스 집단. 2012년 제8회 대한민국 청소년박람회에 초청받아 방한한 바 있다.

던 때와는 정말 달랐다. 아이들이 매번 40명이나 참가했다.

아이들은 나와레인저의 퍼포먼스에 압도당했고, 두 개의 줄넘기를 서로 반대로 엇갈려 돌리며 뛰는 더블더치Doube Dutch를 거듭 연습했다. 줄넘기의 재미를 새삼 느끼곤 "장래희망이 나와레인저 멤버가 되는 것"이라고 하는 남자아이까지 나왔다. 언제나 똑같던 방과 후가 조금 달라졌다.

지금까지는 강좌의 시민교사에게 회당 사례비로 약 7만 원을 지급했다. 그러나 도구비와 교통비 등을 감안하면 사실상 밥값에 지나지 않는다. 이 금액으로는 먹고살 수가 없다. 나와레인저에게는 지방 공연에 비해 수지가 안 맞는 게 분명하지만, 히라이와가 '방과 후 아이들을 풍요롭게 해주자'며 끈덕지게 부탁한 끝에 겨우 납득시켰다.

실패에서 배운다

2006년 가을에 히라이와와 오리하타는 세타가야 구의 초등학교 방과 후 사업 '신BOP'에 들어갈 수 있었다. 그리고 강좌를 펼치면서도 늘 어떻게 하면 더 매력적으로 만들 수 있을까를 생각했다.

실패로부터 배우는 경우도 많았다.

초기부터 시민교사로 활동한 오구라 준코(小倉順子)의 '과자 만들기' 강좌가 있었다. 2005년 12월에 크리스마스 케이크 '부쉬 드 노엘Buche de Noel' 강좌를 개설했는데, 다음 해 봄 다이자와 지역회관에서 9주짜리 과자 만들기 강좌를 개최했어야 할 만큼 인기였다.

참가비는 1회당 재료비 4천 원으로, 늘 어린이들이 들어차서 매주 15명 정도가 비좁은 실습실에 모였다. 여러 초등학교 아이들이 참가했고, 소문을 듣고 오는 사립 초등학교 아이들도 있었다.

오구라 선생은 그 지역에서 제과 솜씨로 이름이 꽤 알려진 사람이어서 히라이와는 좋은 선생님을 소개받았다며 기뻐했다.

브라우니, 딸기 바바루아, 마들렌, 딸기 잼, 쉬폰 케이크, 티라미수 등 아이들은 마지막에 자신이 만든 과자를 집에 선물로 들고 가는 걸 즐거워했다. "아빠랑 엄마랑 오빠가 항상 가져오는 걸 기다려요"라고 말하는 아이도 있었다.

오구라 선생이 나눠주는 알기 쉬운 조리법을 아이들은 소중한 물건마냥 책가방에 집어넣곤 했다.

봄학기 강좌가 호평을 받았기 때문에, 가을학기 때 다시 오구라 선생에게 프로그램을 의뢰했다. 이때 히라이와는 한 가지 실험을 했다.

같은 날 같은 장소인 지역회관에서 '과자 만들기'와 '손뜨개 교실'을 동시에 열었다. '의식주' 가운데 의생활 강좌로 첫 번째 뜨개질 시민교사를 모신 것이다.

구보타 지카코(窪田千加子)는 일본편물문화협회 손뜨개 지도사 자격을 갖고 있었다. 그해 봄에 열렸던 '다이자와 시끌벅적 축제'에서 히라이와와 아는 사이가 된 사람이었다. 다른 부스에서 소품을 팔던 구보타에게 히라이와가 말을 건넨 게 계기였다. 이때부터 히라이와는 물론 오리하타 역시 사람을 만나면 항상 이렇게 생각하게 되었다고 한다.

'어떤 분야의 시민교사가 어울릴까?', '사람을 만나면 시민교사라고 생각해라.' 이런 식의 태도는 이젠 아예 습관이 돼버렸다.

반년 뒤에, 구보타는 자기 친구도 데려와서 아이들의 손뜨개 교사가 되었다. 수강료는 9천 원짜리 뜨개바늘을 구입하는 것 외에는 1회당 참가비 4천 원이었다. 털실로 짜는 마스코트와 휴대전화 케이스는 1회 강좌로 완성할 수 있다. 목도리나 크리스마스 리스(화환)는 2회 연속 강좌로 만들었다.

애초에 히라이와는 인기 만점인 과자 만들기 강좌에 들어가지 못한 아이들에게 손뜨개 교실을 소개해주려고 생각했다. 하지만 막상 뚜껑을 열어보니 정반대의 결과가 나왔다. 과자 강좌가 고작 10명인 반면, 손뜨개 강좌는 평균 15명이 넘는 아이들이 몰렸다. 뜨개질 인기가 승리한 것이다.

회의실에서 열리는 '손뜨개 강좌'는 긴 책상을 잇대어 두 줄로 늘어놓고, 아이들이 서로 마주 앉아서 그 사이를 선생님이 바쁘게 돌며 지도했다.

뜨개질을 처음 해본다는 아이도 많았지만 모두 진지한 태도로 임해서 속속 귀여운 작품을 만들어냈다. "계속 같은 방식으로 짜다 보니 익숙해졌다"며 좋아하는 아이도 있었고, 수업이 끝나고 집에 가서 계속 뜨는 아이들도 있었다. 크리스마스 리스 만들기에는 사내아이가 참가하기도 했다.

과자 만들기 강좌는 인기를 잃은 걸까?

히라이와가 손뜨개로 강좌를 옮겨간 아이 부모에게 물어보았다.

"그렇게 인기 있던 과자 강좌 참가가 줄었는데, 왜 그럴까요?"

"잘은 모르겠는데, 우리 아이가 '과자 만들기는 너무 쉬워'라고 말하더군요."

"아, 그게 문제였구나!"

히라이와에게 짚이는 점이 있었다.

제한된 시간 동안 아이들에게 되도록 맛있는 과자를 먹이고 싶은 마음에 오구라도 스태프들도 열심히 공을 들여 준비를 했다. 아이들 인원을 파악한 뒤 미리 1인당 재료를 나누어 준비하고, 만드는 순서도 미리 점검해두는 식이다. 재료비 명목으로 걷는 4천 원이 마음에 걸린 탓도 있었다. 재료비를 받고 있으니 되도록 잘 만들게 도와주자는 생각이었던 것이다.

하지만 그건 '너무 지나친 배려'로서 어느새 강좌의 매력을 갉아먹고 있었다. 각자 배당받은 재료를 섞어서 굽기만 하면 끝이니, 아이들이 재미있을 턱이 없다. 반면 손뜨개 강좌는 뜨개질을 처음 해보는 아이들에게도 난이도가 적당했다.

이 일이 히라이와에게는 큰 공부가 되었다고 한다. 방과 후는 원래 노는 시간이다. 좌우지간 한번 해보고 체험해보는 거다. 실패해도 괜찮다. 스태프들은 실패해도 수습하는 법만 가르칠 뿐 섣불리 나서지 않는다. 그날 끝내지 못해도 좋다. 실패도 귀중한 체험이다. TV에 나오는 '3분 요리' 같은 방식은 피하기로 마음먹었다.

직장을 그만두기로 결심하다

휴일마다 '방과 후 강좌'의 광고지를 돌리고, 수상한 사람 취급을 받으면서도 '방과 후를 바꾸겠다'는 오리하타의 생각은 나날이 굳세졌다.

가로세로 10×15센티미터 정도인 오리하타의 수첩에는 작은 글씨로, 마치 일기처럼 그날 있었던 일과 그날의 느낌 그리고 생각들이 빼곡하게 적혀 있다. 그는 고등학생 시절 1년 동안 미국에 유학 갔던 일이 계기가 되어 계속 기록하고 있다. 좋은 아이디어가 떠올라도 적는다. 글로 적으면 생각도 정리되고 자신에게도 정직해질 수 있다고 한다.

시부이치가 연 첫 번째 강좌 직전에 오리하타는 이렇게 적어놓았다.

2005년 11월 12일

드디어 애프터스쿨에 인생을 걸어보고 싶은 마음이 생긴다. NPO 교육지원협회에 회사 퇴직 상담을 했다. '그만둘 필요는 없다. 사업화는 국가와 기업의 협력이 반드시 필요하다. 전국 규모의 조직으로 만들지 않으면 먹고살기 힘든' 일이라는 조언을 들었다. 반면에 다른 스태프는 직장을 그만두라고 권한다. '2년 정도 월급 없이 살아도 죽지는 않을 거'라고 말한다. 하지만 히라이와 씨는 '학부모에게 돈을 받는 것이 아니다. 즉 비즈니스가 아닌' 거라며 자원봉사적인 성격을 생각하는 모양이다. 회사를 그만두고 한번 매달려보고 싶은데. 역시 돈 문제. 생활비가 문제다. 거기서 자꾸 막힌다.

그때 당시 아직 임의단체였던 '방과 후 NPO 애프터스쿨'에 오리하타는 인생을 걸어보고 싶다는 마음을 가지게 되었다.

이듬해 2006년 1월 4일, 오랜만에 아버지인 모토카즈를 만나 독립하는 문제를 다시금 의논해보기로 했다. 매년 정월 2일이나 3일쯤에는 도쿄 시내에 있는 부모 집에 다녀간다. 하지만 이번에는 '할 말이 있다'고 아버지와 미리 약속을 잡았다. 적어도 오리하타는 그렇게 생각했다.

일류 컨설턴트인 아버지는 아이디어도 인맥도 있을 터였다. 그리고 여유자금도 있을 것이 아닌가. 늘 '없다'고는 하지만. 그걸 혹시 내게 투자해줄 수는 없을까?

부모님 댁에 도착한 것은 오후 4시였다. 서로 소파에 마주 보고 앉았다. 오리하타는 진지하게 얘기를 꺼냈지만, 정초인 탓인지 아버지는 이미 와인 비슷한 걸 마시고 얼큰한 상태였다. 아버지의 태도만 봐도 바로 부정적인 입장이라는 것을 알 수 있었다. 사전에 이메일로 보낸 애프터스쿨 활동 소개서도 제대로 읽은 것 같지 않았다. 하지만 그런 것에 신경을 쓰고 있을 수는 없었다.

오리하타는 단숨에 밀어붙였다.

"이제까지 1년 반 동안 꾸준히 활동해왔어요. 아이들과 학부모 반응은 굉장히 좋고요. 조금만 더 밀면 본 궤도에 오를 것 같아요. 지금까지는 한 번도 부탁드린 적이 없지만 이제 진심으로 부탁드리고 싶은 일이 있습니다. 아버지의 인맥을 활용했으면 싶어요. 아버지가 상담하셨던 대기업 사람을 소개해주세요. 활동자금에 대한 협조를 얻고 싶어요. 신뢰할 수 있는 대기업 이름도 빌리고 싶습니다."

그러나 모토카즈는 완고했다.

"불가능해. 그걸 사업화하긴 어려워."

모토카즈는 활동의 의의나 내용에 대해서 애당초 이해하려고도 들지 않았다. 나중에 들어보니 모토카즈는 아들이 '아버지나 누나처럼 MBA를 취득하고 컨설턴트 직을 했으면' 하는 생각이었다고 한다. 시큰둥한 태도는 꿈을 포기하게 만들기 위한 것이었을까?

대화는 30분 만에 끝이 났다. 그대로 저녁을 먹었지만 아버지가 취해서 더 이상 이야기를 나눌 분위기도 아니었다. 가족이 한자리에 모인 설날 밥상에서 오리하타만 홀로 고개를 푹 숙이고 앉아 있었다.

그 무렵 오리하타는 애프터스쿨 활동만으로 살아갈 수 있느냐 없느냐 여부, 다시 말해서 사업화 가능성을 아버지가 소개하는 기업에서 원조받는 것으로 해결하려고 기대하고 있었다. 그것이 한순간에 물거품이 된 것이었다.

식사가 끝나자마자 바로 자기 아파트로 돌아온 오리하타는 일기장을 펼쳤다.

2006년 1월 4일

오늘은 아버지에게 프레젠테이션. 결국 아버지하고는 평생 가치관이 안 맞는다. 좋아하는 걸 해봐라, 힘내라, 하는 말을 들어본 적이 없다. 이번에는 은근히 기대했는데. 굉장히 슬프고 무기력한 느낌이 밀려온다. 비즈니스 모델이 불완전했던 건 인정하고 반성하지만······.

오리하타는 그래도 여전히 기분이 풀리지 않은 채로 컴퓨터 앞에 앉았다. 아버지에 대한 분노를 가득 담은 메일을 보냈다.

"진지하게 얘기하려 했는데, 정말 실망했다. 지난 1년 반 동안 준비한 끝에 결심을 하고 의논드린 건데, 아버지의 그 태도는······. 격려조차 해주지 않을 생각이신지?"

이 이메일에 아버지는 바로 답장을 보내왔다.

"그런 식으로 생각하고 있었던 거냐?"

하지만 컨설팅했던 대기업을 소개시켜준 게 아니었다. 그 대신 모토카즈는 리쿠르트 시절부터 알고 지내던, 도쿄의 스기나미(杉並) 구립 와다(和田) 중학교 교장 후지하라 가즈히로(藤原和博)*를 소개해주었다.

후지하라 교장은 리쿠르트사에 다니다가 교육계로 뛰어들어 '세상과목'**이라는 새로운 과목을 만드는 등 현실과 괴리된 감이 있던 교육계를 사회와 잇는 역할을 해왔다. 예를 들어 와다 중학교에서는 2003년부터 토요일 오전 동안 대학생 자원봉사자가 학습을 돕는 '토요 서

* 1955년 도쿄 출생. 도쿄 대학 경제학과 졸업. 민간인 최초의 교장이다. 새로운 교육 시도를 잇따라 발표하여 사회적 이슈를 만들고, 왕성한 저술활동을 펴는 제도권 내의 '교육 전도사'다. 현재 오사카 교육위원회의 특별고문으로 있다. 《우리 학교가 달라졌어요》, 《인생의 마지막 교과서》 등의 저서가 우리나라에 소개됐다.
** よのなか科, 각계각층의 사회인을 강사로 초청하여 사회 현장의 얘기를 들려주어 아이들이 장래 진로와 사회 상황을 가늠하게 해주는 정규수업 과목이다. 본문에서 소개하는 토요 서당 이외에도 와다 중학교는 정규교육과 사회교육을 접목하는 다양한 교육 방법을 시도한 것으로 널리 평가받고 있다.

당'을 시작하는 등 평범한 수업과는 다른 학습의 틀을 독자적으로 갖추려고 했다.

부모님 집을 방문하고 나서 3주일이 지난 어느 날, 오리하타는 후지하라 교장을 찾아갔다. 후지하라 교장은 교내를 안내하면서 오리하타에게 지역의 힘을 끌어들이는 교육 운영에 대해 설명했다. 하지만 오리하타가 기대했던 답은 얻을 수 없었다. 후지하라는 오리하타에게 이렇게 말했다고 한다.

"지역사회의 힘을 학교로 모으려면 내가 교장이 되는 게 가장 빠른 방법이라고 생각했어요. 그리고 이게 모델이 되어 전국으로 퍼지기를 바라고 있어요. 당신들 활동 역시 지역의 힘을 학교로 끌어들이려는 점에 공감합니다. 하지만 그건 사업화되지 않을 거예요. 여러 어른들을 데려와서 방과 후 강좌를 여는 구조는 돈이 될 수가 없어요. 자원봉사나 취미 정도로 생각하는 편이 낫지 않겠나 싶군요."

오리하타는 '방과 후 개혁을 사업화시키고 싶다. 이것으로 먹고살 수는 없을까?'라는 점에 주안점을 두고 있었지만 좀처럼 빛이 보이지 않았다.

거의 포기하려던 참에, 오리하타가 도전한 일이 있다.

대형 부동산회사가 '꿈'에 관한 계획을 모집했다. 구상한 계획을 글로 써서 일등에 뽑히면 꿈을 위한 자금으로 최고 1억 4천만 원을 탈 수 있는 데다, 꿈을 이룰 수 있도록 해당 지역 임대건물에 2년간 무료로 살 수 있다는 것이다. 오리하타의 희망사항과 딱 맞아떨어지는 내용이었다.

오리하타는 '일본 최초의 방과 후 전문가가 될 것이다!'라는 제목으로 글을 썼다.

　　며칠 전 강좌를 하면서 알게 된 사실은, 아이들과 부모들이 방과 후의 이런 기회와 장소를 원하고 있었다는 것이다. 참가한 아이들이 눈을 빛내며 흥미진진하게 강사와 한데 어울려 활동하는 모습이 정말 인상적이었다.

　　그 모습을 목도하고 뜻깊은 방과 후 계획에 인생을 걸고 싶었다. 그런데 이 방과 후 강좌를 꾸려가려면 회사에 다니면서 활동하기가 어렵다는 것을 실감했다.

　　방과 후 강좌는 주로 평일에 연다. 전문가인 시민교사를 모으고, 대학생 자원봉사자를 모집한다. 그리고 지역사회에 알리고, 학교나 교육위원회 등과 연계를 맺어야 하는 등 복잡한 일이기 때문에 충실한 활동을 하려면 어중간한 입장을 가져서는 안 된다고 통감했던 것이다.(중략)

　　어쨌든 나는 일본 최초의 방과 후 전문가가 되어서 모두에게 매력적인 방과 후 프로그램을 제공할 것이다.

　　저에게 일본의 방과 후를 바꿀 기회를 주십시오.

　　그러나 현실은 비정했고, '꿈' 작문은 낙선했다.

　　그런데 꿈이 깨진 그때, 다시금 오리하타에게 용기를 되찾게 한 사건이 일어났다. 2006년 5월, 정부가 방과 후에 관한 새로운 정책을 발표했던 것이다. 다음 해인 2007년부터 '방과 후 어린이 플랜'을 시작한다는 말이었다. 2004년부터 해오던 문부과학성의 '지역 어린이교실'과 후생노동성이 추진해오던 '방과 후 아동 클럽(=학동보육)'을 연계해 일체화하는 원칙을 전국 초등학교에 실시한다는 발표였다.

이 정책도 원래 도시지역에서 실시하던 '전아동대책사업'으로 재정난과 대기아동 문제에 시달리던 정부가 그 해결책으로 강구해낸 국가의 '고육지책'이었다. 그러나 마침내 국가 차원에서 '방과 후'라는 키워드를 전면에 내 건 점을 오리하타는 주목했다. 당시의 일기에는 이렇게 적혀 있다.

"방과 후 어린이 플랜이 발표됐다. 드디어 전국의 초등학교가 방과 후에 개방된다. 과연 이 흐름을 탈 수 있을까? 진짜 분기점이 왔다."

마침내 일본에서도 '방과 후'가 주목받게 될 것인가? 미국같이 본격적인 방과 후 개혁이 시작될까? 히라이와와 오리하타의 가슴은 기대감으로 부풀었다.

진전 없는 통합

'방과 후 어린이 클럽'의 기원은 2004년 문부과학성 관할 지역에서 긴급 3개년 계획으로 시작한 '지역 어린이교실'이었다. 주로 학교의 빈 교실이나 운동장, 체육관을 아이들의 거처(활동 근거지)로 개방하고 행정·NPO·각종 단체·기업·학교 등으로 구성된 추진협의회에서 사업을 운영했다. 첫해에 편성된 예산은 970억 원이었다.

목표는 안심할 수 있고 안전한 거처 확보, 다양한 활동 기획 제공, 지역사회의 새로운 연대 형성, 지역의 교육력 향상, 학력 향상 등이었다.

왜 이런 방과 후 대책이 긴급히 필요하게 되었느냐면, 머리말에서 언급했듯이 오늘날 아이들이 처한 심각한 상황 때문이다.

한편, 학동보육의 수요는 급증하는데 학동보육 신설이나 증설은 이를 쫓아가지 못해 대기아동 수가 늘어만 가고, 시설은 자꾸 대규모화되고 있었다. 대규모화로 인해 아이들의 스트레스가 쌓이고 사소한 일로도 다툼이 끊이질 않는다, 사고와 부상이 증가한다, 소란해서 진정이 안 된다, 얌전한 아이가 소외된다, 놀이나 활동에 제한을 받는다 등등 학동보육 주체들의 불만도 터져나왔다. 아이들 하나하나를 친절하게 보살필 수 없다는 얘기였다.

이에 대한 해소책으로 초등학교 구역 전체에 학동보육을 유치하여 대규모화를 막고, 시설당 30~40명의 적정한 규모로 학동보육을 하자고 학동보육 쪽에서 계속 정부에 압력을 가했다. 그러나 문제의식은 갖고 있었지만, 재정난에 시달리는 정부로서는 좀처럼 이에 부응하기 힘든 상태였다.

정부도 방과 후 안전대책이 시급하다는 점, 방과 후 학동보육이 부족하다는 점, 저출산화 경향에 대한 대책으로서 육아지원이 필요하다는 점을 충분히 인식하고 있었다. 그래서 정부는 한 가지 대책을 내놓았다.

그것이 '방과 후 어린이 플랜'이었다. 2006년 5월에 당시의 저출산화 담당 장관이던 이노구치 구니코(猪口邦子), 후생노동성 장관 가와사키 지로(川崎二郎), 문부과학성 장관 고사카 겐지(小坂憲次) 등 세 장관이 합의하여 플랜 창설을 발표했다. 이노구치 저출산화 담당 장관은 "학원에 다니지 않아도 학교에서 보충학습과 강습 등을 지도받을 수 있도록 하겠다. 이로써 학부모들의 교육비 부담도 경감시키고 안전대책도 될 것"이라고 설명했다.

'지역 어린이교실'과 '학동보육'을 '통합'시키면, 모든 희망자를 다 받아들일 수 있다. 즉 전체 아동이 대상자가 된다. 이치로만 따지면 대기 아동은 사라지게 된다.

이에 대해 학동보육 측은 "지역 어린이교실과는 성격이 다르다. 연계는 필요하지만 통합은 할 수 없다"고 반대했다.

알다시피 학동보육은 맞벌이 부모를 둔 대략 열 살 미만 아이들의 방과 후 생활을 지속적으로 돌보는 '보육' 측면을 중시한다. 반면에 '지역 어린이교실(새 명칭은 '방과 후 어린이교실')'은 전체 어린이의 거처를 확보하고, 지역의 보육 수준을 높이고, 다양한 체험 활동, 지역주민과의 교류를 꾀하는 '교육' 측면을 중시한다.

학동보육 측은 정부에 '통합시키지 말고 각자의 사업목적과 역할에 맞게 확충하면서 연대를 꾀할 수 있길' 바랐다. 통합이 추진되면 앞으로 학동보육은 폐지되지 않을까, 폐지까지는 안 되더라도 학동보육의 질이 떨어지지는 않을까 하고 우려했던 것이다. 현재 일하는 스태프들이 일자리를 잃을지도 모른다는 걱정도 있었다. 그렇지 않아도 학동보육 쪽은 2003년에 '지정 관리자 제도'(당시까지 공적 단체에만 맡기던 공공시설의 관리, 운영을 개정하여 민간업자에게도 일임할 수 있게 됨)를 도입한 이래, '공공설비

민영화'의 안정된 계약이 흔들리고 있었다.

지정 관리자가 운영하는 학동보육은 10%에 불과하지만 지도원의 인건비를 억제하는 방향으로 계속 압박이 심해지고 있었다. 2007년 전국학동보육연합회 조사에 따르면 지도원의 절반이 연봉 2100만 원 미만이다. 이 이상 어떻게 더 인건비를 억제해야 한단 말인가. 또 지도원의 70%는 비정규직이며, 40% 가까이는 사회보험 대상도 아니다.

인건비 억제로 비상근 직원이 늘어나면서 인원교체가 극심해지자 아이들을 고루 돌보기가 어려워지고, 부모들과의 협력체계도 쌓기 힘들게 되었다고 한다. 현재 전국에 학동보육 지도원은 약 6만 5천 명이지만, '장래 전망이 없다'는 등의 이유로 3년 동안 지도원의 절반이 퇴직하는 냉엄한 상황에 놓여 있다. 이러한 학동보육 관계자들의 우려를 외면하고 국가는 '방과 후 어린이 플랜'을 개시하기로 결정한 것이다.

'방과 후 어린이 플랜'에 대하여 국가는 2007년 12월에 조사를 벌이고, 전국 초등학교 지역의 70%에서 플랜이 실시되고 있다고 발표했다. 학동보육은 69%, 방과 후 어린이교실은 26%가 실시되고 있는데, 양쪽을 모두 실시하고 있는 것은 19%에 불과했다. 연계 및 통합은 진전되지 않았고 '통합 실시'는 고작 2.6%였다.

결국 이를 통해 느껴지는 건 상명하복 행정의 폐해다. 방과 후 어린이교실을 관장하는 곳은 문부과학성이고, 학동보육을 관장하는 곳은 후생노동성이다. 행정부의 관할을 뛰어넘는 통합이 금세 실현될 거라고 생각하는 국민은 별로 없을 것이다. 불가능한 이유는 얼마든지 언제나 생긴다.

학동보육을 이용하는 맞벌이 주부들은 '어째서 보육원을 그대로 이용할 수 없느냐?'고 자주 문의한다. 아이를 어렵게 보육원에 적응시켜 놨는데, 초등학교 입학과 동시에 보육원과의 끈이 떨어지기 때문이다. 만약에 보육원과 학동보육이 통합된다면 소위 말하는 '초등 1년생의 벽'은 대폭 낮아질 게 분명하다. 그러나 학동보육과 방과 후 어린이교실을 통합하지도 못하는 행정부에 그것까지 기대하기는 어려워 보인다.

왜 내용이 부실한가?

그보다 더 큰 문제는, 현행 '방과 후 어린이교실' 같은 방과 후 사업의 내용이 부실하다는 사실이다. 미국에서 본 선진적인 방과 후 NPO에 의한 프로그램과 비교하면 수준 차이가 현격하다.

특히 초등학교 고학년 이상이 매력을 느끼지 못하는 강좌가 많으며 실제로 방과 후 '거처'를 찾지 않는 아이들도 많다. 세타가야 구에서 운영하는 신BOP도 전체 아동의 85%가 등록은 하고 있지만, 고학년이 되면 모습을 감춘다고 한다.

애초에 '방과 후 어린이교실'의 실시율은, 전국 초등학교 수의 30%에 지나지 않는다. 그의 전신인 '지역 어린이교실'은 지도원의 인건비 등을 전액 국가에서 부담하여 8318개 학교에서 실시해왔다. 그것이 새

제도를 시행하면서 국가, 현, 시와 마을 단위로 비용을 3등분하여 부담하게 되었다. 그런 영향도 있고 해서 현재 6267개 학교로 감소했다.

인력 확보가 어렵다(64%), 장소 확보가 어렵다(47%), 예산 확보가 어렵다(41%), 문부과학성 보조금의 지속 여부가 불안하다(38%) 등등의 이유로 제대로 실행할 수가 없다고 한다(문부과학성, 복리후생성의 2007년 조사).

물론 내용이 부실한 것은 빠듯한 예산 탓도 있고 '지도원 등의 인재 확보'를 할 수 없는 탓도 있다. 그러나 일회성으로 끝내는 '너무 뻔한' 프로그램이 많은 게 사실이다. 비눗방울, 종이비행기, 종이접기, 카드놀이, 공놀이, 바둑, 장기 같은 프로그램은 일상적인 '놀이' 수준을 넘지 못한다. 좀 더 가슴 설레는 프로젝트, 아이들 가슴이 두근두근해질 '놀이'가 없을까?

미국에서 본 매력적인 방과 후 프로그램에는 공통된 특징이 있다. 본격적이고 실용적이고 지속적이었다. 아이들이 발표를 하고, 제3의 어른인 시민교사가 관여한다. 아이들을 어린애 취급하지 않는, 좀 더 수준 높은 프로그램이라 할 수 있다.

초등 고학년 이상의 아이들을 끌어들이려면 무엇보다 프로그램 자체가 매력적이어야 한다. 그리고 학부모도 매력을 느낄 수 있는 프로그램이어야 한다.

그다지 필요성을 느끼지 않는 학부모마저 아이를 학원에 보내는 이유는 지금까지 공공 차원에서 제공한 방과 후 거처가 매력적이지 않았기 때문이다.

게임보다 즐거운 매력적인 프로그램이 있다면, 훨씬 많은 아이들이 방과 후의 공적인 거처로 모일 것이다. 시중에서 파는 게임은 어른들이 온갖 지혜를 짜내 장기간에 걸쳐 개발한다.

그에 뒤지지 않을 만큼 방과 후 프로그램을 매력적으로 만들어야만 한다. 거기에다 '싸고 즐겁고 배울 만하다' 싶게 만들어야 학부모들도 아이를 다니게 할 것이다.

결국 '내용이 충실하며 질이 높고 매력적인 프로그램'이란, '게임보다 재미있고, 학원보다 유익한' 프로그램을 말한다. 본격적인 방과 후 개혁을 시작하기 위해서는 정부에만 기대지 말고, 사회 전체가 지혜를 짜내지 않으면 안 된다.

앞서 예로 들었던 비눗방울, 종이비행기, 종이접기, 카드놀이, 공놀이, 바둑, 장기 같은 것도 예컨대 각각 '전국에서 으뜸가는 달인'이 매주 한 번씩 10주 연속으로 찾아오면 단박에 즐겁고 매력적인 프로그램이 된다. 전국에서 제일가는 기량을 펼치면 아이들은 매료되고 제자로 입문할 것이다. 틀림없이 단순한 '놀이'만이 아니라 '배움'의 기회도 될 것이다.

매력적인 시민교사, 매력적인 진행자를 어떻게 찾고 어떻게 프로그램을 구성할 것인가? 그런 고도의 코디네이션 능력이야말로 프로그램의 질을 높이는 중요한 요소다.

풍요로운 방과 후도 돈으로 사나?

방과 후 강좌를 NPO가 아니라 기업이 주최하는 경우도 있기는 하다.

사기업이 경영하는 학동보육인 '키즈 베이스캠프Kid's base camp'는 안전하고 안심할 수 있는 풍요로운 방과 후를 아이들에게 마련해주고 싶어 하는 학부모들의 수요에 부응해 탄생했다. 시마네 타로(島根太郎) 대표는 "학동보육(시설)은 재미없다"는 아들의 말을 듣고 착상이 떠올라 사업을 시작해 2006년에 도쿄 세타가야 구에 개설한 뒤 도쿄를 중심으로 차례차례 업소를 늘려나갔다.

학교에서 시설로, 시설에서 집으로 아이들을 실어 보내는 건 버스다. 돌보는 기본 시간은 학교가 끝난 뒤부터 저녁 7시까지지만, 평일에 연장 서비스를 신청하면 밤 10시까지 아이를 맡아준다. 여름방학 같은 때는 아침 8시 반부터 시작하고 연장 서비스는 밤 10시까지다. 저녁밥은 선택 사항이다. 맞벌이 부부들의 요구에 세심하게 응하고 있으며, 정회원은 매주 정해진 요일을 이용하고, 학교에 다니는 동안 주 5회 이용하면 1개월 비용이 58만 원이다(2011년 4월부터 요금 변경 예정).

평일 오후에 키즈 베이스캠프에 모인 아이들은 우선 숙제부터 한다. 날씨가 좋으면 숙제를 마친 다음에 가까운 공원으로 놀러 간다. 시간을 보내는 방법은 아이들 스스로가 정하는 것이 기본 방침이다.

이용자들에게 큰 호응을 얻고 있는 이유는 아이를 맡긴 동안 벌이는 이벤트나 프로그램이 다양하기 때문이다. 예컨대 '키즈 MBA'는 아이들을 대상으로 한 커리어career 교육이다. 게임을 즐기며 자신이 끌리는 직업을 찾거나, 부모에게 직장 인터뷰를 하거나, 공장 견학을 하면서 장래의 꿈과 직업의식을 키운다. 또한 다른 문화를 접하게 하는 '잉글리시', 쓰레기 줍기 같은 것을 하는 '에코 자원봉사 키즈 연구소', 인사와 언어습관을 익히는 '예절과 생활기술' 등이 있다.

최근에는 맞벌이 부부들뿐만 아니라 전업주부들도 등록하고 싶다는 요구가 높아지고, 키즈 베이스캠프와 가까운 동네로 이사 오고 싶다는 상담도 들어온다고 한다.

시마네 대표는 키즈 베이스캠프가 학교와 가정을 뒤잇는 제3의 거처가 되길 바라며, 그날그날의 놀이와 생활을 통해 아이들이 사회성과 의사소통 능력을 습득하길 바라고 있다. 그리고 아이들 스스로 살고 싶은 인생을 개척하는 데 필요한 기반이 되어주고, 사회로 이어지는 품성을 키워준다는 목적을 갖고 있다.

도쿄의 미나토 구에 있는 학동보육 민간시설인 '간유샤(環優舎)'는 더욱 고급이다. 방에 피아노와 소파가 있고, 아이들은 하교 후에 제각각 원하는 방식으로 시간을 보낸다. 박물관이나 미술관을 방문하기도 하고 영어회화나 서예를 배울 때도 있지만, 강좌는 아이들이 피곤해하지 않을 정도만 한다. 그리고 자기 집처럼 편히 지낼 수 있는 공간을 제공하려고 노력한다. 아이들이 입은 체조복 등을 세탁도 해주고, 늦게 퇴근한 부모가 잠시 눈을 붙일 수 있는 수면실과 목욕실도 갖추고 있다. 그만큼 값이 비싸다. 주 5일 이용하려면 월 290만 원을 내야 한다. 부모들은 의사나 외국계 회사원, 정부기관에 근무하는 경우가 많다.

아이들에게 '살아가는 힘'을 키워주려면 학교가 끝난 뒤에 돈이 든다는 인식이 널리 퍼지고 있다. 하지만 그런 것들은 학원이나 교습강좌 등을 포함하여 어느 정도 소득이 높은 집만 가능하다.

노벨상 수상자인 노요리 료지(野依良治)는 국가의 '교육재생회의(2006년 12월 8일)'에서 다음과 같이 발언했다.

"학원을 금하고 방과 후 어린이 플랜에 보내야 한다. 뒤처진 아이들은 학원에 다닐 필요가 있지만, 중간 이상의 아이들에게는 학원을 금지해야 한다고 본다. 공교육을 재생시키는 대신에 학원을 금지해야 한다. 그런 정도의 입장은 표명해야 하지 않겠나."

노요리는 나다(灘) 중학교에서 나다 고등학교를 거쳐 교토 대학에 진학했다. 초등학교 시절, 학교가 끝난 뒤에 그가 어떻게 지냈는지는 그의 저서 《인생은 의도를 넘어─노벨 화학상까지의 길(人生は意圖を超えて─ノーベル化學賞への道)》에 적혀 있다. "하굣길은 으레 딴눈을 팔다가 제시간에 집에 들어간 적이 없어요. 들어가면 안 되는 숲 속이나 계곡 그리고 위험 지역까지 아랑곳 않고 드나들며 탐험놀이를 하고 마구 뛰어놀았지요."

갑자기 '학원 금지'를 시키면 학원업계가 뒤집어질 테지만, 노요리의 심정은 충분히 공감할 수 있다. 특히 일부 엘리트 꿈나무들은 별도로 치더라도, 초등학생 시절 내내 온종일 학원이나 교습강좌 따위로 아이들을 꽁꽁 얽어맬 것이 아니라 좀 더 다른 의미에서 풍요로운 방과 후를 보내도록 해주고 싶다.

값싸고, 안전하고, 안심할 수 있으면서 아이들이 '살아가는 힘'을 키울 방과 후를 사회 전체가 나서서 만들 수는 없을까? 그리고 아이와 부모에게 다 같이 매력적으로 보일 무언가를 만들려면 역시 방과 후 NPO라는 존재가 필요하지 않을까?

저, 회사 그만두겠습니다

2006년 5월, 정부에서 '방과 후 어린이 플랜'을 발표한 뒤, 오리하타는 진심으로 '방과 후'에 인생을 걸어보겠다고 생각하기 시작했다.

그의 말을 빌리자면 '지금, 방과 후가 온다'는 말이다.

"이제부터 방과 후는 주목받게 될 터이고, 우리가 하는 방과 후 코디네이션이 돈이 되는 시대가 머지않아 틀림없이 올 것이다."

오리하타는 그렇게 말하곤 했다. 하지만 구체적인 방법은 떠오르지 않았다. 그것으로 생활을 이어갈 수 있을지조차 확실치 않았다. 마음은 계속 흔들렸다.

> 2006년 7월 8일
>
> 역시 지금 회사를 그만두고 방과 후를 하는 건 용기가 필요. 게다가 먹고살 수 있을지 불안. 그런데 알아보니 과연 사회적 기업가는 만년 말단이다.

2006년 7월 모일

오랜만에 아카사카 수염 영감이 불렀다. 아저씨는 건축을 하고 싶은 모양이다. 우리처럼 의논만 하고 좀체 실행에 옮기지 못하는 자들은 못쓴다는 말을 들었다. 쩡하고 와 닿았다. 인맥 넓은 아저씨는 강하다. 때려치우고 이것에 목숨 걸 용기, 뛰쳐나올 용기…… 부족하다.

'아카사카 수염 영감' 빌딩에서 만나는 회합은 부정기적으로 계속되었다. 히라이와는 '의식주' 프로그램을 강조하고, 시부이치는 그중에서도 '주생활'을 강하게 밀어붙였다. 집짓기에는 다양한 직업인이 관여한다. 목수, 목재상, 타일공, 다다미 장인 등 집짓기를 통해 다양한 직종을 아이들에게 보여줄 수 있다고 생각한 것이다.

"진짜 집을 아이들과 함께 짓자. 빨리 집짓기 프로그램을 하자. 얼른 하자."

시부이치는 몇 번이나 주장했지만, 두 사람 다 그리 간단히 응할 수 없었다.

일기에서도 알 수 있듯이, 이 무렵에는 히라이와나 오리하타 둘 다 회사원으로서 일상 업무에 쫓기고 있었다. 회사원으로서 짬을 내 할 수 있는 건 그 정도가 최선이었다.

'집짓기'를 하게 되면 본격적으로 달려들어야 한다. 시간도 들고 비용도 든다.

오리하타도 고민하고 있었다. 직경 2밀리미터의 작은 글씨로 써놓은 일기에는 "(회사를) 때려치우고 이것에 목숨 걸 용기, 뛰쳐나올 용기…… 부족하다"라고 적혀 있다. 마지막의 '부족하다'라는 네 글자만 직경 1센티미터로 크게 쓰고, 글씨도 꾹꾹 눌러쓴 것처럼 보인다.

그럼에도 불구하고 회사원 생활에 종지부를 찍기로 결심한 오리하타는 예의 그 정초에 벌였던 아버지와의 교섭 결렬 이후 8개월 뒤에 다시 부모님 집으로 아버지를 찾아갔다.

그날 아버지는 취한 상태가 아니었다. 정초에 아들의 성난 이메일을 받고 난 뒤 아들의 각오를 심사숙고했기 때문이었다.

"아버지, 아파트를 빼려고 해요. 그러면 여기 와서 살아도 될까요? 들어오게 해주세요. 1년만이라도 좋아요. 집세 부담이 꽤 심해요."

그러나 모토카즈는 딱 잘라 거절했다.

"나도 싼 아파트에서 살았다. 네 힘으로 해봐라. 여차하면 도와줄 테니까."

부모 집으로 돌아오면 아들이 결국 직장을 그만둬버릴 것 아닌가? 아니, 벌써 퇴직을 결심한 것인지도 모른다. 아버지는 그렇게 직감했다.

2006년 8월 27일

언제나 아버지는 온통 비즈니스다. 내 등을 밀어준 적이 없다. 뭐랄까, 이해해주지 않는다는 사실보다 나이 든 아버지를 잘 대해드려야겠다 싶은 침울한 기분이다. 집으로 들어가는 건 거절당했다.

그 뒤 오리하타는 다시 한 번 '한잔하러 가자'고 아버지를 불러내어 선술집에 가서 부모님 집으로 들어가게 해달라고 부탁했지만, 거기서도 거절당했다. 이 무렵 오리하타는 3년을 걸고 한번 해보자고 생각하기 시작했다. 그래도 안 되면 다른 걸 생각해보자고 마음먹었다.

> 2006년 8월 30일
>
> NPO 세미나에서 실감 나는 이야기. 게이오 대학을 나온 사람이 NPO를 해서 연봉 2700만 원. 또 다른 사람은 친구의 회사 일을 돕고, NPO도 하고(연봉 1400만 원), 개인사업도 해서 연봉 8400만 원 안팎. 요컨대 겸업이 중요.

근래에 NPO를 세운 젊은이들이 '사회적 기업가'로 주목받고 있다. 오리하타가 참석했던 NPO 취직 세미나 같은 것도 증가하고 있다. 그러나 대다수 NPO의 현실은 대표나 사무국장까지 포함해서, 안심하고 일할 수 있는 직장이라 하기 힘든 형편이다.

제1생명경제연구소가 NPO에서 일하는 20대와 30대 직원 약 500명을 조사한 결과, 약 3분의 2가 연봉 2700만 원 미만이었다. 빈곤층을 구하겠다는 NPO 직원이 '워킹 푸어working poor'가 되어간다는 웃지 못할 이야기도 있다(2006년 조사).

그럼에도 불구하고 그들에게 NPO에서 일하는 이유를 물어보았다. 다양한 사람들을 만나고 사회와의 연관을 맺고 싶다(62.1%), 자신의 능력이나 가능성을 시험해보고 싶다(48.6%), 사회에 헌신하고 싶다

(43.6%) 등 긍정적인 답변이 많이 눈에 띈다. 조금 더 재정 기반이 안정 된다면 젊은이들에게 새로운 고용의 터전이 될 수도 있다.

오리하타는 이런 세미나에 나가 험난한 현실을 받아들이면서도, 드디어 '뛰쳐나가기'로 방향을 잡았다.

"저, 회사 그만두겠습니다."

2006년 가을, 오리하타는 회사를 그만두기로 결심했다.

아직 '방과 후 NPO 애프터스쿨'은 돈벌이가 되지 않는다. 오리하타도 그건 알고 있다. '3년간은 무보수로 일한다'고 각오를 했다. 그런데 그동안 무엇을 해서 먹고살지 고민해야만 했다.

모노리스 업무관계로 교제해온 NPO '교육지원협회'에 당분간 적을 두는 건 허락을 받아놓았다. 그러고 나서 '애프터스쿨'인 NPO 법인화에 본격적으로 돌입할 것이다. 그것이 오리하타의 계획이었다.

오리하타에게 직장을 그만두라고 직접 히라이와가 부추긴 적은 없다. 하지만 오리하타는 히라이와를 만나면 으레 하는 말이 있었다.

"둘 중 하나가 회사를 그만두지 않으면 아무것도 시작할 수 없어요. 히라이와 씨는 아이도 있고 하니, 역시 제가……."

오리하타는 계속 스스로를 설득시키는 듯했다. 그리고 실제로 '그만두었다'는 결말이다.

오리하타의 말을 듣고 히라이와는 당황했다.

"오리하타가 각오를 결심한 3년 안에 승부를 내야 한다. 3년 안에 무사히 궤도에 올리지 못하면, 죽도 밥도 아니게 다 끝나버릴 것이다. 지금까지 흘린 땀도 물거품이 될 것이다. 하루빨리 오리하타 하나만이라도 먹여살릴 조직으로 만들어야 한다. 시간이 없다. 하지만 오리하타는 정말 교육지원협회 일만으로 3년을 버틸 수 있을까."

히라이와는 오리하타에게도 물었다.

2006년 10월 27일

히라이와 씨와 의논. 교육지원협회로 옮길 때 대우가 어떻게 되는지 확인해보라 한다. 일은 코디네이터가 맞는가? 생활이 될 만큼 보수가 나오는가? 계약상 어디에 소속되는가? 휴일은 있는가? 근무는 무슨 요일인가? '가자, 가자!' 하는 마음은 좋지만, 단단히 정해두지 않으면 걱정된다고 말한다. 부모 같은 마음 씀씀이, 감사하다.

열의는 충분하다

새해가 밝아 맞이한 2007년. 4월부터 '방과 후 어린이 플랜'이 개시되는 그해에 정말로 오리하타는 회사를 그만두었다.

1월 3일, 오리하타는 부모님께 회사를 그만두겠다고 말씀드렸다. 더이상 왈가왈부할 일이 아니었다.

오리하타가 정식으로 모노리스를 퇴사한 것은 3월이었다. 처음으로 실업보험금을 받았다. 무직자가 되어 '평소에 못해봤던 경험을 일부러

해봤다'고 한다. TV 드라마도 실컷 봤다. 회사원 시절에는 갈 수 없었던 여행도 마음껏 다녔다.

'멍청한 짓'에도 도전해봤다. 파친코로 먹고살 수 있을지 한번 해봤다. 일찍 일어나 아침 8시 반부터 파친코 가게 앞에서 줄을 서서 기다리다가 오전 10시에 개점하자마자 들어가 밤 11시에 폐점할 때까지 하루 종일, 무려 열세 시간이나 파친코를 했다. 그러나 따고 잃는 건 결국 플러스 마이너스 제로가 된다는 걸 깨우쳤다고 한다. 파친코를 부업으로 삼는 것은 단념했다.

데이트는 반드시 값싼 선술집에서 했다. 대학동창들과 고급 레스토랑에서 만나야 할 때는 도리 없이 불참했다. 마음을 터놓고 지내던 예전 동료들은 오리하타가 지금 어떻게 지내는지 잘 알고 있었기 때문에 만나도 선술집에서 만났다. 약속 장소에 갈 때는 시간이 더 걸리더라도 지하철을 탔다.

진지하게 장래를 생각하고 행동하는 날도 있었다. 1월 중순에는 아버지 모토카즈의 부하직원이던 컨설턴트 미타니 고지(三谷宏治)를 방문해 지도를 부탁했다. 미타니는 보스턴컨설팅그룹을 비롯하여 글로벌 기업인 액센추어Accenture 등에서 근무하고 그 뒤 독립했는데, 컨설턴트업계에서 20년 넘게 최상위권을 달려왔다. 현재는 기업연수를 이끌거나 기업에 조언을 해주기도 하고, 집필과 강연 일 말고도 초중고 및 대학 등의 교육활동까지 손대고 있다. 오리하타는 미타니에게도 '방과 후로 먹고살 방법'에 관해 물었다. 미타니는 몇 단계를 밟는 것이 중요하다고 강조했다. 그중에서도 중요한 단계는 '전국적 모델이 될 만한 설득력 있는 프로젝트를 기획하는 것'이라고 했다.

"방과 후 NPO를 본 궤도에 올리려면 초등학교 어느 곳과 손을 잡고 시범 케이스로 성과를 내는 게 사회적으로도 반향이 클 테고, 좋지 않을까 싶네. 무슨 일을 하는지를 알리는 것도 중요하지만, 무슨 효과를 내는지 알려지는 게 좋아. 그러려면 되도록 여기저기서 활동하지 말고 중심 활동 지역을 정하는 편이 좋지. 예를 들어 '어떤 초등학교가 이렇게 변했다'는 식으로 성과를 보이면, '그렇구나!' 하고 단숨에 방과 후 개혁이 진척되지. 그렇게 되면 '저 개혁 모델을 만든 오리하타라는 사람이 누구지?'라든가, '저 사람과 함께 우리도 본격적으로 해보고 싶다' 하면서, 사방에서 청탁이 들어오게 될 걸세."

지바 대학의 아카시 요이치 교수에게는 구체적인 조언을 들었다.

"입시학원에서 흔히들 '우리는 합격자가 몇 명이다!'라고 광고를 하는데, 그것처럼 구체적인 성과를 보여주는 게 중요합니다. 진학률이 이만큼 높아졌다는 식의 성과 말이지요. 학교에서 얼마나 생기발랄하게 지내는지를 묻는 의식조사도 있잖아요. 그러면 그런 성과를 거둔 비결은 뭐냐, 콘셉트가 뭐냐, 이렇게 남들이 물어올 때 명확하게 한마디로 표현해야 좋지요. 어떤 구호를 내걸지, 뭘 내세울지 생각해두는 게 좋을 겁니다."

퇴직 1년 전에 오리하타는 히라이와와 함께 '캐리어 컨설턴트' 자격을 취득한 적이 있다. 장래에 어떤 형태로든 도움이 되지 않을까 하는 기대도 있었고, NPO를 어필하기 위한 일종의 경력 쌓기 같은 의미도 있었다. 그리고 퇴직한 다음, 이번에는 교원자격증을 온라인 강좌로 딸 수는 없을까 검토해보았다. 하지만 이건 한 가지 일에 진득하게 매달리지 못하는 자신의 성격상 어렵겠다 싶어서 그만두었다. 교원자격증은 NPO 활동이 제대로 자리를 잡으면 그때 다시 공부해서 따고 싶다고 한다.

이렇게 조금씩 '방과 후 NPO 애프터스쿨'의 NPO 법인화 준비를 하는 한편, 오리하타는 NPO '교육지원협회'의 스태프로도 활동하기 시작했다. 이 일로 매달 180만 원이 들어온다. 그 밖에도 거의 수입이라고는 볼 수 없지만 세타가야 구의 이케노우에 초등학교 '애프터스쿨'에서 방과 후 스태프로 아르바이트를 하는데, 시간당 1만 3천 원을 받는다.

다짜고짜 방과 후 프로그램을 하지 말고, 그 전에 현장 스태프들과 인간관계를 쌓아두고자 했던 것이다. 장차 함께 프로그램을 기획할지도 모를 스태프들의 이름과 움직임을 대충 알아둘 필요가 있다고 느꼈기 때문이다.

오리하타의 열의는 충분했다.

4

다음 단계로

잊을 수 없는 시민교사

2005년 가을에 '방과 후 NPO 애프터스쿨'로 내딛은 작은 도약은 2007년부터 한 단계 올라섰다.

강좌를 개최하는 학교가 순식간에 불어났다. 세타가야 구에서는 8개교가 되었고, 주 2회 강좌를 여는 학교도 생겼다. 그 계기를 만들어준 사람은 막과자점(駄菓子屋, 주로 초등학교 근처에서 완구나 과자 등을 파는 구멍가게-옮긴이)을 운영하는 다카하시 유카코(高橋裕香子) 씨였다. 동네에서는 그녀를 '다카 씨'라고 부르며 친숙하게 여긴다. 그녀의 가게는 방과 후에 많은 아이들이 모이는 쉼터다. 다카 씨는 가게를 경영하면서도 학교까지 적극적으로 출장 가서 손 율동(手遊び, 노래 가사나 리듬에 맞춰 하는 손동작 놀이. 주로 손가락을 많이 썼지만 '머리 어깨 무릎 발' 처럼 요즘은 팔이나 어깨, 몸짓도 동원한다 – 옮긴이) 등을 가르치며 오랫동안 풍요로운 방과 후 활동에 앞장서왔다.

그런 다카 씨를 알게 되고, 이따금 그녀의 강좌를 돕던 히라이와는 어느 날 다카 씨에게 이런 말을 들었다.

"너무 요청이 많아져서 강좌를 할 사람이 부족해요. 그렇다고 강좌 수를 줄이는 건 섭섭하고, 히라이와 씨 팀에 일부를 맡아달라고 하고 싶은데, 부탁드려도 될까요?"

히라이와는 감사히 이를 받아들이기로 했다.

히라이와가 잊을 수 없는 여성이 있다. 한 시민교사에게 소개받은 다도가(茶道家)인 사토 소다이(佐藤宗代) 선생이다.

소다이 선생은 여든둘의 고령임에도 불구하고, 딸인 고지마 무네카즈(小島宗和), 가나타케 무네토모(金武宗友)와 함께 흔쾌히 시민교사를 맡아주었다.

소다이 선생은 세타가야 구에서 다도교실과 꽃꽂이교실을 운영했다. 지역 사람들이 잠시나마 쉴 수 있는 기회를 제공하기 위해 한 달에 한 번씩 '살롱'도 열었다. 일인당 참가비 4천 원으로 본격적인 말차와 화과자(和菓子, 일본 전통과자)를 즐길 수 있는 활동도 계속해왔다.

애프터스쿨의 시민교사를 맡기로 한 것은 아이들에게 무언가 해주고 싶다는 마음에서였다. 요즘 아이들이 좀처럼 접할 수 없는 진품 차도구와 본격 다도를 배운다. 소다이 선생은 그걸 통해 뭔가를 전해줄 수 있다고 여겼다.

강좌 당일에는 구립 초등학교 교내의 13제곱미터 정도 되는 다다미 방을 사용했다. 하지만 평소의 분위기와는 전혀 달랐다. 방 한쪽에 새빨간 야외 다회 우산이 세워지고, 꽃꽂이와 종이 오라기 장식(短冊, 단자쿠, 짧은 소원이나 하이쿠 등을 적어넣는 종이-옮긴이)도 되어 있었다. 차를 내는 쟁반도 플라스틱이 아니라 옻칠을 한 것이고, 다기들도 다도 교실에서 사용하는 진짜배기들이다. 진짜 다기를 사용해야만 다기를 소중히 대하는 마음가짐을 가르칠 수 있기 때문이라 한다.

오리하타와 다른 스태프들은 도구 옮기는 걸 도왔다.

차에는, 말로 설명하기 어렵지만, 그립고 편안한 느낌이 들게 하는 무언가가 있다. 소다이 선생은 차를 통해 한때나마 온화하고 편안하게 서로 배려하고 지지해주는, 모두가 어울릴 기회를 만들고자 했다. 특히 '감사'와 '배려'의 마음이 부족한 요즘 아이들에게 다도 교육을 함으로써 그것을 가르치고자 했다.

다도는 차를 우리는 게 다가 아니다. 주인과 손님으로 역할을 나누고, 그 관계 속에서 가져야 할 마음가짐과 감사를 담아 "먼저 드시죠", "고맙습니다", "드세요" 하며 말을 나누고 몸동작으로 표현한다. 소다이 선생은 프로그램 뒷마무리에 다 함께 만나게 된 걸 감사하는 '한 번뿐인 만남(一期一会, 이치고이치에, 다도에 임하는 기본자세. 다회의 순간을 일생에 한 번뿐이라 생각하여 손님과 주인이 지극정성의 마음을 가진다-옮긴이)'을 강조한다. 매 순간을 소중히 여기는 삶과 생명의 소중함도 강조한다.

참가자는 초등 1학년부터 4학년까지 24명이었다. 평소에는 모이기만 하면 잡담이 그치지 않던 아이들이 일단 강좌를 시작하니 순식간에 조용해졌다. 집중하고 있었다.

서로에게 감사하는 마음을 말하고 두 시간짜리 강좌를 종료하려는데, 아이들 몇 명이 소다이 선생께 모여들어 "한 번만 더 해주세요", "가르쳐주세요"라고 말했다. 그걸 보던 다른 아이들도 소다이 선생 쪽으로 몰려들어 "저도", "저도" 하며 조른다. 결국 한 번 더 아이들에게 가르쳐줘야 했다.

"재미있었어."

소다이 선생은 아이들과 헤어진 후 딸인 무네카즈에게 소감을 말했다.

히라이와가 '약소하나마 사례'라면서 보답으로 7만 원을 건네려 하자, 소다이 선생은 깜짝 놀란 표정을 지었다. 돈 받을 마음은 전혀 없었기 때문이다. 어떻게 할지를 딸과 상의한 끝에 "그러면 받아두겠습니다. 다음 강좌 때 다과를 준비할 예산으로 쓰지요"라며 겨우 받았다.

딸인 무네카즈는 그다음 달에도 시민교사를 맡았다. 이번엔 다른 초등학교여서 일본식 다다미방이 없었다. 일반 교실에 다다미 모양의 돗자리를 깔고 분위기를 연출했다. 인원은 두 배 이상 늘어난 65명이다. 히라이와도 '다도강좌'에 대해 보람을 느꼈다.

히라이와는 '차' 관련 강좌를 다음 단계로 지속하고 싶다고 생각했다. 다도 예절 하나하나의 의미를 상세히 가르치고 싶었다. 다도에서 유래한 '한 번뿐인 만남'이라는 용어에 대해서도 정확하게 설명해주고

싫었다. 또한 연속 강좌 마무리 때 지역주민과 부모 등을 초대하는 '발표회'를 마련하고 싶었다. '발표회'를 열면 아이들은 발표회를 위해 열심히 준비하고, 스스로 초대장과 포스터를 만들고, 발표회장의 구도를 고안하면서 더욱 유의미한 강좌가 될 것이다. 일회성 강좌로 끝내기에는 아까웠다.

한편 소다이 선생은, 사실 심장질환이 있어서 건강이 별로 좋지 않았다. 그래도 아이들을 잊을 수 없어서 시민교사를 하고 싶어 했다. 많은 아이들에게 둘러싸이면 건강도 되찾은 듯한 느낌이었다.

강좌를 연 이듬해에 소다이 선생은 입원을 하게 되었다. 그때 선생이 입원실까지 지니고 간 것이, 강좌에서 아이들을 가르치던 사진이었다.

"그 애들 지금 어떻게 지낼까. 참 귀여웠는데."

소다이 선생은 딸이 병문안을 오면 강좌 얘기를 자주 하곤 했다.

히라이와가 마음을 정하고 소다이 선생에게 '다시 시민교사' 역할을 부탁하러 갔을 때, 소다이 선생은 조용히 인생의 막을 내리려 하고 있었다. 딸인 무네카즈가 히라이와에게 저간의 사정을 얘기하면서, 입원실에서도 어머니는 항상 사진을 보고 계셨다고 감사의 마음을 전했다.

소다이 선생이 이승을 떠난 것은 그해 끝 무렵이었다. "나도 저렇게 온화한 얼굴로 죽었으면 좋겠다." 주위 사람들이 입을 모아 말했다.

딸인 무네카즈는 '방과 후 NPO 애프터스쿨'의 역할에 대해 이렇게 말한다.

"인간은 누구나 상대방이 있어 살아가지요. 그러니 누구든 다른 사람을 도와주고 싶은 마음이 조금씩은 있기 마련이죠. 하지만 어떻게 해야 할지 방법을 몰라요. 도와주고, 가르쳐주고, 구해주고, 그럴 계기가 없어요. 선한 마음들을 조금씩이나마 한데 모을 틀이 생긴다면 세상은 크게 바뀔 거예요.

일본인은 기부에 대한 거부감이 있는 것 같지만, 선한 마음씨는 있어요. 약간의 시간과 약간의 지혜 그리고 자신의 노동력을 세상을 위해 쓰고 싶어 하는 사람이 많은 건 확실해요. 애프터스쿨이 그런 선한 마음을 모아 담는 그릇이 되어주면 좋겠어요. 어머니가 조금 더 일찍 애프터스쿨을 만났더라면, 만년을 한결 근사하게 보내셨을 거예요. 그게 아쉽습니다."

진짜 집을 만들자!

세타가야 구의 모든 초등학교에는 '신BOP' 조직이 있는데 사무국장에 따라서 각 학교의 운영방침이 다르다. '노는 방법'도 다르다. 예컨대 '수업시간에는 운동장에서 나무타기를 금지하지만 방과 후에는 OK'라는 방침을 세운 신BOP도 있다.

이케노우에 초등학교의 시바타 다케시(柴田武司) 사무국장은 다행히도 '방과 후 NPO 애프터스쿨'이 신BOP에 합류하는 걸 처음부터 이해해주었고, 점차 응원단 같은 존재가 되었다.

2007년 봄, 히라이와는 '건축강좌' 제1탄을 내놓았다. 시모키타자와를 중심으로 활동하는 일류 건축사인 가네코 겐조(金子賢三)와 만나 '집 모형을 만들자!'는 기획을 한 것이다.

아이디어를 시바타 사무국장에게 가져가자, 전혀 예상하지 못했던 대답이 돌아왔다.

"히라이와 군, 기왕이면 진짜 집을 만드세!"

'진짜로 집짓기'는 히라이와도 언젠가는 도전해보고 싶은 프로그램이었다. 그러나 아이들이 다치지는 않을까? 어떤 시민교사가 필요할까? 도구는? 목재는? 여러모로 생각해야 할 장애물들이 많아서 히라이와는 이번에 초기 단계로 '모형 만들기'를 생각하고 있었다.

하지만 시바타 사무국장에게 등을 떠밀려, 가속 페달을 밟아버렸다. 그렇게 '모두 힘을 합쳐 진짜 집을 짓겠다!'는 1년 연속 방과 후 프로그램을 이케노우에 초등학교에서 시작했다. '방과 후 NPO 애프터스쿨'이 본격적으로 연속 프로그램의 첫걸음을 내딛은 것이다.

첫 강좌는 '나무젓가락으로 마음에 드는 집 모형을 만들자'였다. 신 BOP 교실에 모인 건 17명의 초등학생이었다. 재료는 엄청난 양의 나무젓가락과 고무밴드였다. 고무밴드를 이용하여 나무젓가락을 엮어 나갔다. 모두 처음 해보는 작업이었지만, 저마다 마음에 그리던 형태의 집을 만들었다.

이따금 가네코 선생이 조언을 해주었다. 노트북을 열고 다양한 형태의 주택을 보여주기도 했다. 처음에 보여준 것은 아오모리 현의 산나

이마루야마(三內丸山) 유적에 있는 조몬 시대(繩文時代, 일본에서 새끼 무늬 토기를 사용하던 선사시대 중 기원전 13,000~기원전 300년까지의 기간—옮긴이)의 수혈식 주거형태였다. 단순한 원추형에 가까웠다.

"불을 땔 때 나는 연기가 위로 쉽게 빠져나가도록 고안한 거란다."

핵심은 가네코 선생이 강의했다.

다음에는 현대 주택에 대해서, 기둥을 짜 맞추는 재래공법과 벽을 짜 맞추는 투바이포tow by four 공법•을 보여주고, 두 공법의 차이를 설명했다. 예를 들어 재래공법에서는 기둥과 기둥 사이에 비스듬히 어긋나게 넣는 '버팀목'들이 지진 피해를 막는 중요한 역할을 한다고 가르쳤다.

슬라이드 쇼는 가네코 자신이 설계 중인 건축물로 넘어갔다. 설계할 때 어떤 점을 고려하는지도 설명했다. 컴퓨터 화면을 들여다보던 아이들이 '진짜 건축 전문가가 왔구나' 하고 새삼스레 느끼는 순간이었다.

마지막으로 보여준 것은 요코하마에 있는 '어린이 왕국' 놀이기구였다. 육각형과 사각형 널빤지로 짜맞춘 14면체를 내부와 외부에서 찍은 사진을 보여줬다. 아이들의 자유로운 발상을 소중히 여기자는 뜻에서 다양한 입체와 건축물, 집의 이미지를 제공한 것이다.

방과 후 두 시간이 눈 깜짝할 사이에 지나갔다.

집짓기 강좌는 한 달에 1회 꼴로 진행했다. 두 번째 강좌는 '짓고 싶

• 2×4공법, 틀짜기 공법으로 부른다. 북미에서 도입된 목조건축 공법인데, 절단면의 두께와 너비가 2×4인치인 목재를 주로 하여 못치기로 시공한다. 바닥·벽·천장이 패널화되어 있어 구조의 강도와 내진성이 우수하다.

은 집의 이미지를 펼치자'라는 테마로 제각각 '자기가 꿈꾸는 집'을 그렸다. 칠판에 직접 그리는 아이, 뼈대만 대충 쓱쓱 도화지에 그리는 아이, 꼼꼼히 색칠까지 하면서 그리는 아이 등 제각각이었다.

'연결 복도'에 집착하기도 하고, 마룻바닥이 지면에서 올라와 있는 고상식(高床式) 집을 주장하기도 하면서 저마다 '꿈'을 그려넣었다.

세 번째 강좌는 '짓고 싶은 집의 모형을 종이상자로 만들자'였다. 참가자는 저학년부터 6학년까지 30명으로 불어나 있었다. 6학년이 신 BOP 강좌에 참가하는 건 좀체 드문 일이라 시바타 사무국장 팀이 기뻐했다. 3, 4명이 한 팀이 되어 종이상자로 모형을 만들자고 했다. 6학년 남자아이가 낀 팀은 "좌우간 커다란 집을 만들자"며 의지를 불태웠다. 분위기를 타고 이마에 머리띠까지 동여맨 아이도 있었다. 네 명이 들어가도 넉넉할 정도의 종이상자 집이 완성되었다.

반대로 여자아이들 팀은 크기에 집착하지 않았다. 한두 명 정도가 들어갈 종이상자 집을 몇 채 완성했다. 차이는 거기서부터 생겼다. 하트 모양의 창문을 내거나, 따로 집 안에 넣을 가구를 만들거나, 매직펜으로 인테리어를 그려넣기도 했다.

만약 이걸 기술시간이나 공작시간 같은 학교수업으로 했다면, 선생님이 이렇게까지 자유롭게 만들도록 놔두었을까? 결국은 크기를 제한하고, 재료를 지정하고, 일정한 형태의 통일감을 요구하지 않았을까? 그런 점들을 전혀 신경 쓰지 않아도 좋은 것이 방과 후 세계다. 즐거운 일, 즐길 수 있는 일을 하는 것이 기본이다. 그러니까 아이들도 몰입하게 된다.

대목과 교사

네 번째 강좌는 '짓고 싶은 집의 모형을 프레젠테이션하자'였다. 세 번째 강좌 때 만든 종이상자 집에 대해 궁리한 점을 종이에 그리고, 그걸 모아서 프레젠테이션을 한다. 자기 팀이 만든 종이상자 집을 제각각 내세워서, '이걸로 만들자!'고 다른 아이들에게 제안을 하는 것이다.

다만 학교 안에 1개월이나 종이상자 집을 놔둘 데가 없었던 모양이다. 어느새 어딘가로 처분되어버렸다. 예상치 못한 이런 실패나 상황이 전개되는 것 역시 방과 후다.

이에 굴하지 않고 아이들은 다시 한 번 집짓기 그림을 그리고, 제안을 실천했다. 아이들의 프레젠테이션을 들으면서 가네코 선생은 '숲 속의 집', '다락방' 같은 마음에 드는 키워드를 칠판에 적어나갔다.

"다음 번 다섯 번째 강좌에서는 드디어 공구를 익힌다!"

이렇게 선언하고 강좌가 끝이 났다.

가네코 선생과 NPO 스태프들은 이 무렵, 비밀스럽게 두 가지 계획을 준비하고 있었다. 하나는 새로운 시민교사의 초빙이다. 가네코 선생은 지금까지 함께 일을 해온 건축사무소에 일을 도와줄 목수가 없겠는지 요청했다. 그러고 나서 사장에게 소개받은 사람이 다자와 도시오(田沢敏男)였다. 다자와는 당시 일흔여덟이었다. 무릎 통증으로 현장을 떠난 지 몇 년 됐고, 지금은 사무를 보며 뒷일을 돕고 있었다. 사장은 십대부터 줄곧 목수 일을 하면서 많은 제자를 기른 다자와가 현장을 떠나 쓸쓸해하는 모습을 마음에 담아두고 있었다. "몸이 굳는다"던 다자와의 말도 기억하고 있었다. 그래서 그를 발탁한 것이다. 목수 시민교사는 다자와로 결정됐다.

또 하나의 계획은 목재 구입이었다. 오리하타가 시바타 사무국장과 함께 초등학교 근처의 목재상을 찾아가 사정을 설명했다. "재료비는 40만원 정도밖에 낼 수 없는데, 이만한 크기의 진짜 집을 만들고 싶습니다."

이야기를 들은 목재상에서는 "지역 가격, 아이들 가격으로 하지요"라며 흔쾌히 싼값에 목재를 넘겨주었다. 감사하다는 말꼬리에다 오리하타는 곧바로 "혹시 그 밖에도 필요 없는, 남아도는 목재는 없나요?"라고 물었다. 활동하다 보니 점점 뻔뻔해지는 자신이 느껴졌다.

2007년 8월, 다섯 번째 강좌가 열리는 날이 찾아왔다. 아이들 앞에 이날부터 '또 한 명의 시민교사'인 다자와가 나타난다. 시나가와 구에 있는 자택에서 소형 트럭을 몰고, 다자와가 이케노우에 초등학교로 찾아왔다. 차에서 내리고 보니, 역시 무릎에 통증이 느껴지는지 약간 다리를 절었다. 하지만 그런 내색은 아이들 앞에서 한 번도 내보인 적이 없다.

이번 테마는 '공구를 익히자'이기 때문에, 여름방학 중 이틀 동안 나무 벤치를 만들기로 했다. 가네코 선생이 칠판에다 벤치의 설계도를 쓱쓱 그렸다. 교실 바닥에는 여느 때와 달리 푸른 비닐 시트가 깔리고, 목재와 공구가 잇달아 놓였다. 톱의 종류도 한 가지만이 아니라는 사실을 처음 알게 된 아이들이 많았다. 전동 드릴도 등장해 윙윙거리며 굉음을 울리자 아이들이 탄성을 내질렀다.

처음에 다자와가 톱으로 목재를 잘랐다. 솜씨를 보여준 거다. 눈 깜짝할 사이에 4센티미터 각목이 잘려나갔다. 다음은 아이들 차례였다. 다자와처럼은 잘 안 됐다. "이렇게 하는 거지." 다자와는 말수가 적다. 다시 톱을 손에 들더니 베인 면이 깔끔하게 똑바로 잘라냈다. 다자와의 톱 다루는 솜씨에 아이들의 눈이 동그래졌다. 그때 한 고학년 남자아이가 다자와를 "대목님!"이라고 불렀다. 그 뒤부터 아이들 모두가 다자와를 "대목님", 가네코 선생을 "선생님"이라고 구별지어 부르게 되었다.

대목의 지시는 짧고 간단했다. "거기, 위험하다", "틀렸어. 잠깐 이리 줘봐라" 하는 식이다. 아이들이라고 봐주는 법도 없다. 날붙이나 전동 공구를 쓰는 일 아닌가. 위험하게 손을 놀리는 아이가 있으면 곧바로 중지시켰다. 아이들도 대목이 하는 말에는 즉시 고분고분 따랐다.

9월이 되었다.

"드디어 실전이다. 오늘부터 착공이다!" 모두의 아이디어를 총집합해 실현 가능성을 타진한 뒤에 가네코 선생이 '도면'을 그렸다. 삼각형 지붕의 2층짜리 집이다. 현관으로 들어가면 통풍창이 있는데 그쪽에 사다리를 놓고 위층으로 올라갈 수 있다. 프레젠테이션을 할 때, 칠판에 메모해둔 키워드인 '다락방'이 도면에 그려져 있었다.

단단히 마음먹은 아이만 참가시키기 위해서 9월부터 여는 강좌는 '신청제'를 도입했다. 모인 아이는 35명이었다. 6학년 두 명을 팀장으로 지명하고, 두 팀으로 나눠 작업을 진행했다. 톱으로 자르는 일과 나사 박는 일이 주된 작업이다.

단조로운 작업의 연속이어서 '저학년 아이들이 괜찮을까?' 하며 히라이와 팀은 조마조마했으나, 6학년 두 명이 리더십을 발휘하여 저학년들도 열심히 작업에 참여했다. 원래 방과 후에는 각 학년의 아이들이 공원이나 공터에 자연스럽게 모이면 '골목대장'이 동생뻘 아이들을 몰고 다니며 놀았다. 그런 방과 후가 '집짓기'를 통해 다시 돌아온 것처럼 보였다.

프로그램 도중에 6학년 아이들 세 명이 "끼어도 되나요?" 하며 합류했다. 물론 등록은 하지 않았지만 받아들였다. 방과 후니까 그런 점에서는 관대하다. 참가비도 받지 않았다. 원래 학교가 끝난 뒤에 놀던 식으로, 차례로 아이들이 참가하고 또 빠져나갔다. 방과 후에는 그게 자연스러운 일이다.

그 뒤에도 집짓기는 핵심적인 고정 멤버와 자주 바뀌는 유동 멤버, 두 그룹의 아이들에 의해 지탱되면서 순조롭게 진행되었다. 치마를 입은 여자아이도 톱질에 도전했는데, 목재가 움직이지 않도록 남자아이들이 양끝을 붙들어주는 모습이 인상적이었다.

드디어 1층의 골조 부분이 완성되었다. 폭이 3미터, 높이가 2미터 정도의 장방형이다. 학교 안에 놓아둘 일과 옮길 일을 고려하다 보니 이 정도가 빠듯한 크기였다. 하지만 비록 작은 크기라도 가네코 선생과 다자와는 '진짜'를 고집했다. 그래서 기본적인 집의 구조는 지극히 진짜에 가까웠다.

강좌가 거듭될수록 대목의 기량을 지켜보는 아이들의 눈이 빛났다.

아이들이 못을 똑바로 박을 수 있게끔 건축 현장과 똑같이 '먹줄'도 그어놓았다. 대목이 허리를 숙여 못을 박고, 엄청난 속도로 나무를 썰었다. 아이들이 '해보겠다'며 흉내를 내다 실패해도, 대목이 톱과 대패를 써서 딱 맞도록 도로 고쳐놓았다. 그야말로 '전문 기량'이었다. 그러는 사이 자기도 모르게 "대목님, 제자로 삼아주세요!" 하고 말하는 아이도 나왔다.

가네코 선생은 최종적인 집의 형태를 떠올릴 수 있게끔 길이 30센티미터 정도의 입체 모형을 만들어왔다. 하얀 보드지를 사용한 전문가 수준의 모형으로, 단조로운 작업을 반복하던 아이들에게 완성된 집에 대한 상상을 부풀리는 효과를 가져다주었다. 또 "지금 만들고 있는 벽은 집의 어느 부분에 들어가나요?"와 같은 질문이 나오면 곧바로 "이런 방향으로, 여기에 들어맞는 거야"라고 대답할 수 있어 작업의 '길잡이' 역할도 했다.

아이들에게 받은 편지

새해가 밝았다. 드디어 학기말을 향한 최종 단계에 들어갔다(새해가 학기말인 일본의 신학기는 4월부터다−옮긴이). 이제까지 만들어왔던 것들 하나하나를 입체적으로 조립해갔다. 각 구획을 완성하는 것은 6학년 아이들이 담당했다. 줄칼이나 대패는 어찌 된 일인지 여자아이들이 아주 좋아해 까슬까슬하게 일어난 표면을 정성 들여 대패로 밀었다.

다락방으로 올라가는 사다리도 만들기로 했으나, 그것은 강도가 안전성과 직결되기 때문에 특별히 대목이 공을 들여 완성했다.

　드디어 1층 부분과 2층 부분을 겹칠 때가 왔다. 아이들과 스태프들이 함께 각 부분을 운동장으로 옮겼다. 덩치가 커서 약간 옆으로 기울여야 교실 문을 어렵사리 빠져나올 수 있었다. 1층과 2층을 겹쳤다. 높이가 2미터도 넘었다. 자기들 키보다 훨씬 큰 '진짜 집'이 드디어 눈앞에 세워졌다. 대목이 견고성을 확인하고 나자 곧이어 아이들이 안으로 들어갔다. 한꺼번에 10명 넘게 들어갈 수 있었다. 아이들은 창문 밖으로 얼굴을 내밀거나, 쏜살같이 2층의 비밀기지에 올라가서 놀기도 했다. 누군가 "진짜로 해버렸네" 하고 불쑥 말했다. 그 말에는 1년 걸려 완성한 기쁨과 함께, 이제 끝나버렸다는 아쉬움이 담겨 있었다.

　다음 단계를 제안하는 소리도 들려왔다.

　"학교 여름 축제 때도 쓸 수 있을지 몰라요."

　"덧창을 낼까?"

　"나무 벽에 색을 칠하면 더 좋지 않을까?"

　모두가 힘을 합해 만든 '진짜 집'이다. 앞으로도 이 강좌가 계속될 듯한 낌새가 들었다.

　연속 강좌가 끝나고 2년 뒤, 다자와 대목의 집을 찾아갔다. 지금은 다자와 씨의 아들 가족과 2세대 주택에서 살고 있었다. 아들에게는 시민교사였던 사실을 함구하고 있었다. 초등학교 때는 "목수가 되겠다"고 했던 아들이, 그 뒤 대학으로 진학해서 회사원이 되었다. 대를 잇지 않아 쓸쓸했지만 도리 없는 일이었다고 회상했다.

"초등학교 아이들에게 마음껏 가르쳐줄 수 있어서 무척 즐거웠지요. 회를 거듭할수록 똑 부러지게 질문을 던지는 아이들이 늘어나는 게 놀랍더라고요. 정말 도제들이 들어온 것 같았어요."

다자와는 방과 후 강좌를 그리워했다. 부인도 남편이 다리를 끌면서 매달 즐겁게 트럭을 몰고 나서는 모습을 지켜보곤 했다.

대목은 아이들을 이렇게 평가했다.

"아이들이 다들 협력해서 잘했어요. 힘을 합치지 않으면 불가능한 작업이었지. 우리가 만든 그 집은 일반 주택과 똑같은 구조야. 요즘 아이들이란 게 제 고집만 부리고, 참을성도 없고, 저 좋은 일만 한다는 소리를 듣는데, 그 애들은 단조로운 집짓기 작업을 끝까지 내팽개치지 않고 열심히 잘했다고 생각해요.

나도 좋은 시간을 보냈지요. 목수들 솜씨란 쓰지 않으면 금세 못 쓰게 되지. 그러니 오랜만에 톱을 쓸 수 있어서 참 좋았어요. 도구도 마찬가지야. 쓰지 않으면 못 쓰게 되지.

그러고 보니 강좌가 다 끝난 다음에 감사 편지를 준 아이가 있었어요. 참 기뻤지. 이거, 여기 그 편지요. '대목님의 기술은 굉장했습니다. 대목님의 기술을 잊지 않겠습니다', '대목님 덕분에 근사한 집을 만들 수 있었습니다', '톱질하는 법, 드라이버 쓰는 법, 많은 걸 가르쳐주셔서 감사합니다. 또 일이 있으면 이케노우에 초등학교로 찾아와주세요', '지금까지 감사했습니다. 이 강좌 때문에 졸업 뒤의 추억이 하나 더 늘어났습니다. 졸업한 다음에도 우리가 만든 집을 보러 올 겁니다. 지금까지 재미있었습니다. 진심으로 고맙습니다'. 다시 시민교사 부탁이 들어오면 하려고 생각을 했어요. 그런데 얼마 안 있어서 자동차 면허가 끝나요. 갱신할 생각은 없으니까, 가까운 초등학교나 중학교가 아니면 안 되겠지. 도구랑 목재 들을 나를 수 없잖아.

무릎은 강좌를 끝낸 다음 해에 수술했어요. '변형성 슬관절증'이라는데, 요컨대 일을 너무 많이 해서 그런 거래. 오르내리기를 너무 반복하다 보니 무릎 연골이 닳아 없어져버린 거지. 이번에 금속 보형물을 집어넣었어. 이제는 60도 정도밖엔 굽혀지지 않아요."

오늘날 목수업계도 고령화되고 있다. 경기불황도 겹쳐 전체 목수의 20%는 앞으로 1, 2년 안에 그만둘 것이라고 한다. 이런 목수들의 기량도 조용히 사라져버릴 것인가? 아니면 지역의 재산으로 아이들에게 전해줄 기회를 만들어줄 수 있을까? 죄다 매장된다는 건 너무 아깝다.

이 집짓기 강좌는 2008년 1월 〈도쿄 신문〉에 '방과 후 집짓기'라는 기사로 실린 것을 시작으로 〈요미우리 신문〉에는 '조금 있으면 완성, 우리가 짓는 집'이라는 기사로 소개된 바 있고, 〈마이니치 초등학생 신문〉에는 '방과 후, 집짓기에 도전!'이라고 소개되었다. 그리고 어른들이 읽는 교육 잡지인 〈프레지던트패밀리〉등 다양한 미디어에서 기사로 다루었다. 히라이와와 오리하타는 NHK 라디오 및 TBS 라디오에도 출연했다.

자기들 이름이 처음으로 미디어에 오르내리자 히라이와와 오리하타는 더욱 마음을 다잡았다. 조직을 굳건히 다지는 일도 염두에 두기 시작했다. 히라이와는 자신이 다니던 마루이 그룹의 사원들에게도 방과 후 활동에 대한 얘기를 하게 되고, 그것을 계기로 훗날의 중요한 멤버도 탄생했다.

새로운 멤버의 가입

가지모토 쇼코(梶本尚子)는 히라이와에게 권유를 받은 마루이 사원 중의 한 사람이다.

히라이와와 가지모토는 회사의 신규 사업 콩쿠르를 함께했다. 히라이와는 가지모토의 논의를 파고드는 방식이 진정성 있고 문제의식이 높다고 평가하고 있었다.

2008년 2월, 히라이와는 가지모토와 몇 명에게 "스시 먹으러 가지 않을래?" 하고 말을 걸었다. 루미네 신주쿠점 스시집에서 1인당 4만 원짜리 하루(春, 춘하추동 코스 요리 중 하나─옮긴이) 코스 요리를 시켰다. 히라이와가 방과 후 프로그램에 대해 이야기를 꺼내며 "함께해보지 않을래?" 하고 권하자 가지모토는 망설였다. 대학에서 사회복지 관련 공공경제를 전공했지만 자원봉사 경험은 없었다. 아직 독신인 데다 아이들의 방과 후 세계도 멀게 느껴졌다. 그래도 장래에 결혼하고 아이 키울 상상은 하고 있었다.

가지모토는 자원봉사 스태프로 활동을 돕기로 마음먹었다.

앞에서도 언급했지만 마루이 사원들은 기본적으로 수요일과 일요일에 쉰다. 가지모토는 수요일을 '제법 한가한 날'로 해두고 있었다. 직장이 다른 친구들은 거의 다 근무 중이다. 딱히 몰두하는 취미 같은 것도 없다. 가끔 헬스장에 다니고는 있지만, 멍하니 때우는 날도 있다.

봄이었다. 가지모토는 닷지비dodgebee라는 새로운 스포츠 강좌에 처음으로 참가했다. 세타가야 구립 초등학교에서 5회 연속으로 열리는 프로그램이었다.

닷지비란 닷지볼(피구)과 프리즈비(상품명으로, 정식 명칭은 플라잉디스크다flying disc)를 합친 새로운 스포츠다. 맞아도 안 아프도록 천으로 만든 플라잉디스크를 던져 닷지볼처럼 노는 것이다. 히라이와와 알고 지내던 '얼티미트ultimate' 선수가 있었다. 얼티미트 역시 1960년대에 미국에서 생긴 신종 프리스비 스포츠인데, 상당히 넓은 코트가 필요하기 때문에 똑같은 플라잉디스크를 쓰는 닷지비를 소개해주었다.

'스포츠 강좌'에 참가한다면, 잘 알려지지 않은 새로운 종목으로 하자고 처음부터 히라이와는 생각하고 있었다. 야구나 축구, 농구나 테니스 같은 기존의 클럽 활동으로 만족할 수 없는 아이들을 위해서 새로운 선택 메뉴를 제시하고 싶은 마음도 있었다.

시민교사는 '일본닷지비협회'의 이나가키 다카오(稻垣敬雄) 팀에 부탁했다. 이나가키 팀은 이제껏 독자적으로 강좌를 열었는데, 역시나 매번 수강생을 모으느라 고생이었다. 애프터스쿨을 매개로 방과 후 학교로 손쉽게 들어가서, 이제껏 관심 없던 아이들에게 닷지비를 소개해 줄 수 있게 되었다며 기꺼이 시민교사를 맡아주었다.

강좌는 수요일 오후 2시에서 4시까지다. 가지모토는 오후 1시 반까지 학교에 도착한다. 집에서 자동차로 30분 걸려 오갔다.

할 때마다 아이들의 다른 반응과 표정, 학교 측과 신BOP 사무국 측 사이의 교섭 방식, 시민교사가 가르치는 다양한 닷지비의 기술, 끝없이 이어지는 아이들의 질문 등 모든 것이 신선했다.

닷지비는 신종 스포츠이기 때문에 아이들의 발상도 자유로웠다. "닷지볼 말고, 똑같은 플라잉디스크를 갖고 축구를 해보자"고 누군가가 말했다.

"그런데요, 어떻게 해야 하나요?"

"규칙을 가르쳐주세요."

아이들은 바로 시민교사나 스태프들에게 묻는다. 하지만 선생님은 가르쳐주지 않는다. 노는 방법을 아이들이 직접 짜내게 하려는 것이다.

"규칙은 없으니까, 너희들이 재밌게끔 생각해봐."

선생님은 그 이상 말해주지 않았다. 아이들은 제 맘대로 규칙을 생각해내고 게임을 시작했다. 때로는 시민교사가 예상치도 못한 신종 게임이 생겨났다. '골을 넣는 건 반드시 초등 1학년이 한다', '플라잉디스크 두 개를 동시에 코트에 넣는다' 등 아이들의 자유로운 발상이 방과 후 놀이를 옛날 공터에서 놀던 분위기처럼 바꾸고 있었다.

가지모토도 게임에 참여했다. 닷지비의 재미에도, 방과 후 작업의 즐거움에도 몰두했다. 처음에는 사복을 입고 와서 학교에서 트레이닝복으로 갈아입었지만, 어느새 집을 나설 때부터 트레이닝복 차림을 했다.

그 후에도 가지모토는 거의 매주 코디네이터로 방과 후의 현장을 돌았다. 지금은 시민교사에게 아이들과 더불어 다양한 특기를 배우며 즐기고 있다 한다.

가지모토는 자신의 역할이 시민교사와 아이들 모두를 즐겁게 해주는 것이라고 생각한다. 시민교사들과 다음 프로그램을 진행하는 방법에 대해 의논하는 것도 중요하다. 횟수를 거듭하면서 앞을 내다볼 수도 있게 되었으며, 두 시간의 시간 배치도 이해하게 되었다. 아이들의 집중 정도를 살피면서 다른 초등학교에서의 경험을 떠올리며 임기응변을 발휘해 현장을 도맡고 있다.

"저는 고등학교 때까지 야마구치(山口) 현에 있는 시모노세키(下關)에 살아서, 도쿄에서 학원 다니는 아이들을 보면 고생이 많구나 싶었어요. 재미있는 강좌를 제공해서 밖에서 마음껏 놀았으면 해요.

코디네이터의 묘미란, 아이들이 첫 체험을 맛볼 수 있는 장소를 마련해줄 수 있다는 점이지요. 요요 프로그램에서 요요 챔피언인 교사에게 여러 기술을 배우고, 수차례 강좌를 거치면서 눈에 띄게 수준급이 된 아이가 있었어요. 기술을 숙련한 것도 물론 기쁜 일이지만, 가까이에서 본 전문가의 기술에 자극받아 '챔피언처럼 능숙해져서 대회에 출전하고 싶다!'는 구체적인 목표를 세우더라고요. 그 목표를 이루기 위해서 매일 아침 6시에 일어나 연습을 한대요. 몇 달 뒤에 아이들과 만났을 때, '이 정도로 할 수 있게 됐어요' 하며 자랑하는 모습을 본 것도 흐뭇했습니다.

저로서는 이 활동을 통해서 다양한 사람과 만나는 일이 가장 기쁩니다. 금전적인 보수는 별로 기대하지 않아요. 예상치 않게 인맥이 넓어지는 게 아주 만족스럽습니다."

가지모토는 현재 '방과 후 NPO 애프터스쿨'에서 빼놓을 수 없는 존재가 되었다.

참고로, '애프터스쿨'에 주류 스포츠가 하나도 없는 것은 아니다. 다만 기존의 클럽 활동과는 궤를 좀 달리하고자 의식적으로 노력하고 있다.

예컨대 축구 강좌는 초보자나 일반 축구 클럽에 안 들어간 아이들까지 진짜 재미를 단박에 가르쳐줄 '전문가'를 시민교사로 모시자고 생각했다. 'FC 도쿄' 사장인 무라바야시 유타카(村林裕)가 이 생각에 공감해준 덕분에, 전직 프로축구 선수가 방과 후 운동장으로 찾아와 아이들을 깜짝 놀라게 만들었다. 무라바야시 사장은 축구도 야구처럼 좋은 의미로, '씨름 못하는 씨름 광팬'인 사람들이 늘어나길 바라고 있다. 그것이 축구의 인기를 밑바닥에서 끌어올리고 저변을 넓히는 스포츠로 키우는 방법이라 생각한다.

신중한 인원모집

미디어에 노출되고 나서 크게 바뀐 점은, '알던 사람' 말고도 모르던 사람들과 연결이 폭발적으로 늘어난 사실이다. 모르는 사람에게 '응원하고 싶다'는 메일을 받은 것은 히라이와로서는 처음이어서 고마움을 느꼈다.

그러나 히라이와는 신중했다. 주위 사람들이 초조해할 만큼 스태프 모집은 아주 느리게, 좀체 속도가 안 났다. 직장인이라 바빴고, 시간을 쉬이 낼 수 없던 탓도 있다. 메일을 읽고, 사람을 만나고, 함께 현장을 보러 가고, 연수를 하고…… 그것만으로도 엄청난 시간과 노력이 필요하다.

활동을 시작한 동기 중 하나가 '수상한 어른들에게서 방과 후의 아이들을 지킨다'였던 점 또한 히라이와에게 신중을 기하게 했다.

조직을 크게 키우고 싶다. 그러나 사람 모집에 실패하면 금세 조직이 와해된다는 걸 잘 알고 있다. 히라이와가 인사부에 근무했던 점도, 그에게 제동을 거는지 모른다.

실제로 다른 방과 후 사업 팀에서는 갈등이 일어나고 있었다. 요코하마의 '방과 후 키즈클럽'을 운영하는 NPO 법인의 남성 지도원이 아동 3명의 뺨을 때린 사실이 드러난 일도 있었다.

학동보육에서도 사고가 났다. 2006년 다카마쓰(高松) 시에서 지도원이 난로를 설치하던 중 실수로 난로 보호틀에 부딪혀 난로 위의 주전자가 떨어지는 바람에 옆에 있던 초등 2학년 여자아이의 등에 끓는 물이 쏟아졌다. 몸에 흉터가 남았다는 이유로 어머니들이 다카마쓰 지방

재판소에 위자료 청구소송을 하고 있다.

히라이와도 될 수 있으면 이메일이나 편지로 '스태프나 시민교사로 일을 돕고 싶다'는 신청자들을 만나 얘기해보고 싶다. 활동이 확대되는 중이니 지푸라기라도 잡고 싶은 심정 또한 있다. 그러나 기본적으로 신중한 자세를 잃지 않는다. 종교적, 정치적인 성향이 뚜렷한 사람이어서는 곤란하다. '아이들을 좋아한다'는 말을 들어도 어떤 차원에서 '좋아한다'는 걸까, 의문이 들 때도 있다.

영국에서는 스태프 지원자들의 이력서를 받아서, 반드시 아동범죄 같은 이력이 없는지 경찰에 모든 신청자의 조회를 요청한다고 한다.

시민교사나 스태프를 찾는 어려움은 앞으로도 계속될 것이다.

굿 디자인상

기쁜 일도 있었다.

1년이 걸린 '방과 후 집짓기'에 대한 활동보고를 '방과 후 NPO 애프터스쿨' 블로그에 올렸더니, '재미있다', '근사하다'는 반응이 돌아왔다.

그러던 중 "키즈 디자인상에 응모해보시죠" 하는 제안이 들어왔다. 상 같은 건 생각도 못했지만, 응모하고 보니 '제2회 키즈 디자인상'의 '커뮤니케이션 디자인 부문'에 뽑혔다.

키즈 디자인상이란, 아이들의 안전·안심에 공헌하는 디자인, 창의 성과 미래를 개척하는 디자인 그리고 출산·육아에 이바지하는 디자인을 표창하는 상이다. NPO인 '키즈 디자인 협의회'가 운영하고 있다.

심사위원들은 방과 후 강좌를 다음과 같이 평가했다.

"지역 출신 전문가와 합심한 지역 교육의 바람직한 모습과, 집짓기 경험의 시너지에 의해 구체적인 행동으로 옮긴 것을 높이 평가한다. 지역 자원에 활기를 불어넣는 아이들에게 유익한 시도다."

2008년 7월에 발표된 그 결과에 히라이와와 오리하타는 기뻐했다. 게다가 발표 리스트를 보니 다른 수상작은 하나같이 대기업에서 나온 것들이라서 더욱 놀랐다. 솔직히 당시에는 '이 상을 정말 우리가 받아도 괜찮을까?' 싶었다.

그런데 상 받은 얘기는 거기서 끝이 아니다. '키즈 디자인상'을 수상하면, 저 유명한 '굿 디자인상'의 2차 심사에 후보로 올라가게 된다는 것이다.

독특한 'G' 마크가 인상적인 '굿 디자인상'은 1957년 당시 통상산업성에 의해 만들어진 유서 깊은 상이다. 현재는 재단법인 '일본 산업디자인 진흥회'가 주최한다.

'후보가 된 것만으로도 영광'이라며 주위 사람들은 잔뜩 기대에 부풀었지만, 히라이와는 어쩐지 소극적이었다. 이유는 '응모하는 데 비용이 들기 때문'이었다. 그래도 어떻게든 비용을 변통하여 응모해보기로 했다.

역시 돈만 버렸구나 하고 히라이와가 거의 포기하려고 했을 때 연락이 왔다.

"축하드립니다. 뽑혔습니다. 굿 디자인상입니다."

꿈만 같았다. 수상하게 되면 반드시 작품의 프로듀서와 디렉터 그리고 디자이너가 공표된다. '방과 후 집짓기'의 경우, 프로듀서는 방과 후 NPO 애프터스쿨 대표인 히라이와 구니야스, 디렉터는 시민교사 그리고 디자이너 란에는 '세타가야 구립 이케노우에 초등학교 아이들'이라고 적었다.

나중에 이 프로젝트를 뽑아준 심사위원이 하쿠호도 디자인HAKUHODO DESIGN의 나가이 가즈후미(永井一史) 사장이라는 말을 들었다. 나가이 사장은 산토리의 '이에몬(伊右衛門)' 녹차 시리즈 같은 걸 만든 브랜드 디자인 일인자다.

나가이 사장은 굿 디자인상의 심사회장을 돌던 중 '방과 후 집짓기' 보드 앞에서 "무슨 이유에서인지 멈춰 서게 되더라"라고 말했다.

굿 디자인상의 2차 심사는 실물을 한 면에 죽 늘어놓고 진행한다. 하지만 방과 후에 만든 집은 너무 커서 행사장에 들여놓을 수가 없었다. 그래서 히라이와가 준비한 것이, 집 모양을 본뜬 높이 1.5미터짜리 보드 판이었다. 거기에 아이들의 활동 과정과 완성한 집의 사진을 붙이고 설명을 적어두었다.

나가이 사장은 그 보드가 "이상한 빛을 내뿜고 있었다"고 했다.

"방과 후 아이들의 생활을 얼마만큼 풍요롭게 만들 수 있을까 하는 문제의식을 깔고 있으면서 아이들에게 1년에 걸쳐 집을 짓게 한다는 발상 자체가 굉장히 독특했다. 완성된 작은 집은 조형적인 재미와 아울러 살아간다는 것에 대한 메타포(은유)로도 느껴졌다.

집이라는 주제도 좋았지만, 활동의 사업 모델도 근사했다. 다른 여러 NPO 활동들도 후보로 올라왔지만, 굉장히 인상적이었다. 시대성이 있다. 방과 후라는 사회적인 과제와 시민교사를 연관 지은 매칭 제안이 좋았다. 복잡한 사회문제를 단순하고 깔끔하게 풀어내었다. 그 점이 굿 디자인 감이라고 생각해서 '내가 뽑은 추천작'으로 선택했다."

'내가 뽑은 추천작'이란, 그해에 올라온 전체 후보작 가운데 심사위원이 가장 마음에 든 작품을 말한다. 히라이와는 명예로운 일로 여겼다.

2년째 '집짓기'

점차 교육 관계자들 사이에서 '방과 후 NPO 애프터스쿨'의 이름이 알려지게 되었다. 히라이와와 오리하타가 강연회나 방과 후 코디네이터 연수회에 초빙되는 일도 생겼다. 거기서 새로운 만남이 생기고, 다음 단계로 이어졌다.

2008년 2월, 세타가야 구에서 열린 '세타가야 평생 현역 페어'에 참가했을 때, 사단법인 '일본 인테리어 디자이너 협회'와 만나게 되었다. 이 무렵 '방과 후 NPO 애프터스쿨'은 '방과 후 집짓기'의 제2탄을 검토하고 있었다. 그리고 협회도 창립 50주년의 기념사업으로 아이들에게 인테리어 디자인의 매력을 알릴 기회를 찾고 있었다. 양쪽의 생각이 다시

한 번 이케노우에 초등학교의 '그 집'에 모이게 되었다.

그 집이 완성된 반 년 뒤인 2008년 9월, '집짓기' 프로그램 제2탄을 시작했다. 협회와 애프터스쿨이 상담한 결과, 한 번에 두 시간짜리 강좌를 10회 연속 실시하기로 했다.

그야말로 이상적인 '지속형', '실천형' 강좌였다. 10회째에는 '발표'까지 넣었다.

협회 측도 50주년 기념사업이라 상당히 힘을 보탰다. 매회 시민교사를 몇 명씩 제공하고, 아이들도 15명에서 20명이 모였다. 제1탄의 '집짓기' 강좌에 연이어서 참가하는 아이도 있었다.

1회째에는 인테리어 디자이너라는 일에 대한 설명이었다. 그리고 '그 집'의 모형을 보여주며, "여러분이라면 어떻게 할래요?" 하고 집의 용도와 디자인을 생각하는 시간을 주었다. 인테리어라 해도 이번 시간은 외벽과 내장 인테리어 양면을 생각해야 한다. 미술 수업 때 말했다면 선생님을 화나게 할 법한 제안을 비롯하여, 아이들은 "2층에서 여러 색의 광선을 발사할래요", "만화 캐릭터 집으로 만들래요" 등등 척척 아이디어를 펼쳐갔다. 그야말로 방과 후 강좌의 묘미였다.

2회째와 3회째는 집의 입체적인 지붕과 벽을 평면으로 만들어, 저마다 마음속에 그리는 디자인을 도화지에 스케치하도록 했다. 이 도화지를 가위로 오려서 입체적으로 조립해 세워봤다. 실제로 만들었을 때의 이미지가 단박에 솟아올랐다. 저학년 아이들은 간혹 창문처럼 자잘한 부분을 오려내지 못하거나 조립이 매끈하지 못하기도 했다. 그럴 때면 고학년 형이나 언니들이 도와주었다.

4회째는 '인테리어 대회'였다. 경연대회가 된 이유는 실제로 '그 집'의 디자인은 한 개 작품으로만 할 수 있기 때문이었다. 인테리어 모형으로 조립한 전체 14개 작품 가운데 하나를 골라야 한다. 바닥에 쪼그리고 앉은 아이들 앞에 한 명씩 나서서 자기 작품의 특징을 피력한다. 프레젠테이션을 들은 아이들은 평소에 강좌에 참가하지 않았더라도, 한 명당 한 표씩 투표를 했다. 강좌 수강생들은 한 명당 두 표씩 할 수 있게 했다. 주욱 늘어선 14개의 작품들을 어린이 심사위원들이 마지막으로 한 번 더 보았다. 드디어 투표의 순간이었다.

경연대회 결과는 5회째 강좌에 들어가기 전전날에 발표되었다. 학교에 나붙은 포스터를 보고 "아, 나 여기에 한 표 찍었는데!" 하는 환성이 터졌다. 뽑힌 것은 1층 외벽에 초원, 2층 외벽에 태양과 하늘을 역동적으로 디자인한 여자아이의 작품이었다. 내장도 천장이 하늘색, 벽은 초록색이다. 도시의 아이들이 뽑은 것은 대자연에 둘러싸인 독특한 디자인이었다.

수상은 '집짓기' 강좌 제1탄부터 2년 연속으로 참가한 여자아이가 차지했다. 오리하타는 '그러면 그렇지! 마음가짐부터 다르다니까' 하고 남몰래 기뻐했다.

발표하는 날, 오리하타도 학교를 방문했다. 본격적인 작업에 들어가기 전에 미리 준비해두기 위해서였다. 페인트를 칠했을 때 우툴두툴 일어나지 않게 해주는 '퍼티putty'를 칠한 후, 나사못을 박은 곳에 보수작업을 마쳤다. 목재 집에 흰색 페인트를 칠했다. 지역에 사는 도장업자도 특별히 참가했다. 오리하타는 왼손에 페인트 통, 오른손에 롤러를 들고 일을 도왔는데, 의외로 무거워서 금세 팔이 뻐근해졌다. 나뭇결이 선연하던 갈색 집이 순식간에 새하얗게 변해갔다. 한 번만 칠하면 나무가 페인트를 흡수해버리기 때문에 다시 한 번 흰색 페인트를 칠했다.

사실은 이 일도 아이들한테 맡기고 싶었지만, 남은 강좌 횟수를 계산해보니 이 작업은 부득이 건너뛸 수밖에 없었다. 때로는 이렇게 어른들의 '물밑 작업'이 필요하다.

이틀 뒤 아이들은 하얗게 변한 집을 보고 깜짝 놀랐다.

수업이나 교습 과외에서 그림을 그린 적은 있어도, 이렇게 커다란 캔버스에 페인트로 그림을 그리는 일은 그리 흔치 않다. 드디어 페인트칠을 시작하기 전에, 아이들은 머리에 하얀 두건까지 동여매고 시민 교사를 빙 둘러싸고 모여 앉았다. 그러고 나서 작전회의가 끝나자, 일제히 하늘색 페인트를 손에 들고 '그 집'을 마주했다. 페인트는 한 번 칠하면 지우기가 간단치 않다. 처음에 아이들은 조심조심하더니 점점 흥이 올라 대담하게 하얀 캔버스를 칠해갔다.

사실 이 하늘색 페인트는 도장업자가 방과 후 강좌를 위해 특별히 조제한 조합 페인트였다. 아이들이 종이에 그린 디자인을 충실히 재현하려면, 시판 페인트 갖고는 도저히 색이 안 맞았던 것이다. 이 세상에 단 하나밖에 없는 아름다운 하늘색 페인트를 아이들이 대담하게 칠하던 광경은, 지금도 히라이와의 뇌리에 생생하게 박혀 있다고 한다.

5회째, 6회째, 7회째까지 페인트칠은 계속되었다. 때로는 교사에게 배우면서, 때로는 도면을 확인하면서 아이들도 어른들도 매번 눈코 뜰 새 없이 바쁜 두 시간을 보냈다.

"재미있는 일은 시간이 빨리 가요!"

그런 말이 아이들 입에서 나왔다는 사실이 오리하타는 무엇보다 기뻤다.

8회째. 이날 페인트칠을 끝낸 아이들은 평소와는 다른 분위기에 휩싸여 바닥을 뚫어져라 내려다보고 있었다. 바닥에는 30센티미터 정도의 정사각형 양탄자가 죽 놓여 있었다. 다양한 색깔, 다양한 소재의 양탄자. 시민교사들이 수많은 샘플을 준비해둔 거였다. 아이들이 양탄자 주위를 맴돌며 논의하고 있다. "이 색이 더 좋아", "이쪽이 더 알맞아". 좀체 결정이 안 난다. 마지막에는 몇 번이나 다수결로 결정 폭을 좁혀 간신히 정하게 되었다. 다음은 커튼이다. 커튼도 다종다양했다. 바닥에 대보거나, 실제로 창문에 대보거나 하는 걸 보고 또다시 토론이 길어지겠구나 싶었는데, 이번에는 금세 결론이 났다.

9회째는 양탄자와 커튼을 설치하는 작업을 했다. 그리고 1층에 2층 부분을 조립했다. 여태까지는 작업하기 쉽도록 1층과 2층을 해체해놓았던 것이다. 2층을 조립하고 나니 높이가 교실 천장까지 닿을 정도가 되었다. 아이들은 곧바로 내부를 들여다보거나 내부에 들어가서 놀기도 하면서 얼마나 편안한지를 살폈다.

드디어 마지막 10회째를 맞았다. 이날은 '완성 공개 파티'를 열기로 정해놓고 있었다.

"셋, 둘, 하나, 얍!"

일부러 푸른 비닐로 가려두었던 '방과 후 집'을, 아이들이 뒤로 나뒹굴 만큼 대단한 기세로 단숨에 잡아당겨 벗겼다. 제막식이었다.

지금까지 참여했던 10여 명의 시민교사들도 한자리에 모여 다시금 아이들과 함께 기쁨을 나누었다. 교사들은 "수고했다"고 하면서 아이들 모두에게 기념사진을 찍어 선물했다.

"집짓기를 처음부터 끝까지 2년에 걸쳐 볼 수 있었습니다. 즐거웠습니다", "페인트를 잔뜩 칠할 수 있어서 재밌었어요." 아이들도 '그 집' 앞에 서서 한 명씩 자신의 감상과 감사의 말을 했다. 그중에는 "이번에 우리 집도 새로 지을 건데, 참고가 되었다"고 말하는 아이도 있어서, '방과 후 집'을 가운데 놓고 공개 파티 회장에는 따뜻한 웃음소리가 울려퍼졌다.

2년 연속 수상

"어째서 집의 벽이 하얀색인지 마음에 걸려요. 색깔의 반대색에 흥미가 생겼어요"라고 말하는 아이들의 감상이 히라이와에게는 가장 인상 깊었다. 이런 말이야말로 '아이들의 마음에 스위치가 켜진' 것이 아닐까 싶었다. 앞으로는 자기 집, 친구네 집, 그 밖에 다양한 곳을 바라보는 관점이 바뀔 것이다. 인테리어뿐만이 아니다. 같은 것을 보더라도 다른 것을 보게 된다. 다양한 것을 보며 깨닫고, 느끼고, 발견할 수 있다. 세상 사람들이 '당연한 것'으로 여기는 것들에 대해 근본적인 의문이 떠오르게 된다. 아이들의 그런 변화를 기대하고 한 일이다.

전체 10회에 걸친 강좌는 완성 공개 파티를 끝으로 무사히 종료되었다. 잠시 아이들을 살펴보니, 아이들은 '방과 후 집'에 계속 들락거리며, 각자 자기가 좋아하는 책을 들고 안으로 들어갔다. 그러고는 모두 사이좋게 독서를 하기 시작했다. 1층에 4명, 2층에 3명 있다. 인테리어를 끝마치니, 이 집에 새로운 생명력이 불어넣어진 듯했다.

그로부터 2년 후 이 집짓기 초기 강좌부터 마지막 인테리어 강좌까지 참가했고, 자신이 한 디자인이 투표로 채택된 소녀의 어머니가 전하는 얘기를 들었다.

이제 초등학교 6학년이 된 딸애는 그 당시엔 무척 내성적이고, 신경질적이고, 말수도 적어서 주변 친구들과도 터놓고 지내지 못하는 면이 있었어요. 학교 친구도 적은 편이라 아주 걱정하고 있었죠.

집짓기 강좌는 BOP 소식지를 통해 알게 되었어요. 목재나 재료에도 애를 먹는 본격적인 작업이어서 완성까지는 굉장히 품이 많이 든 모양입니다만, 하나하나 과정을 거치면서 딸애는 나무의 온기를 접하고 피부로 느낄 수 있었어요. 그 점이 사람들과 접하는 것을 어려워하는 딸에게 좋은 경험이 되었다고 생각합니다.

집짓기는 위험을 동반하는 작업이기 때문에 강사 분들의 지도는 더욱 진지했고 설득력이 있었어요. 그렇게 말하는 지시 사항들이 딸애의 행동거지에도 큰 영향을 준 모양이에요. 다른 사람 얘기에 귀를 기울이는 게 중요하다는 걸 깨닫게 된 것 같아요.

제 키보다 더 높다란 집은 아이들의 안전기지처럼 보였지요.

게다가 연속으로 참가한 인테리어 강좌에서, 평소에 존재감 없던 딸이 경연대회에서 뽑혀 정말 기뻤어요. 모두가 협력해서 페인트칠을 완성했을 때에는 더한층 커다란 감동을 느꼈지요.

인테리어 전문가인 선생님께서 "색의 균형과 조합이 썩 훌륭해요. 색상을 다루는 법도 기초가 잘 잡혀 있고요. 타고난 것 같아요. 잘 이해하고 있네요"라고 칭찬도 받았어요.

외벽의 색도 딸이 원한 색을 그대로 재현하려 신경을 써주셨다는 말씀을 듣고 감동으로 가슴이 벅찼지요. 딸애도 정말 기뻤다고 말했어요.

또한 혼자서 하는 작업이 아니라 친구들과 함께할 수 있는 작업이었던 점도 성취감을 느끼게 한 좋은 기회였어요.

남들과 잘 어울리지 못하고 대화도 잘 못하는데, 자기표현을 할 수 있고 자신의 존재를 인정해주는 곳이 있다는 걸 깨달은 것이 딸애에게는 무엇보다 큰 수확이었습니다.

학교생활은 좋아하는 것만 할 수가 없지요. 숙제도 해야 하고, 얼마나 잘했느냐를 가지고 성적을 매기거나 평가를 하지요. 그런 따위에 신경 쓸 필요 없이 제 맘껏 구김살 없이 제가 좋아하는 걸 체험할 수 있는 방과 후였어요. 애프터스쿨 활동 덕분에 얼굴에 웃음이 돌고 활력이 생겨난 딸애를 보며 부모로서 무척 기뻤어요.

강좌가 끝난 뒤에도 딸애는 곧잘 인형의 집을 짓는다며 과자상자를 조립하고는 제법 잘 만들어내요. 인테리어 선생님께 칭찬받은 것이 계기가 되어, 예전보다 더욱 집중력을 발휘하게 되어 색칠공부(塗り絵) 그림을 그려 대회에 응모하고 상을 타기도 했지요.

수예나 공작 같은 것도 스스로 만족할 때까지 시간을 들여 마무리 짓게 되었어요. 집중력도 늘어난 것 같아요.

방과 후 강좌를 체험한 덕분에 딸애는 자기가 잘하는 걸 발견할 수 있었고 자신감도 생겼어요. 학교 친구들도 늘었죠.

중학교에 올라가면 미술부에 들어가고 싶다고 합니다. 장래희망은 케이크 가게를 여는 거랍니다. 방과 후 강좌를 지원해주신 모든 분들께 감사드립니다.

그리고 또 놀라운 사실은, 이 강좌 역시 '굿 디자인상'에 뽑혔다는 점이다. 이렇게 작은 단체가 2년 연속으로 뽑혔다는 사실에 누구보다 놀란 것은 바로 히라이와 그 동료들이었다.

기업과 함께 강좌를 개발하다

2년 연속 '굿 디자인상'을 획득한 다음, '방과 후 NPO 애프터스쿨'과 제휴를 검토하고 싶다는 한 민간기업에서 연락을 해왔다.

교섭 끝에 최초로 실현시킨 기업 강좌가 '애플 재팬Apple Japan'이었다. 노트북 컴퓨터인 맥북을 써서 세타가야에 있는 초등학교에서 토요일마다 '추억 앨범' 만들기를 하기로 했다. 부모가 함께 참가해서 아이의 성장을 되돌아보는 프로그램이다. 낡은 앨범이나 컴퓨터 속에 묻혀 있던 아이의 사진을 가져와, 음악이나 내레이션 또는 인터뷰 영상을 덧붙여 한 장의 DVD 앨범으로 완성시킨다.

'평생 기념이 될 작품을 완성했다', '사진을 고를 때부터 눈물이 나왔다', '할아버지 할머니한테 크리스마스 선물로 드리겠다', '아이의 사진들이 기록에서 작품으로 변했다' 등 프로그램을 마친 다음에 연이어 감동과 감사의 소감이 쇄도했다.

그 뒤에도 '하겐다즈 재팬Haagendazs Japan'과 함께 '아이스크림의 비밀' 프로그램을 했고, '래디시보야(らでぃっしゅぼーや株式會社)'●와 손잡고 '어린이 홍당무 학원' 강좌를 하고, 'DLE'●●와 '애니메이션 성우 강좌'

● 1988년에 설립된 유기농 채소와 무첨가 식품 판매업체. '일본 리사이클 운동 시민회'에서 하던 유기농 채소 택배사업이 모태가 되었다. 2008년 자스닥ASDAQ에 상장됐다.
●● Dream Link Entertainment의 약칭. 일본의 영상 콘텐츠 및 비즈니스 프로듀스 회사다. 애니메이션 〈로마의 목욕탕(テルマエ・ロマエ)〉, 〈비밀결사 매발톱단(秘密結社鷹の爪)〉 등을 제작한 인디계 제작회사다.

같은 프로그램을 차례차례 실현시켰다.

이러한 프로그램들을 통해서 기업들도 '방과 후 NPO'의 역할을 이해하게 되고, 그 뒤로 후원 회원이 되기도 했으며 프로그램만이 아니라 '방과 후 NPO'라는 조직 자체를 응원해주게 되었다.

히라이와 팀은 대기업에도 접근을 시도했다. 그러나 "저희도 사회공헌활동에 힘쓰고 있습니다. 이미 어린이 대상 프로그램을 하고 있기 때문에 제휴할 생각이 없습니다"라고 거절당한 경험도 적지 않았다.

이러한 경험을 통해 오히려 중소기업과 결합하는 게 나을지 모른다는 감도 잡게 되었다. 대기업 프로그램은 이미 탄탄하게 짜여 있어서, 학교에서 여는 총합 학습 시간에 초빙받는 경우도 많다. 학교 측 또한 유명 대기업의 프로그램이라면 '실적'도 되고 '안심'도 된다는 점에서 쉽게 받아들인다. 하지만 신흥기업이나 중소기업 사회공헌활동 프로그램은 아무리 재미있어 보여도 어지간해서는 받아들이지 않는다. 그런 프로그램은 우선 방과 후 팀에서 시험해보려고 한다. 방과 후 NPO가 코디네이팅을 하여 아이들의 반응을 확인하고 몇 번이고 다시 다듬어서, 좀 더 나은 프로그램으로 만들어낼 수도 있을 것이다.

마쓰야긴자의 도제로 들어가다

2009년 4월, 도쿄의 긴자에 있는 백화점 마쓰야긴자(松屋銀座)와 제휴 이야기가 나왔다. 아이들이 마쓰야긴자에 도제로 들어가는 프로그램이다.

창립 140주년을 맞은 마쓰야긴자는 '감사'를 주제로 몇 가지 프로젝트를 기획하고, 백화점의 출발점과 마인드를 재인식하면서 지역사회와의 유대를 더 깊게 할 기회를 찾고 있었다. 사내를 활성화하고 동시에 비용 부담이 적은 방법으로 외부에도 부각시킬 기획을 찾는 중이었다.

당시 담당 과장이던 후루야 다케히코(古屋毅彦)에게 히라이와가 말했다.

"우리 지역 아이들에게 직원 여러분이 하는 일이 얼마나 즐거운 일인지를 보여주고 가르쳐주십시오. 아이들에게 즐거운 경험이 될 겁니다. 부모들도 기뻐서 다시금 고객으로 찾아오게 될 겁니다. 사원들의 의식도 활성화될 게 틀림없습니다. 마쓰야도 사회공헌활동을 하고 계시겠지만, 이 기획이야말로 백화점에 딱 들어맞는 사회공헌활동입니다. 마쓰야의 매력을 가장 잘 발휘하게 될 겁니다. 부디 함께해주십시오."

몇 달 뒤 OK 사인이 내려오고, 실행 움직임이 시작됐다.

이번 수업을 히라이와는 도쿄 주오(中央) 구의 교육위원회로 가져갔다. 두 달 뒤에 교육위의 승인이 떨어지고 구립 사카모토(阪本) 초등학교를 소개받았다.

거기서 우연히 애프터스쿨이 그동안 벌여온 활동을 높이 평가해주는 스즈키 마사히로(鈴木政博) 교장을 만났다. 그리고 3학년부터 6학년까지 20명 넘는 초등학생들이 '마쓰야긴자의 도제입문 강좌'에 등록을 했다. 매주 일요일 아이들은 부모와 함께 백화점의 회의실로 모였다.

마쓰야라는 민간기업이 어느 날 갑자기 그 지역 초등학교에 '이런 프로그램을 하고 싶은데, 참가하실래요?'라고 제안했다면 어떻게 되었을까? '민간기업이 공립 초등학교와 어째서 손을 잡아야만 하는가? 문제 아니냐?'라는 식으로 부모들의 항의가 있었을지도 모른다. 그러나 실적 있고 신뢰할 만한 방과 후 NPO가 매개하는 일이라 원만히 제휴가 되었다.

애프터스쿨은 'NPO이기 때문에 가능한 일'을 하고, 마쓰야는 '백화점이기 때문에 가능한 일'을 하면 된다. 각자의 역할을 명확히 해서 상승효과를 내자는 생각이었다.

이렇게 해서 처음으로 140년의 역사를 자랑하는 마쓰야 백화점의 무대 뒤편에, 그 지역 초등학교 아이들이 발을 들이게 되었다.

마쓰야의 담당자와 NPO 스태프가 생각해낸 것은 총 6회로 짜인 '지속형', '실천형' 프로그램이었다. 지역의 아이들은 "백 가지 일이 있다"고도 말하는 백화점의 업무를 체험하게 되고, 마지막 여섯 번째 종강때는 아이들이 백화점 현관에 서게 된다. 수업 성과를 펼쳐 보이는 '발표' 현장이다. 프로그램에는 히라이와 팀이 소중히 여기는 '지속', '실천', '발표'가 녹아 있었다. 마쓰야 쪽은 스태프를 공모하고 말끔히 태세를 갖춰, 전문가의 기량을 가르칠 강사진을 선정했다. 프로그램 준비는 백화점 폐점 뒤에 했다.

첫 번째 강좌는 '포장을 해보자'였다. 교사는 7층의 디자인 컬렉션에 근무하는 사카다 아키코(坂田明子)가 맡았다. 그이는 숱하게 많은 선물 꾸러미를 다루는 매장에 있는 그야말로 '포장의 달인'이다. 화려한 손

놀림에 아이들이 넋을 놓고 바라본다. 아름다움과 스피드 양면이 요구되는 게 포장인지라, 고작 1분 만에 아름다운 리본이 완성됐다. 그리고 나서 포장끈의 종류, 선물 포장지의 종류, 선물과 답례의 기초 지식과 우치이와이(內祝い)*의 의미 같은 것에 대해 퀴즈 형식으로 가르쳤다. 뒤쪽에서 듣고 있던 부모들도 메모를 한다. 아이들이 직접 실기를 할 때는 사카다 선생뿐 아니라 다수의 마쓰야 스태프들이 합심하여 마치 개별 지도 같은 상황이 벌어졌다.

"선물 포장이란 '감사와 책임'입니다". 사카다 선생이 말했다.

소중한 선물을 고를 곳으로 마쓰야긴자를 선택해준 것에 감사하는 마음, 그리고 고객의 마음이 깃든 선물을 손상하면 안 된다는 책임, 이 두 가지를 언제나 염두에 두고 마음을 담아 포장하는 것이라고 했다.

앞으로, 어쩌면 아이들은 아무 생각 없이 풀곤 했던 상품의 리본을 약간은 다른 마음으로 풀게 될지도 모른다. 히라이와는 순조로운 첫걸음을 떼었다고 생각했다.

두 번째 강좌는 '고객 모시기'였다. 스태프들의 연수를 지도했던 인사부의 고 사에코(鄕紗江子)가 교사다. 목소리의 크기, 말씨, 웃는 얼굴, 손 모으는 자세 등 백화점 점원들의 다양한 말과 동작이 모두 의식적이었다는 사실을 아이들은 처음 알았다.

압권이었던 것은 절하는 법 배우기였다. 놀랍게도 몸을 숙이는 각

---

* 일본의 전통 풍습. 결혼·출산·입학·졸업 등 집안에 경사가 있을 때 우리나라에서 떡을 돌리듯 일본은 부담 없는 작은 선물을 돌린다.

도를 체크하는 거대한 각도기가 등장한 것이다. 게다가 하는 말에 따라 각도가 따로따로 정해져 있다고 한다. 예를 들어 '어서 오세요'는 30도, '알겠습니다' 또는 '잠시만 기다려주십시오'는 15도 등이다. 확실히 전문가인 점원들이 촌극으로 보여주니, 놀라우리만치 매끄럽고 아름다웠다. 앉고 서는 동작 하나하나의 아름다움에 자연스레 아이들 사이에서 박수와 환성이 터져나왔다. 아이들이 절하는 법을 실제로 연습할 때는 뒤에서 보고 있던 스즈키 교장까지 엉겁결에 참가했다. 교장 선생님도 각도기로 30도가 맞는지 확인을 받았다.

아이들은 모의 판매도 해보았다. 손수건을 팔고, 계산을 하고, 손님 배웅을 했다. 고작 그 정도였는데도 다양한 '백화점의 기량'이 살아 있다는 걸 다시금 깨달았다.

세 번째 강좌는 '매장과 상품 진열법'이다. 비주얼 머천다이징VMD 전문가인 시바타 교이치로(紫田亨一郎)가 교사였다. 그는 매장을 매력적으로 꾸미는 전문가다.

"상품을 그저 놓아두기만 하면 팔리지 않습니다"라고 시바타 선생이 말했다. "예를 들어, 진열장에 컬러 와이셔츠를 놓아둔다 합시다. 어떤 식으로 진열하면 좋을지는, 사람의 시선이 주로 어떻게 이동하는지에 대해서도 알아야만 합니다. 사람은 무의식적으로 왼쪽에서 오른쪽으로 물 흐르듯이 사물을 보는 습관이 있어요. 그러니까 그 습관에 맞춰 왼쪽에서 오른쪽으로 진열하는 색의 순서가 정해지게 됩니다."

생전 들어보지 못했던 전문적인 이야기에 둥근 눈을 끔뻑끔뻑하는 아이도 있지만, 스태프들이 실제로 해보이기 때문에 이해하기가 쉽다. 매장을 지배하는 건 '보기 쉽게, 고르기 쉽게, 사기 쉽게, 깔끔하게'라는 네 가지 중요한 요소라는 것 역시 아이들이 알게 됐다.

이날도 강좌의 마무리는 '실천'이다. '친구들과 가을 유원지에 간다'는 걸 상정하고, 아동 마네킹에다 옷을 입혀 전시한다. 마쓰야 쪽에서는 마네킹에 옷을 입히는 전문가와 아동복 매장의 직원까지 스태프로 동원했다. 아이들은 네 팀으로 나뉘어 협력하면서 네 개의 마네킹을 완성했다.

마지막으로 시바타 선생이 말했다.

"보여준다는 건 '상상력'입니다. 오늘은 어떤 고객이 올까, 고객은 어떤 기분일까, 세상에는 어떤 게 유행하고 있을까, 이 옷과 저 옷을 코디하면 어떻게 될까, 상상하면서 보이지 않는 것을 보려는 자세가 중요한 겁니다."

정문 현관에 줄줄이

네 번째 강좌는 '광고를 만들자!'이다. 백화점의 광고지를 직접 만들기로 했다. 이 주제 하나만으로 강좌를 몇 개나 더 만들 것도 같다. 다시로 겐(田代健)이 교사를 맡았다.

"여러분께 드리고 싶은 말씀이 있습니다!"

정장 윗주머니에 작고 빨간 손수건을 꽂은 다시로는 이렇게 말하고 나서 갑자기 야한 재킷을 걸치고 목걸이를 거는 등 여러 가지를 덧걸치기 시작했다. 뒤쪽에서 보고 서 있던 부모들과 교장 선생님의 얼굴이 한순간 굳어졌다.

"보세요. 야한 재킷 같은 걸 더덕더덕 걸치면, 빨간 손수건은 눈에 띄지 않게 되죠?" 과연 걸쳤던 것들을 다시 다 벗어내고 단출한 정장 차림으로 돌아오자, 윗주머니에 살짝 엿보이는 빨간 손수건이 눈에 들어왔다. 다시로가 말하고 싶었던 것은 '요점을 좁히면, 메시지가 뚜렷해진다'는 사실이었다.

광고지 만들기는 우선 상품을 디지털 카메라로 촬영하는 것부터 시작했다. 다음엔 광고 문안을 작성한다. 디자인 담당자는 아이들과 사진 배치와 문안 배치를 상의하면서 광고지를 완성시킨다. 그것을 마지막으로 제작실로 가져가 인쇄를 했다. 이를 통해 아이들은 '광고란 요점 정리와 정보 정리'라는 것을 배울 수 있었다.

백화점 현관으로 나가기 직전인 다섯 번째 강좌의 주제는 '패션 트렌드가 생겨나기까지'였다. 세계 시장을 상대로 하는 수입상인 바바 다카노리(馬場孝則)와 패션 코디네이터인 오카노 료코(岡野涼子)가 교사를 맡았다. 패션 트렌드가 되는 유행 색상은 시장에 나돌기 18개월 전부터 이미 정해진다는 사실, 그리고 수입상은 언제나 '고객의 취향과 금액(가격)'의 미묘한 균형 위에서 씨름한다는 사실을 가르쳤다. 참고로 오카노 선생은 교사를 맡기로 결정하고, 초등학생용 잡지까지 찾아서 꼼꼼히 읽고 난 다음 참가했다고 한다. 언제나 고객의 입장을, 이날은 아이들의 입장을 생각하고 작업에 임한 것이다. 그런 자세가 우리에게도 전해졌다.

드디어 마지막인 여섯 번째 강좌 날이다. 과연 두 달에 걸친 수업의 성과를 판매 현장에서 발휘할 수 있을까? 매회 참가했던 교장 선생님과 부모들도 안절부절못하는 분위기다. 초등학교 교복(도쿄 주오 구의 구립인 이 초등학교는 교복이 있다)을 입은 아이들에게 마쓰야 백화점의 명찰을 하나씩 나눠주었다. 매장으로 나가기 전에 다시 한 번 '고객 모시기'를 복습했다. 인사하는 것을 보니 다들 깍듯하게 잘한다. 차분한 모습이다. 보아하니 긴장하고 있는 건 어른들 쪽이다.

백화점 정문으로 향한다. 어린이 점원이 우선 정문 현관에 줄줄이 늘어선다. 보통 때와 다른 마쓰야긴자의 분위기에 현관을 들어서는 고객들은 놀라거나 혹은 미소 짓거나 반응이 제각각이다. 그 옆으로 카메라를 든 부모들도 스쳐지나간다. 드디어 매장으로 향한다. 아이들은 두세 명씩 팀을 이루어 마쓰야 스태프의 뒤를 따른다. 흰뺨검둥오리의 어미와 새끼들 같아서 저절로 미소가 나오는 흐뭇한 광경이다. 이동할 때는 백화점 뒤편에 있는 직원 전용 계단을 이용한다. 평상시에는 들어갈 수 없는 고색창연한 계단이다. 그러고는 약간 조명이 어두운 뒷마당을 지나 다시 눈부시게 화려한 매장으로 나왔다. 우선 멈춰 서서 절을 한 번 한다. 아이들의 기분도 고조된 모양이다.

여성화, 타월과 침구, 신사용품, 여성잡화, 핸드백 등 매장마다 각자 다른 일이 기다리고 있다. 문구 코너에 배치된 사내아이는 사람들이 속속 밀려드는 계산대에 있었다. 아이는 작은 봉투나 편지지 같은 상품을 쇼핑 봉투에 넣거나, 잔돈을 준비하곤 했다. 물론 정중하게 '감사합니다'라는 인사도 해야만 한다.

한편, 여성의류 코너를 담당하게 된 여자아이는 좀처럼 옷을 팔 기회가 오지 않았다. 그래도 손님이 오지 않는 시간 동안 알록달록한 옷들을 다시 진열하거나, 양복 개키는 법을 스태프에게 배우면서 좀 더 실전에 가까운 형태의 연수를 했다.

한동안 그러고 있자니, 멀리서 지켜보던 부모들이 구매에 나서기 시작했다. 자기 아이들에게 판매 경험을 시켜보고 싶은 마음이 들었던 모양이다. 그러나 이건 '가게 놀이'가 아니다. '진짜' 상품을 놓고 돈이 오가는 현장이다. 아이들은 진지하게 대응했다.

어린이 점원들이 활약하던 시간대에 마쓰야 백화점의 매상은 평소보다 약 10%나 많았다. 아이들이 있는 분위기와 따뜻한 눈길로 지켜보는 스태프들의 모습을 보고 지갑을 열게 된 고객들도 있었을 것이다.

강좌를 마친 뒤, 예의 그 회의실로 돌아온 아이들의 표정은 밝았다. 부모들과 교장 선생님 그리고 수많은 마쓰야의 스태프 전원이 모여들어, 서로 감사의 말을 주고받고는 박수가 터져나왔다. 끝으로 히라이와의 신호에 따라 아이들이 인사했다.

"감사합니다. 또 와주십시오!"

깍듯하게 30도로 맞춰 허리를 굽혔다. 이렇게 해서 6주간에 걸친 수업이 끝났다.

"세상에는 다양한 직업이 있고, 그렇게 해서 세상이 돌아간다는 사실을 어린 시절부터 배우는 것은 매우 좋은 일이라고 생각한다", "예상 밖으로 정문 앞에서 똑 부러지게 대응을 하기에 감동했다"라며 부모들은 기뻐했다.

그 뒤, 뒤풀이 자리가 마련되어 많은 마쓰야 스태프들이 히라이와와 오리하타에게 말을 걸었다. "조직의 벽과 세대의 벽을 뛰어넘을 수 있었다", "우리도 사내의 전문가들에게 배울 수 있었다", "아이들의 반응과 웃는 얼굴에서 힘을 얻었다", "마지막의 매장 판매 뒤에는 우리도 성취감을 느꼈다" 등등의 얘기였다.

히라이와는 '방과 후 프로그램이 사회도 건강하게 만든다'는 확신을 갖게 되었다.

마쓰야긴자와 '방과 후 애프터스쿨'이 함께한 이 공동 프로젝트는, '방과 후 집짓기'를 이어 2010년 여름 '제4회 키즈 디자인상'에 뽑혔다.

어린이 기자양성 강좌

이렇게 '방과 후 NPO 애프터스쿨'은 일정한 성과를 거둬왔다. 이제는 인터넷에 '방과 후'나 '애프터스쿨'이라는 키워드로 검색하면 우선 검색 순위에 오를 정도가 되었다.

일개 임의단체에 불과했던 '애프터스쿨'을 법인화하고, 특정비영리 활동법인 '방과 후 애프터스쿨'로 만든 것은 2009년 6월에 마쓰야긴자와 한창 공동 프로젝트를 진행하면서 생긴 일이다. 사회적인 신용도를 높이고, 기업이나 지자체와의 계약을 맺기 쉽다는 이점을 고려해서 추진한 일이었다.

계속 회사원을 겸업하면서 일하던 히라이와에게 상근 스태프로 오리하타가 가세했기 때문에 당초의 예상을 뛰어넘는 도전을 할 수 있게 된 것이다. 교육업계에서는 '생초보'지만, 거꾸로 그것을 밑천으로 힘차게 도전할 수 있었다.

히라이와 NPO 팀은 "게임보다 재밌게, 학원보다 '배움'이 있는 방과 후!"라는 콘셉트로 학교와 가정, 나아가 '지역사회의 힘'이 되고자 한다.

학교는 아침 8시부터 오후 3시까지 '읽고 쓰고 셈하기'를 가르친다. 지역사회는 오후 3시부터 6시까지 '방과 후 놀이를 보살핀다'. 그리고 가정은 오후 6시부터 아침 8시까지 '기본적인 생활습관과 예절을 가르친다'. 각자의 이런 역할을 명확히 전제하고 학교, 가정, 지역사회가 삼위일체로 아이들을 돌본다.

'지역'의 코디네이터 역할을 하는 '방과 후 NPO'는 제3의 어른을 만나게 하는 '지속형, 실천형, 발표 기회'가 있는 질 높은 강좌를 열고, 아이들 '마음의 스위치'에 불이 켜지는 것을 목표로 삼는다.

콘셉트가 정해졌다. 그러나 정해지지 않은 것은 수입원이다. 아직도 조직으로 유지될지 어떨지 여부를 알 수 없는 위태로운 상황의 연속이다.

상근 스태프가 된 오리하타는 몇 번이나 '그만둘까' 싶었고, 이 일을 업무로 삼는 것을 체념할 지경이 되었다. "앞이 보이지 않는다, 어떻게 될지 모르겠다, 초조하다." 오리하타는 일기에 괴로운 심정을 토로하고 있다.

"일반 학원 해보지 않을래요? 지금 이대로는 무리예요. 먹고살 수가 없는걸요. 엘리트 꿈나무 부모들한테 고액 학원비를 받고 수준 높은 체험 학원을 해봅시다." 때로 오리하타는 그렇게 히라이와를 채근하는 일도 있었다.

그런 말을 들을 때마다, 히라이와는 '어떻게든 해봐야겠다'고 느꼈다. 그러나 방과 후 NPO의 시도가 실패하고, 체험 활동 중심의 민간학원으로 남는다면 '모든 사람들에게 안전하고 풍요로운 방과 후'라는 애초의 목적은 수포로 돌아간다. 돈 있는 사람들만 누리는 풍요로운 방과 후 세상이 계속될 것이다.

사정은 이렇지만, 2년간 상근 스태프로 일해온 오리하타에게 '급료'를 쥐꼬리만큼밖에 주지 못한다. 기업과 제휴를 시작했다고는 하지만, 오리하타의 인건비가 나올 만큼 협찬금이 많은 것도 아니다. 재단에서 찬조금을 받더라도 '인건비로는 사용할 수 없다'는 규정이 난관이다. 신BOP 소속으로 강좌를 여는 것은 지금도 자원봉사적인 면이 크다. 시민교사에게 사례비를 지급하느라 지출이 더 많을 정도다. 찾아보면 다른 형태의 찬조금이나 보조금, 위탁사업 모집 같은 것이 있을지도 모르겠지만 그런 정보를 찾거나 신청 자료를 준비할 시간과 돈이 부족한 데다, 결국은 대부분이 인건비로 쓸 수 없는 것들이다.

그러던 와중에 마침 알게 된 것이, 도쿄 미나토 구의 '아카사카·아오야마 어린이 중고생 공육(共育) 사업'이었다. 아이들에게 '놀람·감동·깨우침'의 기회가 될 강좌를 기획하고, 지역 전체가 아이들을 돌보는 육아환경을 정비한다는 취지로 아카사카 지구 총연합지부가 지역의 인재들에게 사업 참가를 공모하고 있었다. 위탁을 맡으면 향후 3년간 어느 정도 안정된 수입원을 확보할 수 있다. 아카사카·아오야마 지역의 방과 후 프로그램을 개발하겠다는 이 사업은 산발적이던 이 지역의 아동 관련 활동에 횡적인 연계를 꾀하기 위해 웹사이트로 소식을 띄우는 걸 요구한다. 히라이와 팀이 해오던 일과 비슷하다.

히라이와는 우리도 해볼 수 있지 않을까 싶었다. 아카사카는 히라이와의 출생지다. 연고지에서 방과 후 NPO 활동을 할 수만 있다면 그 이상 좋을 수 없다.

바로 기획서 작성에 들어갔다.

어린 시절에 아카사카에서 살았던 히라이와는 어디에 어떤 가게가 있고 어떤 회사가 있으며, 그것들이 어느 정도로 지역적인 존재감을 갖는지 잘 알고 있다는 '지리적 이점'이 있었다.

그 감각을 바탕으로 휴일을 이용해, 우선 지역을 돌아다니기로 했다. 화과자 가게인 '아오노(青野)' 사장의 소개로 근방의 케이크 가게 등의 점주들과도 만나게 되고, 약속을 잡아 대기업의 사회공헌활동 담당자들도 만났다. 아카사카의 공원에서 행사를 연다는 말을 들으면 찾아가서 얼굴을 내밀었다. 전부터 아는 사이였던 전파상 주인과도 만났다.

이러한 아카사카의 '얼굴'이라고 할 수 있는 사람들에게 프로그램에 협력하겠다는 약속을 얻고 응모했는데, 마침내 '서류심사를 통과했다'는 통지를 받았다.

뒤이어 심사위원인 아카사카 지역 총연합지부의 담당자들 앞에서 프레젠테이션을 했다.

며칠 후 결과가 나왔다. 최종심을 통과한 건 '방과 후 NPO 애프터스쿨'이었다. 2005년 가을부터 그저 착실하게 활동해온 히라이와와 오리하타가 처음으로 흥분해서 함성을 내질렀다.

"애프터스쿨, 하자!"

관계자들도 한시름 놓았다.

히라이와는 최종 프레젠테이션 때 미나토 구에는 미술관, 대형 기업, 각국 대사관, 사립학교 등 다양한 유형무형의 '재산'이 있다는 점을 부각시켰다. 내심으로는 그런 곳에 근무하는 사람들에게 시민교사를 권해보자고 마음먹었다.

미나토 구에는 민간방송국도 많다. 히라이와는 아카사카에 있는 TBS TV에 제안을 했는데, TBS도 자기 지역의 사회공헌활동이라는 판단하에 협력해주었다. 그래서 '지속적이고', '실천적이며', '마지막 발표회'를 갖춘 '어린이 기자 양성 강좌' 프로그램을 개최하기로 했다.

미나토 구 그리고 '방과 후 NPO 애프터스쿨', 여기에 TBS TV까지 힘을 합해 2009년 11월부터 방과 후 프로그램을 시작했다. 전체 6회 연속 강좌였다. 첫 번째 강좌는 '뉴스가 만들어지기까지', 두 번째 강좌는 '기자가 하는 일은?', 세 번째 강좌는 '카메라맨의 일과 영상편집', 네 번째 강좌는 '주제를 정해 설문조사를 하자', 다섯 번째는 아이들이 카메라를 둘러메고 아카사카 근처를 돌면서 '취재하기'였다. 그리고 마지막으로 2010년 3월에 '방송을 체험하자' 발표회를 맞이했다. '아카사카'라는 이름의 유래도 조사하고, 메이지진구(明治神宮)를 탐색하기도 했다. 몇 개의 팀으로 나뉜 아이들은 기자나 카메라맨들이 하는 일을 직접 체험하면서 자기가 사는 지역을 재발견할 수 있었다고 한다.

니토베분카 애프터스쿨

그러나 안심하고 있을 여유가 없다. 미나토 구의 사업은 3년 위탁이다. 3년 안에 조직이 안정되도록 더 폭넓게 수입원을 확보하지 않으면 안 된다.

히라이와는 지금 몇 가지 주요 수입원을 생각하고 있다. 재단법인 같은 데서 받는 찬조금, 지방자치단체 같은 데서 오는 보조금이나 사업 위탁, 기업이나 개인을 후원회원으로 모집하는 일, 각종 기부금 등 될 수 있는 한 수입원을 다변화하는 것이 조직의 존속을 위해 필요하다.

지자체의 위탁은 아니지만, 공립 초등학교에서 상담을 해오는 경우도 생겼다.

도쿄 메구로 구립 다카반(鷹番) 초등학교에는 '드림플랜 다카반'이라는 극히 다채로운 방과 후 프로그램이 있다. 교장의 주도 아래, '방과 후 애프터스쿨'이 전체적인 기획과 설계를 조언한다. 기획 내용을 실제로 운영하는 것은 학부모들과 실행위원회. 시민교사를 찾아나서는 것도 기본적으로는 실행위원회가 하지만, 방과 후 NPO가 지역을 초월하여 찾아나서는 경우도 있다. 이렇게 다카반 초등학교에서는 학교, 학부모, 방과 후 NPO가 연대하여 방과 후 개혁을 일으키고 있다. 그 결과, 현재 다카반 초등학교의 방과 후 강좌는 상당히 알찬 내용이 되었다. 대부분이 무료이며, 참가율도 높다. 부모들도 참가하여 방과 후 강좌를 즐기고 있다고 한다.

사립 초등학교의 부모들이 히라이와에게 이메일을 보내기 시작했다. 대중매체에 실린 기사를 본 뒤부터다. '아이에게 권하고픈 방과 후 프로그램'이라고 교육계 잡지에 기사가 실리자, 총기 있는 부모들에게 "어디로 가면 참가할 수 있나요?" 하는 문의를 받게 된 것이다. 그러나 그때마다 "죄송합니다. 세타가야, 메지로(目白), 미나토 구의 공립 초등학교에서 부정기적으로 열고 있습니다. 방과 후 강좌를 제공할 거점을 마련하고는 싶지만, 아직까지는 자유자재로 참가할 수 있는 준비를 갖추지 못했습니다"라는 답변으로 거절할 수밖에 없었다.

방과 후 프로그램을 원하는 다수의 목소리가 사립 초등학교의 부모들에게서 학교 측으로도 전달됐을 것이다. 마침내 다수의 사립 초등학교가 문의해왔다.

실제로 '방과 후 애프터스쿨'과 제휴를 결정한 사립 초등학교가 있다. 도쿄 나카노(中野) 구에 있는 '니토베분카(新渡戸文化) 학원'이다. 1927년에 '사회에 기여하는 자주적인 여성의 양성'을 상정하고 설립한 유서 깊은 학교법인이다. 초대 교장이 《무사도(武士道)》의 저자인 니토베 이나조(新渡戸稲造)다.

이사장인 도요가와 게이이치(豊川圭一)는 아이들에게 '질 좋고 안전한' 방과 후를 제공하고, 부모들에게는 '안심할 수' 있는 육아지원 환경을 마련해주고 싶어 했다. 그래서 히라이와와 오리하타를 만나자 의기투합하여 "자네들이 꿈꾸는 학교를 우리 학교에 만들어보지 않겠나?"라고 권유했다. 그야말로 꿈만 같은 권유였다. 그 말을 들은 순간 느꼈던 기쁨을 히라이와는 "평생 잊을 수 없다"고 말한다. 그것이 '니토베분카 애프터스쿨' 사업의 시작이었다.

도요가와 이사장은 아이들이 풍부한 교양을 습득하고, 그 위에 자신의 특기와 취미를 찾게 해주고 싶었다. 다양한 연령대 아이들끼리 교류하고, 특기 있는 어른들을 만나고, 자발적으로 놀고, 발견과 놀라움을 체험하면서 상상력·집중력·소통능력·운동신경을 발달시키고, 책임감·인내심·협동심·자신감을 갖게 할 생각이었다.

현재 오리하타 일행은 이 학교를 빈번히 들락거리며 시험적인 방과 후 강좌를 열고 있다. 식생활 교육, 발상력, 과학실험, 스포츠 등 폭넓은 주제를 다루고 있는데 하나같이 반응이 좋다고 한다.

이제까지 니토베분카 초등학교 아이들은 학교가 끝나면, 저학년은 뿔뿔이 흩어져 개인교습을 받으러 가고, 고학년은 입시학원에 가는 경우가 대부분이었다. 도요가와 이사장은 그런 현실을 바꾸고자 했다. 그래서 애프터스쿨 사업에 충실을 기해, 1학년부터 6학년에 이르는 모든 아이들이 '이쪽이 더 재밌는 것 같다'고 말하게 되었으면 좋겠다고 소망한다. 학원과는 또 다른 맛의 '배움'도 알차게 준비할 셈이다.

2011년도에는 증축하는 건물에 애프터스쿨 전용 교실도 지어서, 이 사업을 학원의 '간판'으로 만들고 싶다고 한다.

니토베분카 학원●은 유치원부터 전문대까지 있다. 보육사를 지망하는 전문대 학생들이 애프터스쿨을 응원해주니, 이 학교의 특징을 살린 방과 후 프로그램이 생겨날 날도 머지않을 듯하다.

이러한 니토베분카 학원의 진보적인 시도를 참고로, 앞으로는 다른 학교들도 방과 후 NPO와 손을 잡고 알찬 학동보육 기능으로 차별화된 시도를 늘려갈 것으로 보인다.

새로운 동료

2010년 5월에 니토베분카 학원의 '애프터스쿨' 전용실에 들렀는데, 오리하타 옆자리에 젊은 남자가 있었다. 젊은 남자는 오리하타에게 이것저것 지시를 받으며 바쁘게 움직이고 있었다.

● 니토베분카 유치원, 초등학교, 중학고등통합교, 전문대학까지 계열화되어 있으며, 현재 니토베분카 애프터스쿨도 갖춘 학원재단이다.

그는 신장 172센티미터, 체중 60킬로그램의 우에하라 슌(上原惇)이다. 1986년 5월 30일생으로, 두 달 전까지만 해도 게이오 대학 문과대 학생이었다.

우에하라는 그해 봄에 오리하타의 뒤를 이어 '방과 후 NPO 애프터스쿨'의 상근 스태프가 되었다. 애프터스쿨이 처음 실행한 대졸 새내기 채용이다.

우에하라는 하얀 피부에 네모난 안경을 썼다. 그래서 히라이와가 "해리 포터랑 닮았다"고 말한다. 주위 사람들에게 부드러운 목소리로 예의 바르게 말을 거는 모습이, 아무리 봐도 모던한 '초식(草食) 남자'로 보인다.

우에하라는 군마(群馬) 현 히가시아가쓰마(東吾妻町)에서 태어났다. 아버지는 양호학교의 교사이고, 어머니는 초등학교 교사다. 삼남매 중 차남으로, 도쿄에 있는 대학에 다니는 여동생과 함께 월세 140만 원짜리 아파트에서 살고 있다.

고향의 초등학교는 한 학년이 한 학급밖에 없었는데, 어린 시절의 그는 천진난만하고 수다스러운 소년이었다. 그런데 중학교에 들어가더니 갑자기 진지해졌다. 이유는 잘 모르겠지만 어쩐지 '나는 진지하지 않으면 안 된다'라는 의무감이 들었다고 한다. 부모님이 교사라는 사실이 자기도 모르는 사이에 압박감으로 다가왔던 것인지도 모른다. 어떻게 하면 착한 아이가 될 수 있을까를 늘 생각하며 살았다고 한다. 중학 시절에는 학생회장도 맡고, 모범생으로 지내려고 노력했다. 친구나 선생님 들이 하는 말은 무조건 "예, 예" 하고 받아들였다. "예스맨이

내 안에 절대화돼 있었다"고 회상할 정도다. 그는 그런 '관용'의 마음가짐이 중요하다고 생각했기 때문에 동급생이 기분 나쁜 짓을 해도 '헤헤' 웃어넘기려고 했다. 하지만 하고 싶은 말도 못하고, 장난도 칠 수 없으니 겉으로 드러내지는 못해도 '괴로움'이 쌓여갔다.

그것이 어느 날 몸에 이상을 가져왔다.

"위가 콱 하고 죄어들 듯이 아픈 거예요. 서 있을 수도 없을 정도였죠. 양호실에 누워 있을 수밖에 없었어요. 원인은 알 수 없었는데, 역시나 스트레스 탓이었어요. 그 뒤로 한참 만성 위통이 된 거죠."

그는 은둔형 외톨이가 되어버린 느낌이 이런 통증 같은 걸까 싶었다고 회상한다. 몸과 마음이 드디어 비명을 지른 것이다. 그는 중학 시절의 이런 경험 때문에 사고방식을 근본적으로 바꾸자고 마음먹었다.

고등학교를 졸업할 때쯤 되니까 무엇이든 진취적으로 생각하게 되었다. 그러자 몸 상태도 좋아졌다. '사고방식' 하나로 세상이 바뀐다. 그럴 바에야 진취적인 사람이 되자. 우에하라는 어느새 무엇이든 '진취적'으로 받아들이게 되었다. 그리고 무엇이든 '진취적'으로 생각하던 와중에 이제는 '낙관적'인 남자가 되었다고 한다.

우에하라는 고등학교 때부터 막연하게, 장래에는 교사가 되고 싶었다. 그러나 대학 입시를 위해 입시학원에 다니지는 않았다. 애초부터 학원에 다니지 않고 대학에 들어가기로 마음먹었다. 성적도 그다지 나쁘지 않았고, 어떻게든 될 것이라고 낙관했다. 그가 지원한 곳은 게이오 대학 문과대였다. 짧은 논문과 영어 그리고 서류전형으로 정말 합격하고 말았다.

　게이오 대학 문과대에는 교원자격증을 딸 수 있는 교직과정이 있다. 그래서 그는 교원자격증을 따려고 생각했다. 졸업한 뒤에 바로 교사가 되려고 조바심하지도 않았다. 돌아가는 길을 택해도 결국은 어떻게든 되게 되어 있다. 안정되지 않은 길을 택하는 편이 오히려 새로운 도전을 할 수 있는 길이다. 우에하라는 그런 식으로 생각하는 남자다. 다른 수많은 동급생들처럼 대기업 취업을 선망하지도 않았다. 그런 그가 취직하고자 지원한 곳이, 특정비영리활동법인인 '방과 후 NPO 애프터스쿨'이었다.

핀란드 여행

우에하라가 방과 후 활동에 공명한 이유는, 2008년 3월부터 12월까지 대학을 휴학하고 다녀온 핀란드 여행 탓도 크다.

　'세계 제일'이라고 일컫는 교육을 자신의 눈으로 직접 보고 체험하고 싶었다. '교육의 가능성이란? 바람직한 교육의 모습이란? 무릇 교육이란?' 등등의 의문들을 다시금 생각해보기 위한 여행이었다.

　핀란드를 방문하고 나서 그곳 아이들의 방과 후에 흥미를 느꼈다. 핀란드에 관해 일본에서 얘기되는 것은 '세계 제일의 학교 교육'이란 면이 고작이고, 학교 틀을 벗어난 '넓은 의미에서의 교육'에 관해서는 논의가 부족하다고 실감했다.

"핀란드는 학교가 끝난 뒤에 학원이란 게 없습니다. 지역의 클럽 활동에 참가하거나, 밖에서 친구들과 놀거나, 집에서 느긋하게 쉬는 것이 일반적입니다.

아이들을 존중하는 부모 자식 간의 소통방식이 일상적이어서, 학교에서 모르는 것이 생기면 부모가 아이와 머리를 맞대고 생각합니다. 책도 같이 읽고, 집에서 느긋하게 부모의 따스함을 느끼며 학습에 임합니다.

일본에는 온통 학원이잖아요. 툭하면 바뀌는 교육행정 때문에 학교는 대응하기에 급급합니다. 교육은 어때야 하는가, 어른과 아이들의 관계는 어때야 할까, 핀란드를 가보고 나서 더한층 여러 가지로 생각하게 되었습니다."

핀란드의 부모들은 아이들한테 공부만 시키다 보면 질려서 학습의욕을 잃을 수밖에 없다는 사실을 잘 알고 있다. 아이가 공부를 게을리해도 어른들은 강요하지 않는다. 공부를 할지 말지는 아이 스스로가 판단할 일이고, 아이의 책임이라고 말한다. 아이 스스로 깨닫게 하고 공부를 장려하는 것이 기본자세다. 그것이 방과 후에도 드러난다.

학교가 끝난 뒤에 스포츠나 취미에 빠져드는 아이들이 많다. 축구, 승마, 체조, 음악 등이 인기다. 부모들이 아이를 취미교습에 참가시킬 수 있는 배경에는 지역사회의 지원이 있다. 학생들 대부분이 지역 클럽에 참가하고 있는데, 경제적 측면과 안전성 측면 모두에 안심할 수 있기에 아이들을 다니게 한다. 아이들의 성장을 지원한다, 사회에서 살아갈 기술과 책임감을 기른다, 아이들의 재능을 발견하고 자발성을 장려한다 등이 핀란드 지역 클럽의 목적이다. 부모는 아이 스스로 취미교습을 택하게 하고, 연습도 강요하지 않는다. 하고 싶어 하는 것은 적극적으로 시키고, 즐겁게 계속 배울 수 있는 환경을 조성한다. 아이도 제가 스스로 원하여 택한 것을 '나름의 속도'로 계속한다.

방과 후에 관심을 가지고 우에하라는 일본에 귀국했다. 그는 2009년 11월, 대학생이 생각하는 '어린이 방과 후 행복의 형태'를 주제로 주식회사 하쿠호도(博報堂)의 생활총합연구소가 주최한 경연대회에서, '방과 후 NPO 애프터스쿨'과 만나게 된다. 히라이와가 심사위원을 맡고 있었던 것이다. 대학생들이 척척 꺼내 보이는 아이디어를 보며, 우에하라는 '일본에서도 방과 후가 화제가 될 것'이라고 느꼈다. 대회가 끝나고 히라이와와 대화를 나눠보니 재미있었다. 이야기에 열을 올렸다.

기존의 교육에서 중요시했던 것은 '학교'와 '가정'이다. 그러나 그에 더해서 '지역사회'에서 하는 방과 후 프로그램도 중요하다고 느끼던 우에하라는, 히라이와의 권유를 받고 '함께하고 싶다'고 생각했다. 소년 시절에 위통을 극복하고 '낙관적인 남자'로 변신한 우에하라는 위험부담이 있다는 점을 수긍한 다음, 마침내 방과 후 NPO의 상근 스태프가 되었다. 우에하라는 말한다.

"방과 후 프로그램으로 해보고 싶은 게 아주 많습니다. 방과 후 프로그램을 통해 교육과 복지를 연결시키고 싶어요. 우선은 강좌를 기획하

264

며 운영하는 걸 배우고, 강좌에 참가하는 아이들이 어떤 상황에 어떻게 눈을 반짝이는지, 무얼 느끼고 어떤 걸 생각하는지, 아이들의 생생한 반응을 착실히 모아보렵니다. 그리고 그 반응을 방과 후의 가능성을 넓히는 원동력으로 삼아 교육의 가능성까지 넓힐 겁니다."

히라이와는 "신입사원 평균 수준의 급료를 주겠다"고 우에하라에게 약속했다. 그러나 언제까지 급료를 줄 수 있을지, 안정된 수입원을 확보할 구조는 아직 보이지 않는다.

어느새 히라이와는 두 명의 상근 스태프를 떠안은 NPO의 대표가 되고 말았다. 게다가 자신은 여전히 회사원이다.

경험자에게 "NPO 대표는 온통 돈 생각만 해야 한다"는 말을 들은 적이 있다. '꼭 그런 건 아니야'라고 소리 높여 말하고 싶지만, 어깨의 짐은 무겁다. 밤에 퍼뜩 눈을 뜨게 될 때도 있다. 대개는 돈 때문에 궁지에 몰리는 꿈을 꿨을 때다.

명함을 들고 돕겠다

그러한 히라이와의 걱정은 아랑곳 않고 '낙관적으로' 첫 직장에 입사한 우에하라는 어떤 나날을 보내고 있을까?

모월 모일, 우에하라는 아침 9시에 니토베분카 학원에 도착했다. 오리하타와 함께 애프터스쿨 사업의 광고지를 작성하고 있는데 미나토 구 관계자에게 연락이 왔다. 다음번 강좌에 대한 상담이다.

점심 휴식을 가지려는데 긴급사태가 발생했다. 광고지를 검토한 학교 측 간부에게 "보험 혜택 범위를 좀 더 상세하게 기재하는 편이 좋겠다"는 지적을 받고, 광고 내용을 수정해야만 했다. 황급히 인쇄 담당자에게 연락을 취해 대처했다.

오후 12시 반, 우에하라는 학원을 벗어나 세타가야 구의 공립 초등학교로 향했다. 나카노에 있는 니토베분카 학원에서 이 공립 초등학교의 가장 가까운 역까지 가는 길은 교통편이 나쁘다. 몇 번이나 갈아타야 하는 데다 시간도 많이 걸린다. 도중에 급행열차에서 완행으로 갈아타기 위해 정거장에서 기다리는 동안, 아침에 사둔 빵을 입에 베어문다. 점심밥은 이게 전부다.

오후 1시 반, 우에하라는 초등학교에 도착했다. 신BOP 사무실로 가서 사무국장에게 인사를 한다. 이날은 1학년부터 3학년까지 40명이 넘는 아이들이 기다리고 있다. 우에하라는 그들에게 '닷지비' 강좌를 제공하는 '방과 후 코디네이터'를 맡고 있다. 조금 뒤에 닷지비협회 소속의 시민교사들도 찾아왔다. 상담도 하고, 도구도 확인하느라 오후 2시가 조금 지나 드디어 강좌를 시작한다.

같은 '닷지비'라도 각 학교의 신BOP에 따라서 일정이 달라지고, 가르치는 내용도 달라진다. 이 초등학교에는 경험자도 있었다. 강좌는 한 시간 반 동안, 오후 4시까지 아이들끼리 경기를 벌이는 게임으로 진행했다. 남자팀과 여자팀으로 맞서 겨룬 경기에서 놀랍게도 여자팀이

2연승을 거뒀다. 남자아이 중 한 명은 분해서 눈물까지 흘렸다.

뒷정리를 하고, 오후 4시부터 20분 정도 반성회를 열었다. 좀 더 좋은 프로그램으로 만들려면 어떻게 하면 좋을까, 구내의 몇몇 학교끼리 토너먼트 방식으로 시합할 환경을 만들 수는 없을까 등등 시민교사들도 제안을 내놓았다. 시민교사가 없는 기간에는 아이들 연습을 어떻게 시킬지에 대하여 이런 자리를 통해 신BOP 스태프들에게 말할 수 있다.

오후 4시 반, 스태프들과 반성회를 마치고 우에하라는 시민교사들과 함께 학교를 나섰다. 역으로 돌아가는 길에 찻집에 들렀다. 거기서 우에하라는 재차 감사 인사를 하고 사례금을 건넨다.

사회경험이 얼마 없는 우에하라 눈으로 보면, '방과 후 NPO 애프터스쿨'에 도움이 되는 구성원들이 가세하고 있다. "이제부터 나도 NPO 명함을 들고 돕겠다"면서 자발적으로 나서는 사회경험이 풍부한 중견 회사원들이 생기고 있는 것이다. 일반적인 신입사원들은 보고, 연락, 상담 같은 사회인으로서의 기본을 선배 사원에게 배운다. 그러나 우에하라에게는 몇 안 되는 NPO 선배뿐이었다. 그랬던 만큼 이러한 인생 선배들이 가세하면서 기탄없이 의견을 말해주기 때문에 사회인으로서 성장할 수도 있다.

'명함'은 굿 디자인상 심사 때 '내가 뽑은 추천작'으로 애프터스쿨의 활동을 뽑아준 디자이너 나가이 가즈후미가 그린 로고를 넣은 명함이 호평을 받았다. 그 점 또한 '명함을 들고 돕겠다'며 나서는 사람들을 더 늘어나게 하는 모양이다.

이제 막 일선에서 물러난 퇴직 기업인들도 방과 후 개혁에 참가 의사를 전해온다.

1949년 태생인 소가 타로(曾我太郎)는 오랫동안 일본 IBM에서 영업과 컨설팅 관련 업무를 해왔다. 현재는 ㈜LTS에서 기업의 인재양성 프로그램에 관여하고 있다. 중소기업 진단사 자격증도 가지고 있으며 골프, 독서, 기공 단전호흡, 전통 일본화 등 취미도 다채롭다. 중앙 관청의 관료 소개로 애프터스쿨 활동을 알게 되면서, 지금은 명함을 들고 활약 중이다.

"굉장히 재미있어요. 재미가 있으니 하는 거죠. 이 활동은 어린이, 지역사회, 기업, 스태프, 기부금 협력자, 여러 면이 동시에 모두 윈−윈(win-win) 관계를 만들어낼 수 있습니다. 나는 이 명함을 들고 여러 곳을 자연스레 드나들 수 있다는 걸 즐깁니다. 지난번에는 시모키타자와의 상점가연합회 관계자와 만났습니다. 지금도 업무관계상 여러 기업을 찾지만 그때마다 애프터스쿨을 선전하고, 방과 후 프로그램 얘기도 하고 있어요."

퇴직 후 한가하게 시간을 보내다가 온천지 가루이자와(輕井沢)나 아타미(熱海)에서 골프 삼매경에 빠지는 친구들도 많지만, 그는 그런 친구들 얘기는 들어도 재미가 없다고 한다.

"일이라는 건 말입니다, 인간의 긍지 아닙니까? 한번 퇴직해서 엔진을 꺼버리면 안 돌아가는 법이에요. 1·2년 정도 꺼두면, 그건 그대로 끝이죠. 엔진이라는 건 말입니다, 계속 돌리지 않으면 성능이 뚝 떨어져버리고 말거든요."

그리고 육아에 대해서도 마음에 둔 것이 있었다. 만약 방과 후 NPO가 자신이 아이를 키우던 지역에 있었다면 아이들을 사립학교에 보내지 않아도 되었을 거라는 것이다.

주부들도 나서기 시작했다. 사미조 마키(三溝眞紀)는 2010년 봄, 셋째 아이를 대학에 보내고 '나의 양육은 일단락됐다'고 느끼고 있다. 원래부터 대학 동문회 활동 같은 일을 해온 사미조 씨는 앞으로 애프터스쿨 활동에 적극적으로 참여하겠다고 말한다.

그 밖에 갓 은퇴한 항공사 승무원도 있고, 시부야 대학 강사인 오리하타가 '방과 후 강좌를 만들자'라는 강의를 할 때 만난 젊은이 등 뜻을 같이하는 동료들이 계속 불어나고 있다. 방과 후 NPO를 발전시킬 중요한 사람들이 모여들기 시작한 것이다.

방과 후가 바뀌고 있다

필요한 것은 사회의 철학

이제껏 외면받아온 '방과 후'가 드디어 빛을 보기 시작했다.

2005년 가을 작은 지역회관에서 처음으로 일식 강좌를 개최한 뒤 어언 5년이 지났다. 그사이 '방과 후 NPO 애프터스쿨'은 100종류가 넘는 강좌를 탄생시켰다. 참가 학생 수도 약 1만 명을 넘어섰다.

앞으로 전국에 수많은 방과 후 NPO가 탄생할 것이고, 1년에 한 번은 전국대회가 열릴 것이다. 서로 애로사항과 당면과제에 대해 대화를 나누고 좋은 실천 사례를 소개하며, 방과 후에 관한 학술적인 연구도 이어갈 것이다. '방과 후'를 둘러싼 선순환 구조가 그런 식으로 생겨날 것이라고 히라이와는 꿈꾼다. 그는 "그런 미래를 위해 방과 후 NPO 애프터스쿨이 주춧돌이 될 것"이라고 말한다.

한편, 히라이와는 이렇게도 생각한다. 그런 미래를 이루려면, 양다리 걸치기로 회사원과 NPO 대표를 겸업하는 것은 무리가 아닐까? 앞장서 부담을 떠안고 뛰어들어준 오리하타의 열의, 그리고 지금까지 시민교사를 맡아준 사람들의 두터운 호의, 그에 부응하고자 자신도 이른 아침, 깊은 밤, 휴일마저 온통 다 바쳐 일해왔다. 그러나 시간적인 한계가 엄연했기에, 하고 싶어도 포기해야 했던 순간이 많다. 이대로 가도 괜찮을까, 그도 아니면…….

히라이와도 드디어 갈림길에 서게 됐다.

오리하타가 이미 맛봤던 '생활을 이어갈 수 있을까?' 하는 불안이 엄습한다. 그 불안은 활동을 시작했을 때부터 계속 걸림돌이었던 '비즈니스 모델'이 어디에 있는가로 귀결된다.

그러나 NPO의 비즈니스 모델이란 근본적으로 무엇을 말하는가. 애당초 이익을 추구하는 조직이 아니지 않는가. 그렇다면 필요한 건 비즈니스 모델보다는 오히려 철학이 필요한 게 아닐까. 그것도 개인적인 차원이 아닌, 사회적인 철학 말이다.

2009년 가을, 〈뉴욕타임스〉에 방과 후 NPO의 한 간부가 '나 홀로 집에Home alone'라는 칼럼을 투고했다(10월 20일 인터넷 판). 오바마 대통령이 선거유세 때 공약했던 대로, 애프터스쿨 예산을 두 배로 늘리겠다던 지원 정책을 약속대로 실시하라고 촉구하는 기사였다.

알다시피 오바마 대통령은 대학 시절, 지역의 한 단체에서 어린이

지원 활동을 했다. 2009년 7월에 전국 규모로 열린 교육 관련 집회에서 오바마는 방과 후나 방학 강좌의 '기회 불평등'은 빈부격차를 심화시킬 것이라고 표명한 바 있다. 또 방과 후를 충실하게 해야 할 중요성을 강조하기도 했다.

미국은 정부를 비롯한 공공기관에서 방과 후 활동을 지원하는 것을 사회적으로 지지하고 있다. 국가의 빠듯한 재정에도 불구하고 앞으로도 미국의 정책은 지속될 것이다. 무엇보다도 유권자인 부모들이 강력하게 요구하고 있기 때문이다. 한 조사에 따르면 "만약 전국의 모든 아동을 방과 후 강좌에 참여시키기 위해 1년에 100달러(약 11만 원)를 증세한다면 어떻게 하시겠습니까?"라는 질문에 70% 가까운 사람이 '찬성'이라고 대답했다.

불황의 여파로 민간기업의 지원이 절실해지고 있는 가운데 기업들의 기부금이 크게 격감하고 있다. 예의 그 LA's BEST마저 불황으로 어려움을 겪고 있다. 2009년에는 계획했던 몇 개의 여름강좌를 열 수 없었다고 한다. 미국 전역의 방과 후 NPO 중 60%가 지난 2년 연속 모금에서 적자를 냈다는 조사결과도 있다.

반면 불황은 오히려 방과 후 강좌에 대한 수요를 더욱 증폭시키기도 한다. 부부가 맞벌이를 해야만 먹고사는 집들이 늘어나기 때문이다. 방과 후 강좌 때 나누어주는 '간식'이 일부 아이들에게는 '저녁'이 되고 있다는 심각한 보고도 있다. 미국의 방과 후 NPO들은 입을 모아 "만일 정부가 방과 후에 투입하는 공적 자금을 삭감한다면 사회에 악영향을 미칠 것"이라고 연대하여 호소하고 있다.

"방과 후 강좌를 제공할 수 없게 된다면, 아이들은 방과 후에 어디로 가야 한단 말인가? 정부는 책임질 수 있는가?"라고 그들은 강하게 주장하고 있다.

방과 후 NPO들이 하는 강좌는 이제 미국 사회에서 빼놓을 수 없는 존재가 되고 있다.

세계의 동향

'방과 후 NPO 애프터스쿨'이 미디어에 소개된 뒤, 방과 후 강좌의 현장으로 다양한 사람들이 시찰하러 온다. 정부 관계자, 지자체 담당자, 게다가 해외 시찰단도 찾아온다.

입시 열기가 치열해서 초등학생의 70%가 학원에 다닌다는 한국의 시찰단도 왔다. 한국의 방과 후는 일본보다 더 심해서 학원에 주도권을 빼앗긴 상태다. 월급이 300만 원 넘는 가정의 80% 넘는 아이들이 학원을 다닌다. 월급 150만 원 이하의 가정은 40%로 낮은 수준이다. 그러나 이 방과 후 학교가 너무 공부 위주라는 비판도 있다. 시찰단은 정부가 주도하는 것이 아닌, 민간단체가 주도하는 방과 후 활동을 보려고 '애프터스쿨'을 방문한 것이다. 히라이와가 조직구조를 설명하니, "한국에도 지부를 만들고 싶다"고 했다.

사실은 미국이나 한국만이 아니라, 지금 세계 각국은 방과 후 개혁을 추진 중이다.

2008년 가을에 일본총합연구소에서 '초등교육에 관한 연구 프로젝트'를 시작했다. 연구소는 세계 어린이의 방과 후를 조사했다. 사실 원래는 '방과 후'라는 주제를 프로젝트 전면에 내세우고 싶었지만, '방과 후라는 말이 좀 초라하다'는 의견도 나오고 '그다지 중요하지 않은 주제'라는 인상을 줄 듯하다는 이견이 있어, 프로젝트의 타이틀로 내세우지 못했다고 이케모토 미카(池本美香) 연구원은 털어놨다. 그러나 연구를 하면서 각국의 선진적인 방과 후 활동들을 알 수 있었다고 말한다.

예컨대 프랑스에서는 '학동보육'에 해당하는 과외 활동을 '여가 센터'라고 부른다. 프랑스의 아이들은 학교 교육을 받을 권리를 갖는 동시에 여가 센터에서 집단적으로 생활하며, 자연·사회·문화에 관한 제반 활동을 통해 조직화된 여가를 보낼 권리를 가진다고 한다. 여가 센터는 두 살 반에서 열일곱 살까지의 아이들을 대상으로 하는데, 대략 10명의 아이를 한 명의 '여가 지도원(국가자격증 소지자)'이 돌본다. 여가 지도원은 다양한 요소를 갖춘 갖가지 놀이를 아이들에게 제공한다. 그림 그리기, 조각, 연극, 노래 같은 표현 활동은 물론 단체 스포츠, 사진, 과학적 관심의 환기, 원예, 시민의식 교육 등을 비롯해 산책, 동물원·미술관·박물관 견학도 실시하고 있다.

2005년도 여론조사에 따르면 4명 중 3명이 여가 센터에 대해 '만족'하고 있다. 일반적으로 여가 센터에서 아이들이 체험을 풍부하게 쌓는 것이 '자립과 공생'을 사회의 목표로 내세우는 프랑스 사회를 만드는 '가장 확실한 지름길'이라는 의식이 사람들 사이에 공통된 인식이라 한다.

독일의 방과 후는 2006년부터 독일 정부가 주도해온 '다세대의 집'이 흥미롭다. 정부가 보조금을 대주는 대신 몇 가지 조건을 제시하고, 운영 목적을 확실히 하고 있다. ① 어린이부터 고령자까지 모든 연령층을 대상으로 한다. ② 다세대 간의 프로그램이 있다. ③ 어린이를 돌본다. ④ 공공의 집회장소가 있다. ⑤ 상근자와 자원봉사자가 협력해야 한다. '다세대의 집'은 이와 같은 조건 전체를 만족시켜야만 한다. 예를 들어 베를린 시에 있는 '다세대의 집'에서는 댄스, 연극, 이야기 카페, 스포츠, 외국어회화, 고령자 컴퓨터 강좌, 고령자와 어린이의 놀이 교류, 생일잔치, 학교 데려다 주기 프로젝트, 피에로의 환아(患兒) 방문 프로그램 등을 실시하고 있다 한다.

영국의 방과 후 정책에는 사회적 통합을 위한 배려가 있다. 저소득층의 학동보육 이용료를 낮춰 모든 아이들에게 풍요로운 방과 후를 보장하고, 능력을 최대한 키울 수 있는 기회를 주고자 한다. 그것을 단지 인도적인 관점에 국한해서 시행하는 것이 아니다. 국가는 '쓸데없는 능력은 없다'는 관점을 바탕으로, 자립 가능한 인구를 늘리는 것이 장차 사회보장 부담도 경감시킬 것이라는 의도를 갖고 있다 한다.

1998년 무렵부터는 '학습지원'이라는 콘셉트로 학교수업 이외의 다양한 활동을 어떻게 충실하게 할지 의논하고 있다. '학습지원'이란 아이들의 체험을 풍부하게 하는 다양한 활동을 뜻하는 개념인데, 숙제 클럽,

부진 학습 보충수업, 그 밖에 스포츠·음악·댄스·드라마·미술·수예·체스 등의 클럽, 그리고 응급구조 강좌, 미술관 및 박물관 견학, 외국어 공부, 자원봉사활동, 기업에서 직장 체험하기 등이 포함된다.

영국의 이 학습지원은 '학업성적, 학습태도, 학교 출석률' 세 가지 면에서 좋은 효과를 내어 주목받고 있다. 예컨대 체스 클럽에 들어간 뒤 수학성적이 오르는 등 학교수업에 자신 없던 아이들이 방과 후 활동을 통해 자존감을 높이고, 잘 못하던 과목도 점차 나아질 수 있다는 점을 손꼽는다.

세계는 이어져 있다. 지금은 세계화된 사회 속에서 어떻게 하면 아이들이 경쟁에서 살아남을 수 있을까를 생각해야 하는 시대다. 선진국들의 방과 후 정책에서는 그런 '살아남기 위해 뒤떨어지지 않는 학습능력'을 아이들에게 갖게 하려는 공통된 의도가 엿보인다.

일본의 방과 후는 이제껏 '복지(보육)'와 '교육'으로 양분화되어왔다. '복지'는 후생노동성 담당이고, '교육'은 문부과학성 담당으로 끝이다. 그러나 지금 선진국들은 그 통합을 향해 달려가고 있다. '교육 복지'라는 신개념을 바탕으로 아이들이 뒤처지지 않도록 한다. 되도록 고교 중퇴자, 니트족, 심하면 범죄자나 노숙자가 되지 않게끔 어릴 적부터 지원해주고 있다. 그런 지원 자체가 교육임과 동시에 안전망이라는 복지적 의미도 강하다. 아이들이 나중에 커서 선한 시민, 선한 납세자로 일할 수 있도록 방과 후 환경을 조성하는 것이다.

아이들이 뒤처지지 않는 사회구조를 만들려면 학교 교육만으로는 힘이 부치고, 그렇다고 해서 그 연장선인 '사설학원'도 이를 해결할 수 없다. 그것은 방과 후 시간을 더욱 풍요롭게 해야 비로소 가능해진다. 세계는 지금 그런 눈으로 방과 후를 달리보고 있는 것이다.

이에 반해 일본은 아직 교육과 복지 사이의 간극이 큰 데다, 대기아동 해소조차 '재정난'을 이유로 해결하지 못하고 있다. 그때그때 땜질식, 대중요법 식의 방과 후 정책만 반복하고 있을 뿐이다.

조촐한 입사식

2010년 4월, 도쿄의 한 레스토랑에서 '방과 후 NPO 애프터스쿨'의 조촐한 입사식을 치렀다. 히라이와와 오리하타를 포함하여 졸업하자마자 상근 스태프가 된 우에하라 그리고 사토 테루키(佐藤輝貴)를 비롯하여 이제까지 활동해준 스태프들이 모였다. 또한 앞으로 일을 제치고라도 적극적으로 뛰고 싶다는 아지미네 쇼코(安次嶺祥子)와 자원봉사활동을 약속한 사미조 마키도 있었다.

술도 들어가고, 훈훈한 분위기가 무르익자 오리하타가 선언했다.

"저, 요번에 아파트로 이사해서 '여친'이랑 동거를 시작했습니다. 부모님도 확실하게 허락해주셨습니다! 다음에는 같이 데리고 오겠습니다!"

"아이고, 드디어 결정이 나셨나?" 놀리는 소리가 떠들썩했다.

조만간 오리하타는 결혼할지 모른다. 그렇게 되면 그가 가정을 꾸려

갈 만큼 돈을 벌 수 있을까? 과연 안정된 수입을 얻을 수 있을까?

안정된 수입을 위해서는 '방과 후 코디네이터라는 직업이 필요하다'는 사회적 인식을 얻어야만 한다. 또한 '방과 후 NPO'를 지지하는 세력이 확산되어야 한다.

'모든 어른이 아이들의 교사가 될 수는 없을까?'

방과 후 NPO 애프터스쿨 활동을 시작할 적에 히라이와가 구상했던 명제다. 옛날부터 일본은 사회 전체가 아이를 키우던, 세계적으로도 보기 드문 방과 후 선진국이었다. 그러나 오늘날은 시대의 흐름과 더불어 사회와 어린이는 단절되고, 언제부터인가 방과 후 후진국으로 전락해버렸다.

그러나 아직은 쓸 만하다. 사람들의 의식 속에 어떻게든 해봐야지 하는 마음이 아직은 남아 있다. 필요한 건 촉매제 역할을 맡을 자다. 그것이 바로 '방과 후 NPO'다.

2011년은 어떤 봄을 맞이할까? 이 봄부터 니토베분카 학원에 꿈의 애프터스쿨이 개교한다. 오리하타는 거기에 전력을 쏟아부을 작정이다. 히라이와도 이 방과 후 NPO의 세계로 드디어 두 발을 다 들이게 될 모양이다.

그런 히라이와의 마음을 어루만져주는 것은 전국의 아이들과 시민 교사들의 웃는 얼굴, 아름다운 노을 그리고 무엇보다도 이 활동의 모체인 딸아이의 한마디다.

"아빠, 고마워요. 모두 기뻐하고 있어요!"

저렴하고 안전하고 부모도 안심하는 풍요로운 체험의 방과 후를 모든 아이들에게!

옛날 같으면 말 그대로 '놔두기만 하면' 풍요롭던 방과 후가 있었다. 그러나 지금은 없다. 그렇기 때문에 일본에도 방과 후 NPO가 필요하다.

이 활동을 지원하는 방법은 얼마든지 다양하다. 아주 가벼운 지원도 충분하다. 조금씩 보태는 생각, 아름다운 마음씨, 지혜나 특기, 돈이나 시간 등을 방과 후 NPO를 통해 지역의 학교로 모아 빈곤한 일본의 방과 후를 바꾸고 싶다.

방과 후 개혁은 아이들만 건강하게 만드는 게 아니다. 제대로 기능하면 지역의 연대감을 되찾고, 사회 전체에 활기를 불어넣을 기폭제가 되리라 믿는다. 꼭 응원해주기를 바란다.

끝으로 이 자리를 빌어, 특정비영리활동법인 '방과 후 NPO 애프터스쿨www.npoafterschool.org'을 비롯하여 취재에 협력해준 모든 분들께, 활동을 지원해주는 많은 분들께 그리고 소박한 주제를 다룬 이 책에 주목해준 분케이슌주(文藝春秋) 출판사의 안도 이즈미(安藤泉) 님께 마음으로부터 감사드린다.

2010년 11월

가와카미 게이지로

'방과후NPO 애프터스쿨'이 운영하는 방과 후 강좌[1]

― 2010년 11월 7일까지 실행한 총 121개의 강좌(이벤트 포함)

분야 및 종류		강좌명 / 강사	내용
의	편물	Warm Hand Knit 구보타 지카코(窪田千加子)	요술코바늘(一本針)[2]로 하는 뜨개질.
		손가락뜨개질 다카하시 마사코(高橋まさ子)	맨손으로 짜는 편물. 총 2회. 일본편물검정협회 기술위원이 직접 지도.
		콕콕 양모 사카이 히로미(酒井博美)	양모로 귀여운 동물들을 짠다.
	패션&예절	전문가에게 배운다! 패션&매너 (주)도쿄스와르(soir)[3]	격식 차린 자리에 뜻하지 않게 참석할 때 입고 나갈 옷차림과 에티켓 체험! 총 4회.
		어린이 패션쇼 강좌 나가타(長田, PD), 간뿔, 모델) 등	아이들이 모델, 스타일리스트, 메이크업 팀으로 나뉘어 패션쇼를 연다! 총 4회.
식	요리	전문 요리집의 맛! 시부이치 마사루(四分一勝)	도토야 우오신(とㅣや魚新) 회장의 정통 일식 만들기, 전통 일식 접대의 마음가짐도 배운다.
		이태리 요리 명인 등장! 우에타케 다카마사(植竹隆政)	유명 레스토랑 '카노비아노canoviano'의 사장과 함께하는 뇨키 만들기와 시식.
		밥보 안젤로 셰프 등장![4] 밥보 안젤로	이탈리안 레스토랑 '밥보 안젤로' 사장과 함께하는 피자 만들기 및 시식.
		일식 초밥 강좌 가네코 유스케(金子雄介)	3대째 '몬즈시(紋寿司)'를 운영하는 유스케 사장과 함께 일식의 대명사 초밥을 만들어보자!
	제과	초보자를 위한 프랑스 쿠키 나가이 노리유키(永井紀之)	정통 프랑스 제과점 '노리에뜨Noliette'의 셰프와 함께 파티시에 체험.
		뤼드파시rue de passy의 나가시마 셰프 등장! 나가시마 마사키(長島正樹)	국립 사범대 가쿠게이(学芸) 대학 옆 프랑스 제과점 '뤼드파시' 사장의 쿠키 강좌.
		진짜로 도전하는 파티시에! 구라미쓰 난쓰요(倉光なつよ)	먹거리에 정통한 지역 시민교사와 함께 과자 굽기.
		진짜로 도전하는 파티시에! 오구라 준코(小倉順子)	2006년부터 이어온 과자 만들기 강좌.
		와카시(和菓子) 강좌의 졸업을 축하해! 야마자키 아야(山崎彩)	강좌를 마치는 선배들에게 선물할 일본과자. 전통과자 연구가와 함께 귀엽게 만들자!
	농장 체험	농장탐험대 '흙과 농사 교류원' 관계자들	세타가야 구 평생학습과 주최, 직영 농원(土と農の交流園)에서의 농장 체험.

1 여기 소개된 강좌는 www.npoafterschool.cocolog-nifty.com에서 자세한 내용을 살펴볼 수 있다.
2 바늘귀가 달린 코바늘. 바늘귀에 색이 다른 실을 같이 꿰어 2색 코바늘뜨기도 하고, 귀가 날린 끝을 이용하면 일반 대바늘뜨기도 할 수 있다.
3 50년 전통을 자랑하는 남녀 정장 전문 제조업체. 프랑스어 '스와르soir'는 저녁식사 또는 정찬을 뜻한다.
4 코촐리노 안젤로Cozzolino Angelo는 본명보다 '밥보 안젤로'로 더 많이 불린다. 이탈리아어 'babbo'는 '아빠, 아버지'란 뜻이다. 활발히 자원봉사를 펴는 한편, 이탈리안 요리책 두 권을 펴내기도 했다.

식	식교육 (食育)	대학생과 함께 두부를 만들자! 오차스Ochas 동아리	오차노미즈(お茶の水) 여대의 동아리 오차스와 함께 두부 만들기.
		지구의 식탁 에다모토 나호미(枝元なほみ, 요리평론가)	요리평론가가 직접 그림과 사진집을 보여주며 얘기해 먹거리에 대한 상상력을 키운다.
		아이스크림의 비밀 (주)하겐다즈 재팬	아이스크림의 비밀을 직접 실험하거나 슬라이드를 보며 배운다.
		어린이 래디시[5] 학원 (주)래디시보야	식칼 사용법, 성장에 필요한 먹거리의 중요성을 배운다.
		메이지유유, 버터 만들기 (주)메이지유업(明治乳業)	우유 관련 먹거리 공부, 손쉽게 신선한 버터 만들기.
		'에다마메 왕자' 가 온다! 에다마메 오지(枝豆王子)[6]	먹거리에 관한 노래, 그림책으로 보는 작물, 일본 풋콩을 가장 잘 삶는 법 등을 배운다.
		'아깝다' 는 걸 알리자 NPO 세컨드 하비스트 재팬	먹을 수 있는데도 이런저런 이유로 버려지는 식재료로 간식 만들기.
주	집짓기	초보 집짓기 가네코 겐조(金子賢三, 일급 건축사)와 다자와 도시오(田沢敏男, 대목수)	연간 강좌, 총 12회. 2008년 키즈 디자인상과 굿디자인상 수상.
	거리 조성	살기 편한 거리 만들기 사와 시로(澤士郎)	서로 다른 다양한 조건에서 살기 편한 거리를 디자인해보기.
		내진적목(耐震積み木) 쌓기로 놀자! 가네코 겐조	적목 놀이를 통해 거리를 만들어보고, 지진을 견디는 건물의 내진성에 관해 알아본다.
	인테리어 디자인	집짓기 2단계 일본 인테리어 디자이너 협회	'초보 집짓기' 때 지은 집에 3차원 공간 디자인해보기. 2009년 굿 디자인상 수상. 총 10회.
	건축	건물 개조 대계획! 무라시 다케오(連敏夫, 건축가)	1급 건축사와 함께 건축물의 장단점을 살피고 보완할 것을 만들어본다. 총 6회.
	Tokyo Midtown Kids Week	에코 타워 거리를 만들자! NPO '어린이 창조나라 Chick'	각자 나무판에 원하는 만큼 마음대로 폐자재를 붙여, 힘을 합쳐 거리를 만들자!
음악	악기 제작	직접 만든 악기로 연주회를! 야마모토 도모키(山本智紀, 젬베 연주자)	직접 만든 악기와 아프리카 젬베 북의 협주.
	스틸 드럼	스틸 드럼을 치자! 톤치(トンチ, 스틸 드럼 전문 연주자)	젊은 드러머와 함께하는 타악기 연주 체험.
	노래	가수 '야마다 판다' 가 온다! 야마다 판다(山田パンダ)	인기 포크송 그룹의 보컬 야마다 쓰구토(山田嗣人)의 지도로 노래발표회를 연다. 총 4회.
		가수 '지키지키(ジキジキ)' 가 온다! '지키지키'(메오토めおと 악단 리더)	TV 코미디 프로그램 '소텐(笑点)'에도 출연한 코믹송 부부가수 리더의 재미난 음악 수업.

5 Radish. 샐러드용 작고 빨간 무.
6 고지마 게이스케(児島啓介). 인기 그룹 SMAP의 노래를 작곡한 뮤지션이지만 '일본 풋콩(枝豆, えだまめ, 에다마메) 왕자'로 더 유명한 풋콩 마니아이다. 노래, 책, 방송을 통해 풋콩 전도사로 활약 중이다.

음악	노래	'지브리(ジブリ)' 노래를 부르자! 미야자키 스미코(宮崎すみこ)	재즈 피아니스트의 발성법을 배운 뒤, 모두가 좋아하는 지브리 만화영화 노래를 부르자!
	밴드	미니미니 밴드 오토야 모토나리(OTOYA元就)	문화제를 목표로 어린 밴드를 결성, 젊은 뮤지션 '모토나리'에게 레슨을 받는다.
	우쿨렐레	'우쿨렐레' 입문! 교고쿠 준이치(京極順一)	쉬운 악기 우쿨렐레 전문 연주자와 함께하는 음악 시간.
		'해피호피(ハッピーホッピー)'가 온다! Happy☆Hoppy(2인조 그룹)	즐거운 음악, 우쿨렐레와 퍼커션의 합주!
스포츠	줄넘기 퍼포먼스	'나와레인저'가 온다! 나와레인저(繩★レンジャー)	TV에도 출연하는 줄넘기 퍼포먼스 그룹에게서 다양한 줄넘기 방식을 배운다.
	얼티미트 (닷지비)	새로운 스포츠! 닷지비! 일본 플라잉디스크 협회	전국으로 퍼져가는 새로운 스포츠! 여학생도, 저학년도 함께 즐길 수 있다. 총 3-6회.
	베르디 축구	도쿄 베르디가 왔다! 도쿄 베르디(東京ヴェルディ 1969)	프로 축구단 베르디의 지도자에게 배우는 재미있는 축구.
	댄스	'오야지 댄서즈' 등장! SDC(세타가야 구청 댄스 커뮤니티)	프로댄서에게 배우는 오야지 댄스[7] 힙합 프로그램.
		발표회를 향해 춤추자! AIMI(프로 댄서)	프로 댄서에게 배우고, 지역 행사에서 뽐낸다. 총 3회.
	피트니스	근육 순위표! 이베 노리코(伊部紀子, 전문 트레이너)	코 대신 봉 잡고 제자리 돌기, 실내화 던지기 등을 겨루며 체력을 측정한다.
	FC 도쿄 축구	FC 도쿄 선수가 왔다! 프로 축구단 'FC 도쿄'	아이들에게 큰 감동! 프로 선수에게 직접 배우는 축구.
	슬랙라인	'슬랙라인' 에 도전! 야시로 고헤이(屋代幸平, JSBM 대표)	야외 아무데나 줄을 묶어 외줄타기를 벌이는 슬랙라인. 유럽에서 온 신종 스포츠다.
문화	다도	다도의 마음가짐 조화, 협조, 배려심 요코회(陽杲会, 다도 살롱)	기모노를 입은 선생님이 격식 갖춘 근사한 차 대접을 가르친다.
		센차(煎茶)를 우려보자 마키노 무네오(牧野宗美)	에도센케(江戸千家) 다헌의 선생님에게 차 우리는 걸 배워 엄마 아빠에게도 가르친다.
	전통극	전통극 교겐(狂言)이 왔다! 미야케 도쿠로(三宅藤九郎)	도쿠로 가(家) 10대 전승자를 모시고 일본 문화와 역사 깊은 교겐 동작을 배운다. 총 3회.
	전통무용	일본 전통 춤을 추자 하나야기 사리주(花柳沙里樹)	하나야기류(花柳流) 전통 춤 전승자를 모시고 춤사위와 예법을 배운다.
	꽃꽂이	꽃꽂이로 일본 문화를 배운다 가토 구미코(加藤久美子)	초보자도 괜찮다! 소게쓰류(草月流) 꽃꽂이 전승자에게 꽃꽂이를 배운다.
		나무젓가락으로 에코 꽃꽂이를! 고미야 리에(小宮梨絵会)	이케노보(池坊) 전문대 젊은 여교수와 함께, 사용한 나무젓가락을 얽어 멋지게 꽃꽂이를!

7 '아버지 춤'이라는 의미. 유명 연예인 파파야 스즈키가 드라마 〈워킹맨(働きマン)〉 종료 때 출연진과 '오야지 댄서즈'라는 팀을 꾸려 맵시와 무관하게 춘 춤인데, 힙합은 젊은이들만 춘다는 상식을 깨고 일본 전국에 유행했다.

문화	꽃꽂이	꽃을 통한 생명 강좌, 화육(花育) 가자하나'(風花, 이끼볼 전문 공방)	화분 없이, 뿌리에 흙을 단단히 뭉치고 이끼로 감싸 이끼볼moss ball을 만든다.
	라쿠고	다치카와 고시라 등장! 다치가와 고시라(立川こしら, 만담가)	라디오에도 출연하는 인기 라쿠고(落語) 만담가와 함께 라쿠고를 체험한다.
		재능을 싹 틔우는 '라쿠고 체험 강좌' 야나기야 후쿠지(柳家福治, 만담가)	야나기 유파 만담 일인자인 후쿠지 선생을 모시고 라쿠고를 체험한다.
	전통음악	샤미센과 고토(琴)[8]의 세계 야마자키 센슈(山崎扇秋)	아카사카의 유명 요리점 긴류(金龍)에서 연주하는 전통음악의 세계.
	도예	도예 교실 도치모토 요코(橡本蓉子, 도예가)	말랑한 점토로 모양이 변치 않는 도기 완성하기.
	브라질	브라질 문화를 접한다 고바야시 타냐(小林ターニ+, 통역가)	귀여운 브라질 모자를 만들어 쓰고, 브라질에서 인기 있는 놀이를 체험한다. 총 2회.
	서예	지역 교사의 서예 교실 히라키 다마주(平木玉壽)	46년 경력 서예가의 자상하고 쉬운 지도로 서예의 즐거움을 느낀다.
	바둑	누구나 쉬운 바둑 교실! 일본기원(日本棋院)	초보자도 간단히 배우는 바둑 세트로 바둑 세계를 체험한다.
	해외 놀이	골드만삭스와 세계의 놀이를 즐기자! 골드만삭스 증권	인도, 미국, 터키 등의 나라에서 인기 있는 놀이 1일 체험.
	독일	독일을 알자! 그리자! 놀자! Kina(독일문화센터), 스테들러(일본)	독일과 독일어, 독일 미술 등에 관해 실컷 배우며 독일 문화를 배운다. 총 2회.
	어린이 무사도	9가지 가르침을 배우는 무사도(武士道) (주)아사쓰DK	의(義), 용(勇), 인(仁), 예(禮) 등 일본의 마음인 무사도 정신을 배운다.
	핀란드	대자연과 교육의 나라 핀란드를 배운다 Eija Pajarinen, Jani Achren(대사관)	핀란드 대사관을 방문하여 놀이와 수업을 통해 풍요로운 핀란드 문화를 접한다. 총 2회.
	일본어	아나운서에게 배우는 일본어 아마야 유카(あまやゆか, 아나운서)	현역 아나운서 초빙, 리포터 체험.
	에도 정신	에도의 몸가짐, 행동철학 나가모토 유코(長本裕子)	전통적인 에도(江戶) 사람들의 예절과 품행을 배운다.
표현	추억의 앨범	부모가 참가하는 '추억의 DVD' 만들기 (주)애플재팬	부모님과 함께 컴퓨터로 추억의 DVD 앨범을 만든다.
	연극	드라마 교육 NPO '아트인아시비나(Art in Asibina)'	극단 아시비나[9]와 함께 표현력과 상상력을 기른다.
	뮤지컬	도둑학교 '니지(虹)' 극단	국제 기독교 대학(ICU)의 연극 동아리가 이끄는 참여형 뮤지컬. 총 2회.
	만화	열광하는 만화 프로그램 미조구치 료코(溝口涼子, 만화가)	'멋쟁이 마녀 러브 앤드 베리'의 작가에게 배우는 만화 비법! 총 2회.
	아나운서	아나운서 프로그램 아오키 마마(青木真麻, 아나운서)	프리랜서 아나운서에게 배우는 아나운서 훈련과 일기예보 멘트. 총 2회.

8 샤미센은 3현금이고, 우리나라 가야금과 닮은 고토는 13현금이다. 둘 다 일본의 대표적인 악기다.
9 놀이터를 뜻하는 오키나와 사투리.

방과후 강좌 285

	성우	애니메이션 성우 프로그램 (주)DLE	플래시 애니메이션 속 등장인물에게 목소리를 입히는 성우에 도전한다!
표현	캐릭터 만들기	방과 후 캐릭터 콘테스트 다케야마(竹山ノリヤ), 고이시카와(小石川ユキ)	프로 일러스트레이터에게 배우는 자기만의 캐릭터 만들기. 총 3회.
	재미있는 게임	뽑기 놀이 동물원 데빌로보츠Devilrobots사	통에서 각자 무작위로 뽑은 동물을 그려 우리만의 동물원을 꾸미자!
	수채화	신기한 수채화 색연필로 그림을! KINA(수채화가), (주)스테들러 재팬	물에 녹는 신기한 수채화 색연필로 그림을 그린다. 독일 문구회사 스테들러 협찬.
	애니메이션	간단한 애니메이션 만들기 다카토 아키라(高達瑛, 만화가)	자기만의 캐릭터를 만들어 짧은 애니메이션을 제작한다. 총 2회.
	벽화 작업	벽화 프로젝트 다케모토 마키(竹本真紀, 아트디렉터)	시트지를 오려 붙여 공사장 벽을 예술 작품으로 만든다. 총 3회.
	종이 공예	페이퍼 크래프트, 가면 만들기 마쓰모토 게이지(松本圭司)	본격적으로 가면을 만들어보는 페이퍼 크래프트.
	요괴	안 무서운 요괴를 만들자! 스튜디오 마메즈(マメズ)	자기만의 요괴를 만들어 나만의 속내를 표현해보자! 총 2회.
	미술	출현! 한여름의 엄청난 정글! 마에자와 도모코(前沢知子)	종이를 오리거나 데칼코마니를 이용해 곤충을 만들고, 교실을 정글로 만들자!
	파페레타	파페레타 컴퍼니 등장! 파페레타Pupper-Etta 컴퍼니	생음악과 인형극의 융합! 새로운 감각의 인형극 파페레타를 체험하자!
놀이	풍선 아트	풍선 아트 세키구치 도시카즈(関口春和)	어린이들에게 인기 있는 풍선 아트 체험.
		난데모(なんで〜も) 플라자 의 풍선 아트! 전국 어린이회 연맹, 고스가 도시노리(小菅利憲)	아카사카의 고교생 플라자 난데모에서 열리는 납량 축제에 출전.
		풍선 아트 방과 후 세미나 멤버	납량 축제에 선보일 풍선 아트를 해보자!
	클레이 아트	찰흙으로 즐기는 클레이 아트! 후지타(藤田)	저학년 대상 찰흙 공예.
	거리공연	초등학교 de 거리공연 치카판(チカパン), 바바라 무라타(バーバラ村田)	프로 거리 예술가들이 도구 없이 펼치는 거리 공연 다이도게(大道芸)를 배운다.
		초등학교 de 거리공연 크라운 조이(クラウンジョーイ)	프로 행위예술가와 함께하는 저글링과 팬터마임.
	종이비행기	종이비행기를 날리자! '카가야쿠 메(かがやく目)'	어린이를 위한 지역 자원봉사단 '빛나는 눈'과 함께 종이비행기를 제작, 대회를 연다!
		진짜 잘난다! 종이비행기 경주! (주)일본항공JAL	진짜 잘 나는 종이비행기 만드는 법을 배워, 누구 것이 오래 나는지 겨룬다!
	요요	요요 세계 챔피언이 온다! 블랙BLACK(본명은 石黒友也)	세계 제일의 요요 기술을 직접 보며 다양한 요요 기술에 도전하자!

놀이	죽방울	죽방울(ケン玉) 챔피언이 온다 아키 겐고(秋元誠)	초등학생이라면 한 번쯤 빠져들 엄청난 죽방울 (켄다마) 기술을 전수한다!
	마술	'매직 마스터' 다구치 도모야(田口智也) 마술사	다양한 마술을 익혀 발표회로 기량을 펼치자! 총 4회.
	뽑기	뽑기 기계를 만들자! ㈜다카라토미(Takara Tomy)	독창적인 뽑기 기계[10]를 만들고 어떻게 응용할 지도 생각해보자. 총 2회.
	도로케이	하이퍼 도로케이[11] 등장! 도로케이 세미나 일동	도둑과 경찰 의상을 만들어 도로케이에 도전!
	저글링	아시아 챔피언과 저글링을! 사이토 데쓰노리(齋藤哲範)	아시아 2연속 챔피언인 슈퍼 저글러가 전해주 는 저글링의 요령!
	부메랑	어서 오세요, 부메랑 교실에! 사키미츠 요시노부(先光吉伸, 일본부메랑협회 이사)	정말로 되돌아온다! 멋진 부메랑을 만들어 날려 보자.
	다트	프로에 도전하는 본격 다트! 히야마 아사코(檜山亜紗子, 다트 프로)	교실에 소프트 다트 머신을 설치하고 다트 프로 선수와 대결한다.
		다트 일본 대표가 왔다! 다케우치 아츠시(竹内淳, 하드 다트 선수)	소프트 다트가 아니라, 딱딱한 판에 다트를 던 지는 하드 다트를 국가대표에게 배운다.
	물풍선	물풍선으로 눈싸움을!! 니토베분카(新渡戸文化) 전문대	여름답게 물풍선으로 하는 눈싸움. 아이들이 직접 규칙을 만든다.
배움	과학실험	카바곤 선생의 재미난 사이언스 카바곤(아베 스스무阿部進)	78세의 카바곤 선생이 주위에 흔한 것들로 엄청 재미난 과학실험을 한다.
		물리화학 연구소의 최신 실험 아오노 마사시(青野真士, 박사)	독립 행정법인 이화학연구소 박사님이 보여주 는 최첨단 아메바 과학실험.
		과학의 불가사의 고바야시(小林)	미니 수족관에서 토네이도를 실험한다. 불가사 의한 과학 체험.
		핸드크림을 만들자 ㈜알비온Albion 화장품	내 손으로 만들었지만 본격적이다! 물과 기름을 섞어 핸드크림을 만들자.
		과학실험 고지마 데루오(小嶋輝夫)	불꽃놀이 폭죽과 퐁퐁 증기선, 전기빵[12] 만들기 실험에 도전한다
	재판	모의 재판 오카다 나오토(岡田尚人, 변호사)	답을 모르는 문제를 규명하는 모의 재판.
	장난감 개발	장난질 연구소 자리가니 워크스(ザリガニ works)	각자 자기만의 장난감을 개발한다.
		종이팩으로 바주카포 만들기 자리가니 워크스	종이팩으로 로봇을 쓰러드릴 바주카포를 만들 자!
	마쓰야긴자 업무 체험	백화점 업무 체험! ㈜마쓰야긴자(松屋銀座)	백화점의 다양한 업무 체험. 마지막에는 백화점 현관에 선다. 2010년 키즈 디자인상 수상. 총 6회.
	라디오 방송 만들기	하나와, 곤노 히토미의 '꿈을 이루자'! TBS 라디오&커뮤니케이션즈	하나와와 곤노가 진행하는 라디오 방송 '꿈을 이루자'에 나가 꿈과 직업에 대해 이야기한다.

10 로또 추첨 기계와 같이 무작위로 공이 튀어나오는 기계를 골판지로 만드는 것.

11 '도로케이(どろけい)'는 도둑과 경찰의 합성어. 두 패로 나뉘어 하는 숨바꼭질의 일종으로 경찰 팀이 도둑을 다 찾아내 한곳에 몰아넣으면 이기는 놀이.

12 양면에 구리 판을 넣은 용기에 빵 반죽을 넣고, 구리 판에 전극을 연결하여 전기의 열로 빵을 굽는 실험. 빵 반죽 속 소금 등의 이온이 전기를 전달하고 전자와 빵 반죽 속 분자들이 맹렬하게 마찰열을 일으킨다는 사실을 배울 수 있다.

배움	어린이기자	아카사카 아오야마의 어린이기자 (주)TBS-TV	기자, 카메라맨 등 방송국에서 하는 일을 배우고, 지역 소개 뉴스를 만든다. 총 6회.
	보안	보안 프로그램 마쓰모토 쓰요시(松本剛)	컴퓨터에서 아주 중요한 보안과 저작권에 대해 배운다.
	환경	Panasonic Kids 스쿨 에코 학습 오카다 마나미(岡田真奈美, 환경 네비게이터)	환경 문제를 학습하며 자기 생활을 다시 생각해 본다.
	아이디어 발상 능력	발상의 힘! 색의 신비, 형태의 신비 미타니 고지(三谷宏治)	세상에 대해 '왜?'라는 질문을 던지며 아이디어 발상 능력을 훈련한다.
	우주	'모형 우주를 만들자!' 오오시마 가요코(大島佳世子, 우주엘리베이터협회)	우주 모형을 만들면서 우주의 신비와 우주 엘리베이터에 대해 배우자!
	중심가 여름축제	신장개업 어린이 막과자점! 다나카 야스코(田中靖子, 스타벅스)	물건 사고팔기와 손님 맞기를 배운 뒤 여름 축제에서 막과자 점포를 연다. 총 4회.
	아르고클럽	수학적 두뇌를 연마하는 아르고 클럽 (주)아르고클럽Algoclub	게임과 퍼즐을 동원하는 알고Algo 수학으로, 배우는 즐거움을 알게 하는 수학 교실.
	손금보기	손금을 배워 자신을 알자 아즈미 시호(安曇志穂, 점술연구가)	모두 다 완전 좋아하는! 손금 전문가에게 손금 보는 법을 배운다.
	영어	Kids Island David Moore & Karin Akitani	읽기, 쓰기, 과학, 수학, 그룹 게임 등을 활용한 원어민 강사의 영어 교실.
	로봇	로봇으로 하는 과학실험 마쓰무라 유마(松村侑麿, 도쿄대 공대)	무선 로봇을 조립, 조작하여 경연대회를 연다.
이벤트	워크숍 컬렉션 제5회	이화학연구소, 일본 플라잉디스크 협회, (주)애플재팬	게이오 대학에서 여는 어린이 연수.
	워크숍 컬렉션 제6회	자리가니 웍스, 다케야마 노리야, 小石川그キ (만화가) 및 溝口凉子 외	게이오 대학에서 여는 어린이 연수.
	가을 스포츠 축제	일본 플라잉디스크 협회	마쓰바라(松原) 초등학교에서 여는 지역 스포츠 축제.
	세타가야 내진마을	가네코 겐조	세타가야 구청이 주최하는 행사에 '내진 적목 쌓기로 놀자'를 출품한다.